ATLANTIS

DAS VERBORGENE WISSEN
DER WELT

BASTEI
LÜBBE

Der Herausgeber der Reihe
ATLANTIS
Dr. Hans Christian Meiser
ist Philosoph, Schriftsteller und TV-Moderator

Über den Autor:

Dr. Richard Lawrence ist Vorsitzender der europäischen Sektion der »Aetherius Society«, einer internationalen Organisation, die sich der Verbreitung der Spiritualität und der praktischen Metaphysik verschrieben hat. Darin lehrt Lawrence das Wesen der psychischen Entwicklung, die Kunst der spirituellen Heilung sowie die Fähigkeit zur Selbstvervollkommnung. Sein Buch *Unlock Your Psychic Powers* wurde zu einem internationalen Bestseller.

ATLANTIS

Richard Lawrence

Überbewusstsein

Die grenzenlose Entfaltung der geistigen Kräfte

Aus dem Englischen von Marita Böhm

BASTEI LÜBBE

BASTEI-LÜBBE-TASCHENBUCH
Band 70117

Für meine Frau Alyson

Deutsche Erstveröffentlichung

Originaltitel: JOURNEY INTO SUPERMIND.
Unlock Your Inner Potential
Originalverlag: Souvenir Press, London

Printed in Germany, Februar 1998
Einbandgestaltung: CCG, Köln
Titelillustration: Ender Güzey, München
Satz: Textverarbeitung Garbe, Köln
Druck und Bindung: Ebner Ulm
ISBN 3-404-70117-8

Dank

Mein besonderer Dank gilt John Holder,
Patricia Higginson, Alan Moseley und Joan Tarshis
für ihre unschätzbare Hilfe

Inhalt

Vorwort

Dem Geist sind keine Grenzen gesetzt. Wir alle vermögen im höchsten Grade der vernunftbegabten Ausdrucksweise zu denken, zu folgern und zu rechnen – das ist ein Aspekt des *Bewußtseins*. Wir können uns potentiell an wirklich jedes Ereignis in unserem Leben in den kleinsten Einzelheiten erinnern – das ist der Prozeß des *Unterbewußtseins*. Wir können erhabene Inspirationen und tiefe Intuitionen gewinnen, die aus dem *Überbewußtsein* hervorgehen. Diese drei Aspekte des Bewußtseins sind uns jederzeit zugänglich; es hängt nur davon ab, wie umfassend wir von ihnen Gebrauch machen.

Manche werden vielleicht einwenden, daß dies alles zu theoretisch sei, daß wir in Wirklichkeit nur die geistigen Anlagen haben, mit denen wir geboren werden, und daß wir bis ans Lebensende damit auskommen müssen. Ich erlaube mir, anderer Meinung zu sein. Wie man zugeben muß, tendiert das Erziehungs- und Bildungssystem dazu, diese Art von Pessimismus zu bestärken; von unserer frühesten Schulzeit an werden wir alle nach verschiedenen Graden der sogenannten Intelligenz eingestuft. Ich sage darum »sogenannte« Intelligenz, weil sie sich auf eine bestimmte Anwendung des Gehirns konzentriert – auf einen vernunftmäßigen Zugang im Gegensatz zu einem kreativen.

Inzwischen liegen schlüssige Beweise dafür vor, daß beide Hälften des Gehirns für verschiedene Aspekte seiner Funktion maßgebend sind – der linken Seite obliegt der logische, deduktive Prozeß, während die rechte Seite für den kreativen, intuitiven Prozeß zuständig ist. Beide Aspekte sind gleichermaßen unerläßlich, aber im Schulwesen besteht die Tendenz, fast ausschließlich Nachdruck auf die linke Gehirnhälfte zu legen. Besonders in der Akademikerschaft werden durch intuitive Erkenntnis gewonnene Schlußfolgerungen mit Geringschätzung überschüttet. Der Akademiker tut sie als unbewiesen und daher wertlos ab, aber wie unrecht hat er damit. Viele der größten Durchbrüche im wissenschaftlichen Denken haben ihren Anfang als inspirierte Ideen genommen. In der Folge mußten sie logisch bewiesen werden, aber ohne diese anfängliche Erkenntnis wären sie nie herausgefunden worden. Es heißt, daß Einsteins Relativitätstheorie aus einem schöpferischen Tagtraum hervorging; Archimedes hatte seinen berühmten Geistesblitz über Masse, als er in eine Badewanne stieg; James Watt erkannte die Möglichkeiten des Dampfes, als er Wasser in einem Kessel kochte, usw. Alle diese Ideen entsprangen der kreativen rechten Gehirnhälfte und nicht der verstandesmäßigen Schlußfolgerung.

Wir müssen lernen, beide Gehirnhälften ausgewogen zu verwenden. Der kreative Träumer, der seine Ideen nicht in den Bereichen der praktischen Anwendbarkeit kundzutun vermag, kann genauso nutzlos sein wie der reine Theoretiker, der keine eigenen originellen Ideen hat. Jeder von uns hat der Welt einen völlig einzigartigen Beitrag zu leisten, aber eines steht fest: Wenn wir nicht an unser Potential glauben, haben wir keine Aussicht darauf, es zu verwirklichen.

Viele Bücher befassen sich mit dem Geist und erklären uns ausführlich die brillanten chemischen und physiologischen Prozesse des Gehirns. Andere stellen die mannigfaltigen psychologischen Anschauungen dar und überlassen dem Leser die Entscheidung, ob er sich der freudianischen, jungianischen oder einer anderen psychologischen Schule zugehörig fühlt. So wissenschaftlich viele dieser Werke auch sein mögen, ich glaube nicht, daß sie den Bedürfnissen des Durchschnittslesers entsprechen. Aus diesem Grund habe ich dieses Buch geschrieben – ich wollte eine praktische Methode zur Verfügung stellen, um die Ketten der geistigen Begrenzung, die uns alle mehr oder weniger umgeben, zu sprengen. Sobald Sie erkennen, daß diese Ketten vorhanden sind, sind Sie auf dem besten Wege, sich von ihnen zu befreien und sich dann in das Reich des Höheren Geistes oder des Überbewußtseins zu bewegen.

Ich glaube nicht, daß es genügt, einige Übungen anzubieten, ohne eingehend zu erläutern, warum und wie sie funktionieren. Darum bin ich ausführlich auf alle geistigen Aspekte – Bewußtsein, Unterbewußtsein, Überbewußtsein – eingegangen. Das Buch baut auf einer natürlichen Aneinanderfolge auf, so daß es Ihnen erleichtert wird, Schritt für Schritt auf das Ziel hinzuarbeiten, welches Sie auch immer erreichen wollen; das können Sie wörtlich nehmen, soweit wie Sie es beschließen. Der erste Teil beschäftigt sich mit den eher grundlegenden Aspekten der Geistesentwicklung, die für uns alle von Bedeutung sind – den Fähigkeiten, die wir für das tägliche Leben brauchen, wie etwa das Vermögen, uns in geistiger Entspannung zu üben, gute Konzentration, eine kontrollierte Imagination, ein präzises Gedächtnis und eine positive Persönlichkeit. Der zweite Teil führt Sie in das Überbewußtsein ein – eine entwickelte Intuition, sich mit natürlichen Energien aufzuladen, die Ausstrahlung dieser großen Kräfte nach außen und die Freisetzung der inneren mentalen Fähigkeiten wie Telepathie.

Vielleicht möchten Sie den Streß in Ihrem Leben bewältigen, Ihre Konzentration schärfen, Ihre Imagination fördern, Ihrer Persönlichkeit Kraft verleihen, Ihr Gedächtnis optimieren, den höheren Geist erschließen, Ihre Intuition entwickeln oder sich der natürlichen schöpferischen Energien, die uns alle umgeben, bewußt werden. Vielleicht möchten Sie den ganzen Weg gehen oder nur bis hierher. Dies ist ein Handbuch für das tägliche Leben – eigentlich ein Handbuch für den Geist – und nach meiner Erfahrung mit Handbüchern ist Langatmigkeit das letzte, was man brauchen kann. Sie möchten, daß die benötigten Informationen so deutlich und einfach wie möglich formuliert sind. Es sollte nichts fehlen, aber vor allem muß der Inhalt praktisch und leicht nachvollziehbar sein.

Alle Übungen und Erläuterungen in diesem Buch basieren auf mehr als zwanzig Jahren des Studiums, der persönlichen Erfahrung und der Führung meines ausgezeichneten Lehrers, Seiner Eminenz Dr. George King, eines westlichen Yoga-Meisters. Es soll kein hypothetisches Werk sein, da ich die Bücherregale der Welt nicht mit noch einer weiteren Reihe von Ideen für Diskussionen und Debatten bereichern will. Es ist für Sie, den Leser, geschrieben, damit Sie sich dazu entschließen, die grenzenlosen Horizonte des außergewöhnlichen Gegenstandes, den wir Geist nennen, erkennen und in das Reich des Überbewußtseins reisen zu können.

Teil I

Den Geist beherrschen

Der Ausgangspunkt

Lassen Sie uns mit dem Gehirn anfangen, nicht weil es das A und O des Geistes ist, sondern weil einige Menschen es dafür halten. Auch wenn wir nur von einem Bruchteil seiner gesamten Kapazität Gebrauch machen, ist es angesichts seiner erstaunlichen Eigenschaften ein wahres Wunder.

Das Gehirn

Das menschliche Gehirn funktioniert über zahlreiche miteinander verbundene Nervenzellen. Gehirne unterscheiden sich voneinander entsprechend ihrer genetischen Zusammensetzung, und Wissenschaftler glauben, daß die menschliche Natur durch unsere Gene festgelegt sei. Wir haben Gehirnzentren für jede Sinnes- und Muskelgruppe, um jeden Teil des Körpers zu bewegen, um sprachliche Laute, Gesichtszüge und alle anderen sensorischen Reaktionen zu unterscheiden. Tausende von genetischen Systemen sollen die Nervenstruktur und ihre unzähligen, komplexen Assoziationsbahnen geformt haben.

Während Wissenschaftler das menschliche Gehirn und die enormen Nervenstränge, die die verschiedenen Nervenzentren miteinander verbinden, ergründen, erkennen sie langsam, wie wenig sie eigentlich über seine Funktion wissen. Wie Albert Einstein sagte: »Am schwersten ist zu verstehen, warum wir überhaupt nichts verstehen können.« Aspekte der Gehirnfunktion bleiben selbst den sachkundigen Neurologen ein Geheimnis. Ständig werden wissenschaftliche Schlußfolgerungen in diesem Forschungsbereich aktualisiert. Vor kurzem wurden Zweifel über die Gültigkeit von Darwins Evolutionstheorie laut: Wie konnte sich das menschliche Gehirn so schnell entwickeln im Vergleich zu dem unserer vermeintlichen Vorfahren, der Gorillas und Schimpansen? Diese Frage wurde von Darwinisten nie zufriedenstellend beantwortet.

Interessanterweise läßt der kürzlich erbrachte wissenschaftliche Beweis erkennen, daß das Gehirn auf Herausforderung reagiert und im Laufe der Zeit nicht zu degenerieren braucht. Es soll sogar das Körperorgan sein, das sich in höchstem Maße verjüngt, vorausgesetzt, es wird durch Konzentration, das Gedächtnis oder einen anderen geistigen Prozeß beansprucht. Es spricht jedoch nicht gut auf Vernachlässigung an. Menschen, die ihre Geisteskräfte nach Verlassen der Schule oder der Universität oder dem Ausscheiden aus der Arbeitswelt kaum noch benutzen, glauben vielleicht, daß sich ihr Gehirn mit zunehmendem Alter verschlechtert, während der Grund dafür tatsächlich in der mangelnden Beanspruchung zu suchen ist. Wenn sie sich bemühen, geistig aktiver zu werden, stellen sie fest, daß ihr Gehirn schnell und gut reagiert.

So faszinierend Mutmaßungen über die Funktion unseres Nervensystems sein mögen, sie helfen uns eigentlich nicht, die geistigen Horizonte zu erweitern. Die Genetik ist für ein Verständnis der biologischen Vorgänge unentbehrlich, aber wir dürfen unser Denken niemals durch sie einschränken lassen. Sehen Sie es nie als gegeben an, daß Sie bestimmte charakteristische Merkmale geerbt haben und daran nichts ändern können. Versuchen Sie, Ihre positiven geistigen Eigenschaften zu erkennen, und beschließen Sie, auf diese unerwünschten Einfluß zu nehmen. Es wäre töricht, genetische Vererbung zu ignorieren, aber fatalistisch, von ihr beherrscht zu werden. So kenne ich zum Beispiel einen jungen Mann, der glaubt, von einem Elternteil gewisse geistige Schwächen geerbt zu haben. Zweifellos hat er die gleichen *potentiellen* Schwächen, aber je stärker er davon überzeugt ist, daß sie eine unvermeidliche genetische Tatsache des Lebens darstellen, um so schlechter geht es ihm und um so eher nimmt er die unerwünschten Eigenschaften an. Wenn er sich eine positivere Einstellung zu eigen macht, indem er versucht, sein eigenes Schicksal zu gestalten und eine eigene Ansicht zu entwickeln, ungeachtet der elterlichen Vererbung, wird es ihm weitaus besser gehen. Es ist nützlich zu verstehen, wie Ihr Geist funktioniert, aber Sie sollten deswegen nie die Hoffnung aufgeben. Wie ich in diesem Buch zeigen werde, besitzen wir alle wirklich ein unbegrenztes Potential; es ist nur eine Frage unserer Entscheidung, wie weit wir es uns nutzbar machen wollen.

Natürlich schließe ich davon Personen aus, die an einem Hirnschaden oder einer schwerwiegenden Geisteskrankheit leiden. Sie brauchen die Hilfe von Fachleuten, die den Rahmen des vorliegenden Buches sprengt. Man hat jedoch festgestellt, daß positives Denken und insbesondere richtige Atmung äußerst hilfreich bei der Behandlung einiger leichteren Formen von Geisteskrankheit sein können.

Es war ein ungeheurer Schock für Philosophen, Wissenschaftler und Theologen, als erstmals eine naturwissenschaftliche Erklärung für den geheimnisvollen Denkprozeß gefunden wurde, von dem man zuvor vage vermutet hatte, er entspränge der Seele. Samuel Johnson bemerkte im achtzehnten Jahrhundert: »Es wurde nie als möglich angenommen, daß die Denkfähigkeit der Materie innewohnt oder daß jedes Teilchen ein denkendes Wesen ist. Doch wenn irgendein Teil der Materie ohne Denkvermögen wäre, welcher Teil könnte dann wohl denken? Materie kann sich von Materie nur in der Form, der Masse, der Dichte, der Bewegung und der Bewegungsrichtung unterscheiden: mit welcher davon, wie verschiedenartig oder kombiniert auch immer, kann das Bewußtsein verbunden werden?« Die Vorstellung von einem der Materie innewohnenden Geist war für Johnson und seine Zeitgenossen höchst erstaunlich, während wir heute die Idee eines physischen Gehirns als selbstverständlich hinnehmen.

Aufgrund der wissenschaftlichen Erkenntnis, daß sich jedes Lebewesen aus Zellen zusammensetzt, die wiederum aus vielschichtigen, aber begreiflichen chemischen Stoffen bestehen, geht die Tendenz dahin, den Geist der Materie unterzuordnen. Man nimmt an, daß wir, sobald wir die Physiologie der Gehirnzellen und des Nervensystems verstehen, alles über den Geist wissen werden, was es zu wissen gibt. Das Pendel hat sich von Johnsons Einwänden im achtzehnten Jahrhundert zu einer faktischen Besessenheit von naturwissenschaftlichen Erklärungen im zwanzigsten Jahrhundert bewegt – meiner Meinung nach zu weit. Die gesamte Funktionsweise des Geistes kann anhand physischer Gesetze nicht hinreichend erklärt werden; wir brauchen noch immer metaphysische Konzepte, einschließlich der Seele, wenn Sie es so nennen wollen, wenn wir den Geist wirklich erfassen und verstehen sollen.

Psychologie

Während die Neurologie sich dem Geist von einem rein naturwissenschaftlichen Standpunkt aus nähert, versucht der Psychologe, objektive Schlüsse über die mentale Funktion mittels verschiedener Methoden zu ziehen. Zu den wichtigsten Verfahren zählt die statistische Untersuchung oder Erhebung. So führten Thomas Holmes und Richard Rahe von der University of Washington Medical School eine Studie über streßauslösende Aktivitäten mit fünftausend Personen mit den unterschiedlichsten Vorgeschichten durch. Dabei stellten sie 43 Lebensereignisse oder Lebensveränderungen fest, die Streß entstehen lassen. Dann verglichen sie ihre Ergebnisse mit europäischen und japanischen Statistiken, um kulturelle Unterschiede zu ermitteln. Alle empfanden den Tod eines Ehepartners als die relevanteste Streßsituation. Der Tod eines nahestehenden Familienmitgliedes wurde in den Vereinigten Staaten und Japan als Streßauslöser höher bewertet als in Europa. Hochzeit und Schwangerschaft galten in Europa als gravierendere Streßsituationen, während Gefängnisstrafe und Scheidung in allen Ländern als in hohem Maße streßerzeugend eingestuft wurden.

Erhebungen wie diese sind vom soziologischen Standpunkt aus faszinierend, und die Psychologie ist gleichfalls von unschätzbarem Wert in der Bereitstellung von wissenschaftlichen Untersuchungen als Grundlage für Psychotherapie und Psychoanalyse. Aber wie brauchbar ist sie wirklich für die Erklärung der Funktion des Geistes im Alltagsleben? Immerhin ist das in erster Linie eine subjektive Erfahrung, und während objektive Daten eine nützliche Quelle von Hinweisen sein können, sagen sie nicht unbedingt etwas über einen bestimmten Menschen aus. Wir sind kein Näherungs- oder Mittelwert einer Zufallsauswahl von menschlichen Erfahrungen, und in der Tat bemühen sich viele von uns, genau das Gegenteil zu sein. Die Psychologie kann uns nützliche Hinweise und Erwartungswerte geben, aber wir dürfen uns nicht von ihren Erkenntnissen einschränken lassen. Vor nicht langer Zeit sagte mir ein Psychologe während eines Radiointerviews über Außersinnliche Wahrnehmung, daß meine persönlichen paranormalen Erfahrungen unbewiesen und ungültig seien, weil ich sie mir theoretisch hätte ausdenken können – mit anderen Worten, ich könnte gelogen haben. Natürlich könnte ich das. Aber ich hatte sie mir nicht ausgedacht. Ich wußte das, aber der Psychologe nicht. Während also objektive Erkenntnisse einen Wert haben, ist es die subjektive Erfahrung, die Sie über die Grenzen unserer gegenwärtigen Denkweise hinaus zu etwas Größerem führen wird.

Bevor die Psychologie in ihrer heutigen Form entwickelt wurde, suchten die Menschen Rat und Beistand bei einem Priester, religiösen Führer oder spirituellen Mentor. In manchen Fällen hätten sie einen Stammesältesten aufgesucht, der als weise galt. Heute ziehen viele, insbesondere im Westen, ihren Psychoanalytiker zu Rate und bringen, wie sie es vor Jahrhunderten getan hätten, ihre Träume zur Interpretation vor. Aber ist das wirklich ein Fortschritt? Manche würden sagen, ein Ratschlag sei besser, wenn ihn eine wichtige Person von spiritueller oder moralischer Autorität erteile, die nicht bloß eine Analyse des menschlichen Verhaltens heranzieht, sondern etwas von größerer Bedeutung und größerem Wert: eine uralte Tradition oder Lehre, von der es heißt, sie sei von einer göttlichen Kraft inspiriert. Die Antwort wird von der Weisheit des fraglichen Ratgebers abhängen, aber es ist nicht zu bestreiten, daß einige der Ansichten, die wir über die Fortschritte der modernen Wissenschaft vertreten, immer mehr in Zweifel gezogen werden. Paradoxerweise zeigt sich in dieser Zeit der starken Veränderung ein heftiges Verlangen nach den traditionellen Werten, die im Labyrinth des Zweifels im zwanzigsten Jahrhunderts verlorengingen.

Der grundlegende Schlüssel zur Manifestation Ihres geistigen Potentials liegt in der Übung. Wenn Sie Ihre Geisteskraft verändern wollen, müssen Sie diese Veränderung durch eindeutiges Handeln bewirken – und nicht einfach durch das Studium über die Zusammensetzung des Gehirns oder das Verhalten anderer. Ihr Handeln wird Ihren Erfolg bestimmen und garantieren.

Den Geist unter Kontrolle bringen

Es war Sir Winston Churchill, der sagte, daß der Geist in Wirklichkeit niemals zum Stillstand kommt, sondern sich nur verändert. Diese Aussage wird von der modernen Wissenschaft bestätigt. Die Wissenschaftler messen diese Veränderung, indem sie die Frequenz der Gehirnwellenemission registrieren.

Gehirnwellenmuster

Bisher hat kein Wissenschaftler die Frequenz der Gehirnwellenemission bei einem fortgeschrittenen Yoga-Meister gemessen, der in die höchsten Meditationszustände, bekannt als Kosmisches Bewußtsein, eintritt. Seit Tausenden von Jahren wird behauptet, daß der Geist in diesen Zuständen nicht mehr existent sei, da sich der Yogi dann in einem den Geist überschreitenden Seinszustand befindet. Derartige Auffassungen sind faszinierend und von höchster Bedeutung für die langfristige Entwicklung der Menschheit, aber ein gutes Stück Weges von dort entfernt, wo die meisten von uns stehen. Jedoch lassen sie erkennen, was letzten Endes erreichbar ist, und im zweiten Teil dieses Buches werde ich ausführlicher darauf eingehen. Für die Zwecke dieses Kapitels sei davon ausgegangen, daß wir fortwährend Gehirnwellen mit der einen oder anderen Frequenz aussenden.

Das wichtigste Instrument zur Messung der Gehirnwellenfrequenz ist der Elektroenzephalograph, abgekürzt EEG, der die natürliche elektrische Energie der Nerven, aus denen sich das Gehirn zusammensetzt, aufzeichnet. Die von den Nerven erzeugten elektrischen Spannungen verlaufen in Wellen, und die Geschwindigkeit dieser Wellen in einer bestimmten Zeit hängt vom Geisteszustand der Versuchsperson ab.

Die Gehirnwellen werden in vier Hauptgruppen unterteilt, von denen jede auf eine andere Stufe der Geistestätigkeit Bezug nimmt. Sie heißen Beta-, Alpha-, Theta- und Deltawellen.

Die für uns alle im Alltagsleben üblichen Betawellen werden einem Geisteszustand zugeordnet, in dem wir aktiv, wach und mit irgendeiner Form der Aktivität beschäftigt sind, insbesondere wenn damit ein Druck verbunden ist. In diesem Zustand sind die Spitzen von niedriger Spannung und treten mit der Frequenz 13-28/sec. auf.

Die langsameren Alphawellen weisen etwa zehn Spitzen pro Sekunde auf. Sie sind typisch bei einer Person, die sich in einem entspannten Wachzustand befindet, gewöhnlich mit geschlossenen Augen, so daß das Gehirn auch von visuellen Impulsen ausgeschlossen wird. Dieser Zustand wird oft von Menschen erreicht, die grundlegende Meditation praktizieren.

Thetawellen mit der Frequenz 3-6/sec. sind bei denjenigen sehr begehrt, die einen höheren Bewußtseinszustand erreichen wollen. Sie werden manchmal mit Schlaf- und Traumstadien in Zusammenhang gebracht, können aber auch in Zeiten bestimmter schöpferischer Kraft, oft in Verbindung mit einem friedlichen inneren Zustand, auftreten. Im Thetazustand der Gehirnwellenaktivität haben Menschen große Leistungen des Geistes über die Materie vollbracht.

Schließlich gibt es den Deltazustand, der die niedrigste Frequenz aufweist und mit Tiefschlaf einhergeht.

Ende der 1970er Jahre wurde an der Universität Tübingen unter Leitung von Dr. Wolfgang Larbig eine Untersuchungsreihe durchgeführt. Im Mittelpunkt dieses Forschungsvorhabens stand ein fortgeschrittener indischer Fakir, der zuvor die Fähigkeit demonstriert hatte, durch Geisteskraft schmerzhafte Handlungen zu ertragen, ohne dabei Schmerzen zu empfinden. Der Fakir versetzte sich in eine Art Trancezustand und stieß dann, wie schon so oft in der Vergangenheit, Metallspitzen in den Hals und sogar in die Zunge. Augenscheinlich legte er keine nervöse Reaktion an den Tag, und nichts deutete darauf hin, daß er Schmerzen empfand. Seine Gehirnwellen wurden mit einem EEG aufgezeichnet und zeigten, daß das Frequenzmuster dem oft mit Traumzuständen assoziierten langsamen Thetazustand entsprach. Er schlief nicht, aber in seinem Trancezustand besaß er offenbar die Fähigkeit, seine Gehirnwellen zu verlangsamen. Er war imstande, sich von den Reaktionen auf physische Handlungen, die normalerweise qualvolle Schmerzen hervorrufen, loszulösen und sie zu kontrollieren. Trotz der durch die Metallspitzen verursachten tiefen Löcher in seiner Haut verlor er kein Blut. Normalerweise würden Wunden zurückbleiben, aber nach diesem Experiment waren nur noch schwache Male zu erkennen.

Obwohl ich keineswegs dafür eintrete, daß wir alle danach streben sollen zu lernen, zu derartigen Demonstrationen fähig zu werden, wie etwa dem Liegen auf einem Nagelbett oder den zahlreichen anderen Meisterstücken, die von manchen Yogis im Osten gelernt werden, zeigt die Geschichte doch, daß die Beherrschung der Gehirnwellen eines der Geheimnisse des Triumphes des Geistes über die Materie ist. Zweifellos weist sie auf den herbeigeführten Bewußtseinszustand hin.

Eine solche Fähigkeit könnte, auf andere Weise eingesetzt, dem Individuum große Kräfte verleihen, um anderen zu helfen, anstatt lediglich persönliche Errungenschaften zu bekunden. In verschiedenen Teilen der Welt wurden andere Experimente durchgeführt, die zu ähnlichen Ergebnissen kamen. Manchmal liegt der Gehirnwellenzyklus, der bei diesen Demonstrationen des Geistes über die Materie aufgezeichnet wird, nicht im Bereich der Thetawellen, sondern der Alphawellen, aber niemals in dem der Betawellen.

Wir alle verbringen zuviel Zeit im Betazustand des Geistes, und in der Tat werden wir durch moderne gesellschaftliche Bedingungen sogar noch dazu ermuntert. In der Schule wird uns beigebracht, hauptsächlich unsere deduktive, rationale linke Gehirnhälfte in Anspruch zu nehmen und geistig beschäftigt zu bleiben. Wir werden in viel geringerem Maße darin unterrichtet, kreativ zu reflektieren und unserem Geist zu erlauben, zur Ruhe zu kommen und seinen eigenen Weg unter unserer sanften Kontrolle zu finden. Und genau das kann durch die Ausübung einer Form der geistigen Entspannung gelernt werden.

Selbst der Gebrauch der Vorstellungskraft ist erfolgreicher, wenn sie durch einen entspannten Geisteszustand eingeleitet wird, um auf eine schöpferische Woge vorzubereiten, die von der Macht der Imagination und Inspiration herrühren kann. Wenn Sie die Fähigkeit zur sorgfältigen Konzentration besitzen, können Sie die Disziplin und die Kontrolle entwickeln, die für die Manifestierung des Potentials Ihres Geistes erforderlich sind. Wenn Sie damit fortfahren, das Vorstellungsvermögen zu aktivieren, um ein Gegengewicht zu der manchmal sterilen Vorgehensweise der rein vernunftsmäßigen Deduktion und Kalkulation herzustellen, machen Sie einen weiteren Schritt vorwärts und bewirken allmählich ein Gegengewicht zu Ihren geistigen Prozessen. Aber eine wesentliche Grundvoraussetzung dafür ist, daß Sie lernen, die Frequenz Ihrer Gehirnwellen zu kontrollieren, indem Sie Techniken zur geistigen Entspannung anwenden, die manchmal als Meditationsübungen bezeichnet werden.

Wie es so oft der Fall ist, liegen die Entdeckungen moderner Wissenschaftler Hunderte oder sogar Tausende von Jahren hinter den Erkenntnissen der Mystiker und Yogis zurück. Sri Patanjali gilt im allgemeinen als der Vater des Raja-Yoga beziehungsweise des Yoga der Beherrschung des Geistes. Bei seinen berühmten Aphorismen, die in vielen Übersetzungen vorliegen und ohne weiteres verfügbar sind, handelt es sich um den klassischen Text über die Schulung des Geistes, damit die höchsten bekannten Bewußtseinszustände erreicht werden können. In diesen Aphorismen betont Patanjali durchweg die Notwendigkeit für die Einstellung der Geistestätigkeit, die manchmal als »den Geist zum Schweigen bringen« bezeichnet wird. Dieser Prozeß bedeutet buchstäblich, daß die in das Gehirn ein- und ausgehenden Emotionen und Gedanken verlangsamt werden, bis schließlich der theoretische Nullpunkt erreicht wird.

Natürlich haben Wissenschaftler genau das bei der Messung von Gehirnwellen herausgefunden. Der Alphazustand, der langsamer ist als der Betazustand, führt zu einem höheren Grad an Bewußtheit und Kontrolle der materiellen und physikalischen Einflüsse; und der Thetazustand führt zu einem noch höheren Grad an Kontrolle über Geist und Materie. Der von Dr. Larbig untersuchte indische Fakir überwand nicht nur gänzlich seine Schmerzempfindlichkeit, sondern er war auch imstande, die physischen Reaktionen seines Körpers, einschließlich Blutungen, zu kontrollieren, während er sich im äußerst selten erreichbaren Thetawellenzustand befand. Diese Art der Beherrschung der Gehirnwellenfrequenz kann im Leben sehr nützlich sein und ist nicht bloß ein Werkzeug, um recht sensationelle Demonstrationen zu veranstalten, bei denen man sich einfach nur fragt, ob der Vorführende eine Laune der Natur oder ein Zauberer ist oder wirklich über irgendwelche Kräfte verfügt.

Der einzige Weg, auf dem Sie sich selbst wirklich beweisen können, welche Kräfte in Ihnen ruhen, besteht darin, daß Sie sie vor Ihnen selbst bekunden. In jedem einzelnen von uns liegt eine wunderbare Magie, die nur darauf wartet, entdeckt zu werden, aber gleichgültig, wie oft man uns das sagt, ist sie ohne jegliche Bedeutung, solange wir sie nicht aus erster Hand erfahren. Bis dahin bleibt sie eine theoretische Möglichkeit.

Biofeedback

Seit den 1960er Jahren setzen verschiedene Forscher ein System, das sogenannte Biofeedback, ein, um Menschen darin zu unterweisen, ein Maß an Kontrolle in ihr physisches und geistiges Leben zu bringen. Mit den verschiedensten Geräten wird die physiologische und geistige Tätigkeit, unter anderem Temperatur, Blutdruck, Herzschlag und Muskelkontraktion, gemessen und kontrolliert. Die durch diese Untersuchungen gelieferten Informationen werden als Biofeedback bezeichnet. Es geht darum, daß man durch das Wissen um diese Reaktionen und die Fähigkeit, sie zu überwachen, sobald sie auftreten, lernt, sie unter Kontrolle zu bringen, und allmählich zu einem viel besseren Verständnis der internen Mechanismen gelangt. Man bekommt buchstäblich ein »Feedback« beziehungsweise eine Rückmeldung über sein biologisches Selbst.

Biofeedback-Sitzungen können in kontrollierten Umgebungen stattfinden; es ist auch möglich, ein tragbares Biofeedback-Gerät zu erwerben, mit dem eigene Messungen zu Hause durchgeführt werden können. Es wird behauptet, daß, sobald man den Gebrauch des Gerätes richtig gelernt hat, eine Stufe erreicht wird, auf der man auf es verzichten kann – der Praktizierende hat dann gelernt, sich selbst ohne fremde Hilfe zu kontrollieren. Natürlich werden Entspannungs-, Atem- und Meditationsübungen weiterhin notwendig sein, um Kontrolle über diese biologischen Reaktionen zu haben, aber das Gerät ist, wie die Praktiker sagen, höchst wertvoll bei der Überwachung der erzielten Fortschritte. In gewissem Sinne sind Bio-feedback-Geräte einfach hochkomplizierte Spiegel.

Yoga

Auch die alten Yogis kontrollierten sehr sorgfältig ihre psychologischen Reaktionen. Es ist eine wenig bekannte Tatsache, daß Hatha-Yoga, das körperliche Übungen zum Zwecke des körperlichen Wohlbefindens umfassende System, ursprünglich als ein zweitrangiges System entwickelt wurde und als vorbereitende Stufe für die höheren Yoga-Formen wie Raja-Yoga, Kundalini-Yoga und andere diente. Man war der Meinung, daß, um im Gleichgewicht zu sein, die körperliche Disziplin einbezogen werden müsse, so daß die eigenen körperlichen Reaktionen gesteigert und beeinflußt werden können, aber nur als ein Sprungbrett auf das wahre Ziel hin, nämlich die Beherrschung des Geistes. Zu viele Lehren über den Geist ignorieren die Wechselbeziehung von Körper und Geist: Was das eine beeinflußt, wirkt sich automatisch auch auf das andere aus. Wie es heißt, waren fortgeschrittene Praktizierende in der Lage, sich in einen derart umfassenden kontrollierten Zustand zu versetzen, daß ihr Herz zu schlagen aufhörte und man annehmen konnte, sie wären in jeder Hinsicht tot, während sie in Wirklichkeit in einem höheren Bewußtseinszustand verweilten.

In den alten Schriften über Yoga taucht ständig das Thema auf, daß der Schlüssel zur Beherrschung des Geistes in der Verringerung der Frequenz der geistigen Impulse liegt. *Citta*, ein Sanskrit-Wort, das mit »Denksubstanz« übersetzt werden kann, galt bei dem reinen Praktizierenden des Raja-Yoga als etwas, das getilgt werden muß. Ein anderer Sanskrit-Begriff, *samskaras*, der wörtlich »geistige Eindrücke« bedeutet, meint in den Geist ein- und ausgehende Gedankenformen, die zur Gewohnheit werden können. Auch sie müssen kontrolliert, in ihrer Intensität verringert und letzten Endes ausgelöscht werden. Das hat alles sehr viel gemein mit den modernen Entdeckungen, die aus den Messungen der Gehirnwellenfrequenz und den Wirkungen auf das Bewußtsein, wenn die Frequenz verlangsamt wird, hervorgegangen sind. Gleichsam bemerkenswert ist, daß, je langsamer die Gehirnwellenfrequenz ist, das Individuum um so friedlicher ist, und es ist in diesem Zustand, sofern sich keine Schläfrigkeit oder sogar Schlaf einstellt, möglich, daß große Erkenntnisse gewonnen werden können.

Die meisten Menschen streben nicht danach zu lernen, auf einem Nagelbett zu liegen, auf Wasser zu gehen oder eine andere derartige yogische Leistung zu vollbringen. Sie sind eher mit zweckmäßigen Aktivitäten beschäftigt. Sie gehen ihrem Beruf nach, gründen vielleicht eine Familie, studieren an einer Universität, helfen der Gemeinde in der einen oder anderen Weise oder vielleicht sogar der ganzen Welt bis zu einem gewissen Grade. Womit Sie auch im Alltagsleben beschäftigt sein mögen, der Grad an geistiger Kontrolle, den Sie haben, wird in jeder Hinsicht absolut entscheidend sein.

Streßkontrolle

In der heutigen Zeit wird viel über Streßkontrolle geredet, und im allgemeinen wird Streß als eine üble Notwendigkeit angesehen. In zunehmendem Maße wird versucht, Streß um jeden Preis zu vermeiden. Diese Einstellung ist durchaus nicht ausgewogen. Streß an sich ist für das ganze Leben äußerst wichtig.Tatsächlich hat man festgestellt, daß ein Mensch, der eine Leere in seinem Leben spürt, nicht motiviert ist und einen Mangel an Beschäftigungen hat, sehr unausgeglichen werden kann. Viele Menschen, die Selbstmord begangen haben, waren entweder arbeitslos oder hatten vielleicht das Gefühl, daß ihr Leben keinen Wert habe. Vielleicht waren sie allzu untätig, vielleicht gab es in ihrem Leben keinen genügend großen Streßfaktor. Der Schlüssel zum Umgang mit Streß ist nicht seine Beseitigung, sondern die Kontrolle über ihn.

Es besteht kein Zweifel, daß das Leben von Streß erfüllt ist. Selbst unser Gewissen kann eine Form von Streß sein, denn wenn wir es ignorieren, kann es später auf uns zurückkommen und uns quälen. Auch das kann eine Streßsituation sein. Das Gewissen ist bestimmt nicht etwas, dem man ausweichen, sondern zuhören soll. Wenn es uns gelingen würde, Streß endgültig aufzuheben, wären wir völlig amoralische Menschen, die ein Leben ohne jede Verantwortung führten, und wir würden bestimmt nicht zu der Art von Erfüllung finden, nach der wir suchen. Im Gegenteil, es sind die Menschen, die in ihrem Leben keinen Streß haben, die in einem Vakuum der Verzweiflung enden. Manche würden sagen, daß selbst eine solche Verzweiflung der Weg des Lebens ist, um ihnen zu zeigen, daß es einen Zweck gibt.

Wenn Sie Ihre geistigen Muster verändern wollen, müssen Sie eine Veränderung in der Funktion Ihres inneren Raums vornehmen. So oft scheinen Menschen ihre Ansichten äußerlich zu ändern, während sie tief in ihrem Innern die Veränderung überhaupt nicht spüren. Daraus können Verwirrung und alle möglichen Verdrängungen resultieren. Angenommen, eine Person hat einen strengen moralischen Kodex; vielleicht gehört sie einer orthodoxen Religionsrichtung an, sei es der christlichen, buddhistischen, jüdischen, hinduistischen, moslemischen oder einer anderen, und möchte sich gewissenhaft an diesen Kodex halten. Aber ihre natürlichen Wünsche können mit diesem Kodex in Konflikt geraten, wodurch innerer Streß und Qualen entstehen können. Es kann eine wichtige Verpflichtung sein und nicht nur eine bloße Entscheidung, die notwendige innere Veränderung herbeizuführen, so daß ihr Verhaltensmuster mit ihrem inneren Wunsch übereinstimmt.

Naive Menschen geben oft ein Versprechen ab oder lassen sich auf eine Verpflichtung ein, die sie nicht einhalten können, weil sie sie nicht tief genug in ihrem Inneren eingegangen sind. Wie viele Alkoholiker haben geschworen, nie wieder zu trinken, nur um diesen Schwur einige Monate, Wochen oder sogar Tage später zu brechen? Wie viele Männer haben ihren Frauen versprochen, sie nie wieder zu schlagen, nur um kurze Zeit später zu versagen. Wie viele Menschen haben behauptet, nie zu lügen, aber dann, wenn sie mit einer schwierigen Situation konfrontiert waren, den leichten Ausweg wählten, indem sie Unwahrheiten von sich gaben? Und so weiter und so weiter.

Wie führen Sie diese innere Veränderung wirklich herbei, so daß Sie in Zeiten, in denen Sie Ihre wahre Verpflichtung, Ihr wahres Gefühl und Ihre wahre Überzeugung durch diese Veränderung bekunden müssen, auch die Kraft dazu haben? Darauf gibt es keine einfache Antwort; tatsächlich besteht in mancher Hinsicht ein ewiges Mysterium. Jedoch ist es wichtig, daß Sie aus ganzem Herzen dazu stehen, die Veränderung herbeizuführen, und darüber hinaus müssen Sie sich ein Maß an Kontrolle über jene Gedankenwellen aneignen, die Sie in Ihrem Innenraum nicht beherbergen wollen.

Heutzutage sind die meisten Menschen Anforderungen ausgesetzt – weit mehr, als sie zu erfüllen vermögen. Ständig wird von ihnen verlangt, daß sie sich aus dem einen oder dem anderen Grund geistig anstrengen. Die Anforderungen des Berufslebens, des Familienlebens, des Reisens, der lobenswerte Wunsch, der Welt etwas zurückzugeben, wohltätige Spenden für jene zu geben, denen sie nie begegnet sind – Menschen jonglieren mit diesen Dingen und versuchen, wenigstens einige von ihnen zu erreichen. Die wenigen Minuten am Tag, die mit einer einfachen geistigen Entspannungsübung verbracht werden könnten, sind mehr als gerechtfertigt dadurch, damit die Kontrolle über das ganze Leben verbessert werden kann.

Den Geist schulen

Eines der Geheimnisse der erfolgreichen Anwendung von Übungen zur Schulung des Geistes liegt immer darin, daß man sie zum Bestandteil seines Lebens macht, anstatt sie fünf Minuten lang durchzuführen und dann zu vergessen. Der Yogi Dr. Shastri lehrte die Notwendigkeit, den niederen Willen in der Schwebe zu halten, womit er die für uns alle typische eigenwillige Natur meinte. Shastri sagte, daß jemand, der versucht, einen bestimmten Drang, Instinkt oder Wunsch zu überwinden, diesen beobachten, aber ihm nicht unbedingt nachgeben solle. Mit anderen Worten, wir sollen entscheiden, wie wir handeln werden, und nicht jedem vorübergehenden Impuls oder Gefühl zum Opfer fallen, das uns von Augenblick zu Augenblick umgeben kann. Das tun wir alle mehr oder weniger; worauf es ankommt, das ist die konkrete Entscheidung, die wir treffen.

Das führt uns auch zu der Frage, wer wir in Wirklichkeit sind. Wenn wir die Fähigkeit besitzen, zu entscheiden, unseren niederen Willen schwebend zu halten, den niederen Teil unserer Natur, der uns drängt, uns auf gewisse Weisen zu verhalten, die uns nicht zuträglich sind, wer sind wir dann in Wirklichkeit? Wir müssen etwas mehr sein als unser Geist, wenn wir wählen können, einen Aspekt unseres Geistes abzuschalten. Indem wir unseren Willen in der Schwebe halten, fangen wir an, diesen überbewußten Teil unseres Wesens zu erschließen, der buchstäblich über dem gewöhnlichen Bewußtsein angesiedelt ist. Was genau ist das für ein Teil von uns, der über den Geist hinausgeht? Mit dieser Suche haben sich Mystiker, Metaphysiker und Philosophen die Jahrhunderte hindurch beschäftigt – mit der Suche nach unserer wahren Identität.

Bestimmte Techniken der Geistesschulung sind dafür bestimmt, uns auf unsere wahre Identität hin zu führen, und werden heute immer stärker in allen Lebensbereichen eingesetzt. Tatsächlich führen viele Unternehmen Kurse in Form von geistiger Schulung für ihre leitenden Angestellten und Trainee-Manager durch. Sie wissen, daß ein Manager, der sich in einem hyperaktiven Spannungszustand befindet, nicht in der rechten Gemütsverfassung ist, um wichtige Entscheidungen zu treffen. Er muß von einem klaren Raum aus handeln – aus einer ruhigen Haltung heraus, wenn Sie wollen. All das bedeutet, daß man lernt, den Geist von der Beta- zur Alphaaktivität zu verlangsamen.

Rudyard Kiplings Gedicht »Wenn« enthält viele Gedanken, die in Einklang stehen mit dem durch geistige Entspannung erzeugten Gleichgewicht, und kann mit den Vorteilen, Kontrolle über seinen Geist zu erlangen, assoziiert werden:

Wenn du die Nerven behalten kannst,
während alle um dich herum
sie verlieren und dir die Schuld dafür geben ...
Wenn du träumen kannst – und Träume nicht zu
deinem Gebieter machst;
Wenn du denken kannst – und Gedanken nicht zu
deinem Ziel machst ...
Wenn du Herz und Nerv und Sehne zwingen
kannst,
Dir nützlich zu sein, lange nachdem sie
gegangen sind,
Und daher durchhalten, wenn nichts mehr
in dir ist
Außer dem Willen, der zu ihnen sagt:
»Haltet durch!«

Um Ihren Geist zu verändern, müssen Sie weit mehr tun als eine plötzliche Entscheidung treffen. Sie müssen Ihren Gedankenfluß verändern. Sie müssen entschlossen sein, den niederen Willen außer Kraft zu setzen, der durch bestimmte Impulse und Gefühle hervorgebracht wird, die Sie in Ihrem inneren Raum nicht beherbergen wollen. Sie müssen eine solche tiefe Verpflichtung zur Veränderung eingehen, daß, gleichgültig, was auch passieren mag, um Ihren Entschluß zu prüfen, Sie in der Lage sind, an dieser inneren Verpflichtung festzuhalten und jegliche gegenteilige Impulse einfach als unwillkommene Gäste zu beobachten. Vielleicht fließen sie einmal in Ihren Geist hinein, aber Sie können beschließen, daß sie nicht mehr wiederkommen. Mit anderen Worten, Sie fangen an, Ihre Art von Gedankenmuster zu bestimmen.

Natürlich braucht das alles Zeit und ist nicht leicht zu erreichen. Nach und nach können Sie jedoch lernen, eine ausgeglichene und kontrollierte Veränderung in Ihrem Geist zu bewirken, die Ihnen die Fähigkeit verleiht, beliebig ein- und abzuschalten, Geisteskontrolle zu entwickeln und sich Ihrer wahren Identität bewußter zu werden.

Die Übung 1 ist eine sehr gute Möglichkeit, um diesen Prozeß einzuleiten.

Geistiger Abstand

Von der Zen-Philosophie und auch von bestimmten Schulen der asiatischen Kampfsportarten kann man viel über geistigen Abstand lernen. In zahlreichen Geschichten wird der Wert der Geisteskontrolle veranschaulicht, aber für zwei gilt das in besonders hohem Maße.

Die erste Geschichte erzählt von einem Vertreter der Kampfsportarten in einer alten Schule in China. Im Gegensatz zu den Eindrücken mancher Leute im Westen waren die wahren Meister des östlichen Mystizismus äußerst praktische Menschen. Sie waren keine Idealisten, die sich in eine Welt der Ideen zurückzogen, wie es bei einigen westlichen Philosophen der Fall war und noch heute ist; statt dessen erkannten sie die Notwendigkeit, Weisheit auf eine praktische und oft sehr einfache Weise zu bekunden.

Übung 1: Der Beobachter

Nehmen Sie die Rückenlage in einem körperlich entspannten Zustand auf einer harten Unterlage ein. Ihre Atmung sollte so tief und gleichmäßig wie möglich sein. Versuchen Sie, die in Ihr Gehirn ein- und ausgehenden Gedanken zu beobachten, ohne ihnen verhaftet oder in sie verwickelt zu werden. Der Zweck dieser Übung besteht darin, daß Sie Abstand von Ihrem Denkprozeß gewinnen und somit Ihren Bewußtseinszustand verändern. Sie eignet sich hervorragend als Einleitung zu anderen Übungen der Geisteskontrolle. Außerdem ist sie sehr wertvoll, wenn Sie sich in einem Zustand emotionaler Unruhe oder Streß befinden, weil Sie dadurch einen besseren Blick für eine bestimmte Situation gewinnen können, indem Sie sich von ihr distanzieren. Sie sollten Ihren Geist einfach bei seiner Tätigkeit beobachten, und Sie werden feststellen, daß sich Probleme, von denen Sie vielleicht glaubten, sie stünden in keinem Verhältnis zueinander, reibungslos zusammenfügen. Versuchen Sie nicht, die beobachteten Gedankenmuster rational zu erklären oder zu analysieren, sondern sehen Sie sie sich in einem völlig neutralen Zustand an.
Wenn Sie diese einfache Übung ein paar Minuten lang regelmäßig praktizieren, werden Sie allmählich eine Veränderung in Ihren geistigen Mustern bewirken, die Ihnen größere Kontrolle in Ihrem ganzen Leben verleiht. Sie werden nach und nach den Übergang von Beta- zu Alpha-Gehirnwellenmustern erfahren, was Sie erfrischen und erneuern wird. Ferner verhilft Ihnen die Übung dazu, sich Ihrer wahren Identität bewußt zu werden – sie sind der Beobachter der Gedanken, nicht die Gedanken selbst.

Swami Vivekananda, der in der ersten Hälfte des zwanzigsten Jahrhunderts in Amerika lebte, pflegte, wenn er diese Notwendigkeit für das Praktische erläuterte, zu sagen: »Wer nicht kochen kann, kann auch nicht meditieren.« Um seine Ansicht unter Beweis zu stellen, machte er es sich zur Gewohnheit, gelegentlich für seine Schüler zu kochen, und bereitete, nach allem, was man weiß, ein hervorragendes Mahl zu.

Auch der Anhänger der chinesischen Kampfsportarten verstand ungemein gut zu kochen. Zum Erstaunen aller, die ihm zusahen, pflegte er seine Fähigkeit, ein Huhn mit großer Schnelligkeit und Geschicklichkeit zu rupfen, offen zu zeigen. Dafür wurde er sehr bekannt. Eines Tages fragte ihn einer seiner Schüler, wie er es genau gelernt habe, diese Leistung zu vollbringen. Darauf erwiderte er, das ganze Geheimnis bestände darin, daß er sie nicht vollbringe. Mit dieser einfachen Aussage meinte er, daß er durch sein meisterhaftes Können im Kampfsport gelernt hatte, sich von seinem grundlegenden Denkmustern zu distanzieren und Kontakt zu einem höheren Teil seines Wesens herzustellen. Dieses höhere Wesen konnte alle seine Tätigkeiten übernehmen, so auch das Rupfen eines Huhns.

Die zweite Geschichte ruft bei Menschen, die sie hören, oft Überraschung hervor. Sie sind verwirrt, weil sie ihre Bedeutung nicht ganz verstehen. Sie handelt von dem Schüler eines Zen-Meisters, der das Bogenschießen als ein System der Persönlichkeitsentfaltung verwendete. Hinter Kampfsportarten, Bogenschießen, Fechten und anderen Künsten liegt eine viel höhere Absicht. In den ursprünglichen Kampfsportschulen wurden diese Fertigkeiten nicht für die Zwecke des Kampfes und nicht einmal der Selbstverteidigung gelehrt, sondern um blitzschnelle Reaktionen auf geistiger Ebene und die geistige Kontrolle, die für ihr Hervorrufen erforderlich ist, zu entwickeln. Dieser Zen-Meister erwartete von seinen Schülern, daß sie es zur Perfektion im Bogenschießen brachten – erst dann durften sie nach bestandener Prüfung die Schule verlassen und erhielten den damit verbundenen Rang.

Ein Schüler war ein wirklich hervorragender Bogenschütze und vermochte jedesmal aus einer beträchtlichen Entfernung ins Schwarze zu treffen. Hin und wieder mußte er seine Geschicklichkeit vor seinem Zen-Meister demonstrieren, der als einziger entscheiden konnte, ob er die Prüfung der Schule bestehen würde. Von Zeit zu Zeit zeigte er seinem Meister seine Leistung, immer wieder ins Schwarze zu treffen, aber jedesmal meinte der Meister: »Nein, du bist noch nicht bereit. Du mußt noch mehr üben und zurückkommen.« Schließlich erreichte er den Punkt, an dem er dermaßen enttäuscht war, daß er bereit war, voller Empörung von der Schule zu gehen, und es ihn gleichgültig ließ, ob er ins Schwarze traf oder nicht. Schließlich schien seine offenkundige Geschicklichkeit keine Wirkung auf den Meister zu zeitigen oder nicht dazu zu führen, die Prüfung zu bestehen, um mit allen Auszeichnungen die Schule zu verlassen. Bei seiner letzten Prüfung schenkte er den Regeln praktisch keine Beachtung: Er legte seinen Pfeil an, spannte den Bogen und schoß den Pfeil ab, ohne daß es ihn interessierte, ob er sein Ziel traf. Der Pfeil traf nicht genau ins Schwarze. Zu seiner großen Verwunderung war der Zen-Meister voll Freude, beglückwünschte ihn herzlich und sagte: »Jetzt hast du die Prüfung bestanden.« Daraufhin wurde er mit allen Auszeichnungen aus der Schule entlassen.

Welche Botschaft versuchte der Zen-Meister seinem Schüler zu vermitteln? Er wollte ihn lehren, daß es eine Sache ist, einen Grad an Beherrschung einer Tätigkeit zu erreichen, aber daß volle Beherrschung nicht erlangt wird, solange man sich von der Tätigkeit an sich nicht distanziert hat. Der Schüler war seiner Zielsicherheit und den damit einhergehenden Gefühlen des Stolzes und der Zufriedenheit zu sehr verhaftet. Seine Enttäuschung brachte ihn dazu, Abstand von den Resultaten seines Handelns zu gewinnen, was der Zen-Meister dann erkennen konnte. Wenn er natürlich nicht schon vorher bewiesen hätte, daß er nach Belieben ins Schwarze treffen konnte, hätte der Meister ihn bei der Prüfung sicherlich nicht bestehen lassen. Aber er war unzufrieden mit dem Grad an geistigem Abstand, den sein Schüler erreicht hatte, und wollte ihn erst aus der Schule entlassen, wenn er auch diese Eigenschaft unter Beweis zu stellen vermochte.

Diese Lektion scheint für viele von uns im Westen sehr subtil und undurchsichtig zu sein, aber hinter ihr verbirgt sich eine große Lehre. In einer Welt, in der Menschen unentwegt danach streben, ihre materielle Situation zu verbessern, ist die Person, die sich zu stark mit dem Ergebnis ihrer Handlungen identifiziert, auch diejenige, die anfällig für den größten Verlust sein kann. So mag zum Beispiel ein Geschäftsmann im Wirtschaftsleben höchst erfolgreich und seinen Errungenschaften und seinem Erfolg sehr verhaftet sein, aber wenn er von Enttäuschung heimgesucht wird, vielleicht aufgrund höherer Gewalt, kann er sich großen Streß und möglicherweise eine Herzerkrankung zuziehen und wird aus dem Grund nicht mehr in der Lage sein, sein Geschäft weiterzubetreiben. Wie erfolgreich war er nun wirklich als Geschäftsmann?

In der Welt des Showbusineß ist ein Schauspieler vielleicht nicht so sehr seiner Darstellung verhaftet, sondern vielmehr der hohen Anerkennung, die ihm hinterher zukommt. Wenn er später in seiner Karriere eine Zeit der Unpopularität durchmacht, zerbricht er, und auch seine Darstellung wird darunter leiden. Er ist im Grunde einem geplatzten Luftballon gleich und hat nichts mehr zu geben. Aber der Schauspieler, dem es mehr daran liegt, seine Darstellung zu beherrschen, und weniger an den Ergebnissen in Form von Applaus oder finanzieller Belohnung, wird weiterhin an seiner Darstellungskunst arbeiten und wahrscheinlich eher die Tiefpunkte in seiner Laufbahn überstehen.

Dasselbe gilt für das Familienleben. Alle Eltern machen Zeiten der Sorge um ihre Kinder und den Fortschritt ihrer Kinder in der Schule oder im sozialen Leben durch. Falls Eltern ihre Kinder als eine Erweiterung ihrer selbst ansehen und sich vor anderen stolz mit ihren Erfolgen brüsten, werden sie peinlich verlegen und geknickt sein, wenn ihre Kinder schlechte Leistungen bringen oder sich schlecht benehmen, nicht so sehr um ihrer Kinder, sondern um ihrer selbst willen. Wenn sie sich nur um ihre Kinder sorgen würden und nicht um den Eindruck, den ihr Verhalten vielleicht auf ihr eigenes Bild hinterläßt, wären sie viel bessere Eltern und würden weiterhin versuchen, ihren Kindern so weit es ihnen möglich ist zu helfen. Natürlich ist kein Elternteil letzten Endes ganz und gar dafür verantwortlich, was aus seinem Kind wird. Diejenigen, die an Reinkarnation glauben, zu denen auch ich zähle, gewinnen einen gewissen Abstand von vielen Dingen. Ein Elternteil, das an Reinkarnation glaubt, wird beispielsweise erkennen, daß sein Kind vor seiner Geburt bereits mit vielen Eigenschaften ausgestattet war, und sich darum nicht völlig für die Art und Weise, auf die es sich entwickelt, verantwortlich fühlen.

Im Extremfall kann ein Kind zuweilen schon in jungen Jahren niederträchtige Tendenzen zeigen und sogar schreckliche Taten verüben. Aufgrund der Beeinflussung seitens mancher Psychologen und Soziologen werden Eltern dazu gebracht, sich vollkommen verantwortlich dafür zu fühlen. Ihnen wird gesagt, daß ihre Kinder einzig und allein das Produkt ihrer genetischen Vererbung und der Umwelt, in der sie leben, seien. Obgleich diese beiden Faktoren sehr wichtig sind, glaubt der Anhänger der Reinkarnationslehre, daß sie nicht allein in Betracht zu ziehen sind. Eltern haben die Verantwortung und die Verpflichtung, eine reinkarnierende Seele so gut sie können aufzuziehen, aber durch das Wissen, daß ihr Kind nicht gänzlich ein Produkt ihrer selbst ist, gewinnen sie eine gewisse geistige Distanz. Schließlich ist es ersichtlich, daß Kinder bestimmte Charakterzüge haben, ein bestimmtes innewohnendes Wissen um die menschliche Natur und das Leben, das man sie nicht gelehrt hat. Es mag einige Eltern beleidigen, wenn man ihnen sagt, daß ihre Kinder nicht vollkommen das Produkt ihrer selbst sind; andere wiederum werden entdecken, daß das sehr plausibel klingt und sich ihnen dadurch eine umfassendere Perspektive in Hinblick auf Elternschaft auftut.

Übrigens würde ein gewisser geistiger Abstand aus Ihnen keine gefühllose Person machen. Geistiger Abstand und Liebe gehen Hand in Hand einher. Wenn Ihrer Zuneigung zu anderen keine Hintergedanken zugrunde liegen, können Sie schließlich eine viel reinere Form der Liebe geben, als wenn damit Bedingungen verbunden wären. Wenn es etwas gibt, das Sie zurückerhalten wollen, wenn Sie irgendeinen selbstsüchtigen Wunsch hegen, den eine bestimmte Beziehung erfüllen soll, dann sind die Beziehung und die Liebe, die Sie geben können, auf diese Ebene beschränkt. Dies gehört zu den ersten Dingen, die Sie bei der Gestaltung einer erfolgreichen Beziehung erkennen. Letzten Endes ist die stärkste Liebe, die Sie geben können, die Liebe, an die keine Bedingungen geknüpft sind.

Geistige Entspannung

Dadurch, daß Sie geistigen Abstand entwickeln, werden Sie in der Lage sein, Ihren Geist zu entspannen und in Ihrem ganzen Leben Bereicherung erfahren; er wird Ihnen zugänglich sein, wann immer Sie möchten. Das soll nicht heißen, daß Sie nicht mehr für die Welt sorgen werden – diese Art von Abstand meine ich nicht. Sie werden auch nicht weniger für die Ihnen Nahestehenden sorgen – tatsächlich werden Sie imstande sein, mehr zu sorgen. Aber Sie werden viel leichter ein- und abschalten können, als es Ihnen in der Vergangenheit möglich war. Diese Eigenschaft ist entscheidend für ein erfolgreiches Leben und einer der Schlüssel dazu, Ihr inneres Potential zu erschließen.

Einer der besten Wege, den Geist zu entspannen und streßbedingte Unausgewogenheiten auszugleichen, ist das Praktizieren von rhythmischer Atmung. Je gleichmäßiger der Atem, um so gleichmäßiger die Gehirnwellen. Für die uralte hinduistische Philosophie war das ganze Leben ein Atemzug. Das Ausatmen ließ die Manifestation entstehen und das Einatmen brachte die Manifestation dorthin zurück, von woher sie gekommen war. Es gibt zahlreiche Bücher über Ernährung, die uns zum richtigen Essen und Trinken auffordern. Dieser Faktor ist sehr wichtig, und in der Tat haben unsere Eß- und Trinkgewohnheiten auch einen Einfluß auf die Funktionsweise unseres Geistes. Aber viel wichtiger als die Ernährung ist die korrekte Atmung, und über dieses Thema sind bei weitem nicht so viele Bücher erhältlich.

Um damit anzufangen, Ihren Geist zu entspannen, ist es von größtem Vorteil, wenn Sie nicht nur lernen, das Ein- und Ausatmen in rhythmischen Zyklen zu harmonisieren, sondern auch, es allmählich zu verlängern.

Dafür kann die nachfolgende Übung 2 verwendet werden:

Übung 2: Den Atem harmonisieren

Experten in der Wissenschaft von der Atmung, im Osten als *Pranayama* bekannt, betonen, daß die Dauer des Atmens einer Person nicht erzwungen werden sollte. Jedem von uns sollte es möglich sein, sich Zeit dafür zu lassen. Doch die Zwänge des Lebens sind so gestaltet, daß wir oft sehr flach atmen. Bei dieser und allen nachfolgenden Übungen sollten Sie durch die Nase atmen.

Für die nun folgende Übung sollten Sie auf einem Stuhl mit harter Rücklehne sitzen. Halten Sie die Wirbelsäule gerade, aber ohne Anspannung. Wenn Sie eine angemessene Yoga-*Asana* (Haltung) kennen, können Sie auch diese einnehmen. Beim Einatmen visualisieren Sie den Rumpf Ihres Körpers als einen mit reiner weißer Flüssigkeit gefüllten Becher. Während Sie durch die Nasenlöcher einatmen, wird der Becher vom unteren Teil des Rumpfes durch den Unterleib, den Magen, die Brust, bis oben in die Schultern mit dieser reinen weißen Flüssigkeit gefüllt, so daß er gegen Ende des Einatmens ganz voll ist. Blähen Sie beim Einatmen den Unterleib etwas auf, und atmen Sie so lange Sie können ohne Anstrengung ein. Beim Ausatmen leeren Sie den Becher von den Schultern bis nach unten. Ziehen Sie beim Ausatmen das Zwerchfell leicht ein, ohne sich dabei anzustrengen, und leeren Sie den Becher bis zum unteren Teil des Rumpfes in der genauen umgekehrten Weise, wie Sie es beim Einatmen taten.

Setzen Sie das Ein- und Ausatmen mit geschlossenem Mund fort, während Sie dabei jedesmal den Becher füllen und ihn wieder leeren. Wenn Sie diese Übung ohne viel Anstrengung durchführen können und die Visualisierung selbstverständlich für Sie wird, verlängern Sie nach und nach das Ein- und Ausatmen. Es ist sehr wichtig, daß Sie den Rhythmus zwischen Ein- und Ausatmen beibehalten und beides in gleichem Maße ausdehnen. Denken Sie daran, daß derselbe Becher, den Sie gefüllt haben, völlig geleert werden muß.

Mit dieser einfachen Übung werden Sie nicht nur anfangen, Ihren Geist zu entspannen, sondern sie wird Ihnen auch ein Gefühl des Wohlbefindens vermitteln, und täglich einige Minuten praktiziert, werden Sie über die Verjüngung und Erfrischung, die Sie spüren, erstaunt sein. Sie werden anfangen wahrzunehmen, wie ein größerer innerer Frieden in Ihrem Leben Einzug hält, und sowohl dieser innere Frieden wie auch geistige Klarheit werden sich sehr positiv auf Ihre physische Gesundheit auswirken.

Es gibt viele erlernbare Systeme, um jene physische Kontrolle zu entwickeln, die Sie befähigt, den Körper mehr oder weniger willentlich zu entspannen. Systeme wie Tai Chi, bestimmte Zweige des Hatha-Yoga und einige der Kampfsportarten wie Aikido und Kung-Fu können eine enorme Beherrschung Ihrer physischen Reaktionen bewirken. Diese wiederum wird Ihre Fähigkeit, das Nervensystem zu entspannen, sehr schnell zur Entfaltung bringen und somit die Bewegung der Gehirnwellen vom Beta- in den Alphazustand und möglicherweise darüber hinaus verlangsamen.

Die einfache Übung 3 (s. S. 46/47) dient zur geistigen Entspannung. Tatsächlich sind einige der einfachsten Übungen auch die wirkungsvollsten, sofern sie gewissenhaft angewendet werden, und diese speziell wird in Momenten der Nervosität und Angespanntheit im besonderen eine Wirkung bei Ihnen zeigen. Natürlich sind solche Momente der Anspannung sehr oft auch unpassende Übungszeiten. Eine bestimmte Schule des Buddhismus pflegte ihre Schüler darin zu unterrichten, in jedem beliebigen Augenblick ihre Beschäftigung, welche es auch sein mochte, zu unterbrechen und auf sich selbst und ihre Gefühle zu achten. Wenn Sie in der Lage sind, sich in einem Augenblick großer Anspannung selbst zu disziplinieren und augenblicklich Ihre Aktivitäten einzustellen, vorausgesetzt, daß es möglich ist, und diese Entspannungsübung zu prak-

Übung 3: Den Geist entspannen

Für diese Übung sollten Sie sich idealerweise in einem Zimmer aufhalten, dessen Tür Sie schließen oder absperren können, so daß Sie ungestört sind. Es kann hilfreich sein, eine sehr sanfte und ruhige Musik abspielen zu lassen. New-Age-Musik eignet sich besonders gut für Entspannungstechniken, weil sie dazu neigt, frei von starken Emotionen zu sein. Heutzutage finden Sie in den meisten Musikgeschäften eine Abteilung für New-Age-Musik. Sie sollten keine Musik mit schwerer Melodie oder heftigen harmonischen Sequenzen wählen, die Ihren Geist in Anspruch nimmt und Sie von der Entspannungsübung ablenkt, die Sie gerade durchführen wollen. Obwohl klassische Musik höchst wirkungsvoll und hebend ist, eignet sie sich nicht für diese Übung, weil sie oft intellektuell komplex ist und die aktive Beteiligung des Denkprozesses verlangt. Rockmusik ist aufgrund ihres emotional stimulierenden Inhalts genau das Gegenteil von dem, was Sie zu erreichen gedenken. Das Zimmer sollte nur schwach beleuchtet sein, und vielleicht finden Sie es förderlich, Räucherstäbchen anzuzünden oder Duftöle zu verwenden, um eine beruhigende Atmosphäre zu schaffen. Auch hier gilt, daß kein sehr starker Duft benutzt werden soll, sondern einer, der Sie entspannt und mit dem sie vielleicht positive Gedanken verbinden, wie etwa Sandelholz.

Dann legen Sie sich einfach mit dem Rücken auf den Boden und beginnen mit der rhythmischen und tiefen Atmung. Schließen Sie die Augen und weisen Sie sich selbst sanft an, sich zu entspannen. Schließlich ist es das Gehirn, das dem Nervensystem im Körper Signale aussendet, durch die alle Bewegungen und physiologischen Funktionen ausgelöst werden.

Bei dieser einfachen Übung haben Sie die Kontrolle über die Anweisung und bitten Ihr Nervensystem sanft um Entspannung. Seien Sie ganz zuversichtlich, daß sich diese Entspannung einstellen wird, lassen Sie keinen Zweifel in Ihrem Geist aufkommen, und Sie werden bemerken, daß sie wirklich allmählich einsetzt. Vielleicht gelingt es Ihnen nicht beim ersten

Mal, sich in einen entspannten Zustand zu versetzen, aber wenn Sie unbeirrt damit fortfahren, werden Sie nach und nach Herr über die Verspannung in Ihrem Körper und Geist werden, und daraus kann eine bedeutsame Veränderung in Ihrem ganzen Leben resultieren, insbesondere bei Menschen, die an erhöhtem Blutdruck oder nervösen Zuständen leiden. Diese Übung ist harmonisierend und kann zu einem tiefen Zustand geistiger Entspannung führen. Versuchen Sie es zu vermeiden, schläfrig zu werden oder gar einzuschlafen, weil Ihnen dann der Nutzen dieser Übung verloren geht. Es geht darum, daß Sie versuchen, bei vollem Bewußtsein willentlich Entspannung herbeizuführen.

Auf den ersten Blick scheint diese Übung lächerlich einfach zu sein, aber in Wirklichkeit isolieren Sie den Streß und die Anspannung, die Sie spüren, indem Sie Ihre Aufmerksamkeit darauf richten und sie dann in einen Zustand der Entspannung transformieren. Sie sagen Ihrem Körper, wer der Herr ist und führen eine kontrollierte Beziehung zwischen Ihrem Bewußtsein und Ihren unterbewußten nervösen Reaktionen herbei. Durch regelmäßiges Üben werden Sie allmählich lernen, Ihre Anspannung nach Belieben ein- und abzuschalten, selbst in Zeiten, wenn Sie diese Übung nicht praktizieren. Lassen Sie sich nicht davon abbringen, wenn sie zuerst nicht zu funktionieren scheint; möglicherweise haben Sie über einen längeren Zeitraum hinweg Streß und Anspannung aufgebaut, und Ihr Nervensystem ist an diese Art der sanften, aber bestimmten Anweisung nicht gewöhnt.

Wenn Sie unbeirrt mit der Übung fortfahren, werden Sie allmählich merken, daß sie zu funktionieren anfängt und dabei Ihr ganzes Leben beeinflußt. Sie gewinnen Kontrolle über Ihre Streßreaktionen und zeigen Ihren unterbewußten und körperlichen Reaktionen, daß Sie die Oberhand haben.

Als Folge dessen wird sich ein Gefühl des Friedens einstellen, denn genau das möchte das Nervensystem in Wirklichkeit, es möchte kein ruderloses Boot steuern. Durch diese Übung fangen Sie im Grunde damit an, das Ruder zu übernehmen und die Richtung und Geschwindigkeit zu bestimmen, mit der Sie sich fortbewegen wollen.

tizieren, werden Sie feststellen, daß Sie anfangen, nach Belieben eine höhere physische Entspannung zu entwikkeln, die wiederum Ihre geistige Entspannung und ihre Fähigkeit zur Streßkontrolle stärken wird.

Geisteskontrolle

Sobald Sie sich Ihrer sich verändernden geistigen Muster bewußt sind und angefangen haben, Übungen zur geistigen Entspannung zu praktizieren, sind Sie in der Lage, sich Techniken der Geisteskontrolle anzueignen. Sie beherrschen Ihren Geist, und seine enorme Kraft steht Ihnen zur Verfügung und wartet nur darauf, aktiviert zu werden. Viele verschiedene Gesellschaften lehren die eine oder andere Methode der Geisteskontrolle. Manche davon sind sehr nutzbringend, während andere, um es höflich auszudrücken, kontraproduktiv sind und unausgewogene Methoden unterrichten, die auf lange Sicht dem Individuum keineswegs helfen.

Aus diesem Grund sollte unbedingt differenziert und gewisse Kriterien beachtet werden, wenn Sie diese Form der Kontrolle entwickeln möchten. Beispielsweise sollten Sie keine Technik ausüben, die zur offenen Unterdrückung Ihrer grundlegenden Denkmuster auffordert. Sehr fortgeschrittene Yoga-Schulen setzten auf bestimmten Stufen Unterdrückungsmethoden ein, aber nur unter der strengen Aufsicht von Lehrern und dann auch nur bei Schülern, denen es nicht einfach um die Verfeinerung des Geistes ging, sondern die vielmehr entschlossen waren, die höchsten Zustände mystischer Bewußtheit zu erreichen, die auf Erden bekannt sind. Die Durchschnittsperson braucht eine sichere, ausgewogene Methode, die den Geist nicht in eine bestimmte Richtung zwingt, sondern die es behutsam ermöglicht, daß seine Funktion unter die Kontrolle des Übenden gebracht wird. Entscheidend dafür ist die Verlangsamung der Gehirnimpulsfrequenz.

Dies wird am besten mit Hilfe von Meditationstechniken erreicht. Aber lassen Sie mich zunächst kurz etwas über das Wort »Meditation« sagen. Viele Menschen gebrauchen immer wieder diesen Begriff, um damit Verschiedenes zum Ausdruck bringen zu wollen. Einige weisen so auf einen hohen und erhabenen Bewußtseinszustand hin, in dem der Ausübende überragende Kräfte, auf Sanskrit als *Siddhis* bezeichnet, erlangen kann. Aber in der heutigen Zeit wird Meditation meistens als eine Form der geistigen Entspannungsübung verstanden – mit anderen Worten, eine Übung, die uns vom sehr aktiven Beta-Geisteszustand in den kontemplativeren Alphazustand versetzt.

Der Alphazustand des Geistes ist unserer Gesundheit viel zuträglicher. Er setzt nervöse Spannung herab, bringt psychosomatische Erkrankungen in Ordnung, reduziert streßbedingte Krankheiten, senkt den Blutdruck, stärkt das Immunsystem, und manche sagen, daß er sogar den Alterungsprozeß verlangsamt. Der Sauerstoffverbrauch wird um etwa zehn bis zwanzig Prozent verringert, und, was sehr wichtig ist, auch die Milchsäurekonzentration im Blut nimmt ab, wenn wir anfangen, uns vom Betazustand in den Alphazustand zu bewegen.

Natürlich sind wir alle auf die Stimulation der Geistestätigkeit angewiesen, aber wie bei allem ist ein Übermaß nicht gut für uns. In der heutigen Welt herrscht das Betabewußtsein vor. Die Impulse der Medien, der Nachrichten, der Werbung und der Unterhaltung sind allesamt hauptsächlich auf die Betaaktivität abgestimmt, und man verbringt weniger Zeit mit leichten Beschäftigungen auf dem

Land und einer entspannten Lebensweise. Heute wird Entspannung durch ein Mehr an Aktivität und Stimulation anstatt weniger angestrebt. All das bedeutet, daß ein Leben im Alphazustand zu einer Seltenheit geworden ist, was ein weiterer Grund ist, warum das Erlernen von mentalen Entspannungstechniken so wichtig ist, um diese Bewußtseinsveränderung herbeizuführen und Ihnen die Möglichkeit zu geben, sie in Ihrem Alltagsleben zu kontrollieren. Wenn Sie diese Übungen praktizieren, werden Sie durch persönliche Erfahrung lernen, was vonnöten ist, um diese Veränderung zu bewirken, und allmählich werden Sie imstande sein, sie in höherem Maße beliebig und willentlich zu erreichen.

In Übung 4 können Sie das ausprobieren.

Übung 4: Vom Beta- zum Alphabewußtsein

Setzen Sie sich auf einen Stuhl mit harter Rücklehne. Ihre Hände ruhen mit den Innenflächen auf den Knien, und Sie halten Ihre Wirbelsäule gerade. Sitzen Sie nicht krumm, sondern versuchen Sie, körperlich so entspannt wie möglich zu sein, besonders im Hals- und Schulterbereich. Falls Sie in diesen Bereichen verspannt sind, lassen Sie behutsam Ihren Hals kreisen, zuerst im Uhrzeigersinn und dann in die entgegengesetzte Richtung. Erzwingen Sie diese Bewegung nicht, da sich dadurch die Verspannung verschlimmern könnte, sondern lassen Sie den Hals einfach kreisen, erst in die eine Richtung und dann in die andere, und allmählich wird sich die Verspannung auflösen. Halten Sie die Augen die ganze Zeit über geschlossen und fangen Sie an, Ihre Gedanken zu beobachten, wie es in der ersten Übung beschrieben wird.
Nach und nach werden Sie sich vom Denkprozeß distanzieren und zum Beobachter werden, wie Sie es zuvor geübt ha-

ben, aber diesmal gehen Sie einen Schritt weiter und beobachten nicht nur Ihre Gedanken, sondern auch Ihre Gefühle. Wenn ein bestimmter Denkprozeß in das Gehirn eintritt, trägt er vielleicht bestimmte Assoziationen mit sich. Kommt Ihnen zum Beispiel ein in der Vergangenheit vorgefallenes Ereignis in den Sinn, kann es mit irgendeiner Emotion verbunden sein, beispielsweise Wut, Niedergeschlagenheit, Begeisterung oder Enttäuschung. Versuchen Sie, diese emotionalen Reaktionen zu glätten, indem Sie sie während der Übung aus einem distanzierten Blickwinkel beobachten. Es kann sehr nützlich sein, wenn man dazu in der Lage ist. Selbst wenn Sie sich letzten Endes entscheiden, sich nach Ihren Gefühlen zu richten, ist es immer von Vorteil, zuerst Abstand von ihnen zu gewinnen, um zu einer klaren Entscheidung zu gelangen. Außerdem werden Sie dazu befähigt, zwischen einem inneren, intuitiven Gefühl und einer Grundemotion zu unterscheiden. Diese beiden Gefühle sind zwar im Grunde so verschieden wie Tag und Nacht, aber das ist uns in einem gegebenen Augenblick nicht immer klar.

Bei dieser Übung beobachten Sie also sowohl die in Ihr Gehirn eingehenden Gedanken wie auch Ihre emotionalen Reaktionen auf diese Gedanken. Lassen Sie die Gedanken gehen und versuchen Sie, die Emotionen zu glätten, indem Sie Abstand zu ihnen gewinnen. Sie beobachten sie, aber bleiben ihnen nicht verhaftet. Sie werden feststellen, daß sie entweder augenblicklich oder allmählich verschwinden werden, vorausgesetzt, Sie unterdrücken sie nicht, sondern beobachten sie einfach. Sie werden den Grad an Unruhe in Ihnen wie auch das Verhaftetsein an Denkprozesse reduzieren, und dadurch wird es Ihnen leichter fallen, sich vom Beta- in das Alphabewußtsein zu bewegen.

Weder bei dieser noch bei einer anderen Übung sollten Sie versuchen, eine völlige Leere in Ihrem Geist zu erreichen. Sie sind bewußt, Sie sind wach, aber Sie beobachten, anstatt sich aktiv in Ihre Gedanken und Emotionen verwickeln zu lassen. Diese Übung wird Ihrer körperlichen Gesundheit zugute kommen, und sie wird Ihnen zu einer klareren Perspektive über Ihr ganzes Leben und die Richtung, die Sie einschlagen, verhelfen. Diese Wirkung dürfte mit Sicherheit nach einigen Wochen der regelmäßigen Übung auftreten.

Um Geisteskontrolle zu bewirken, müssen Sie imstande sein, sich von einem Zustand des »Tuns« in einen Zustand des »Seins« zu versetzen. Vielleicht fällt es Ihnen leichter, sich dies als ein »Leben im Jetzt« vorzustellen. Wenn unser Bewußtsein immer darauf konzentriert ist, was wir als nächstes tun werden und was wir in der Vergangenheit getan haben, werden wir nicht in den vollen Genuß, das Jetzt zu erfahren, kommen. Diese Auffassung ist grundlegend für das Erlernen geistiger Entspannungstechniken, die darauf angelegt sind, uns immer mehr in das Jetzt, immer mehr in einen Zustand des Seins anstatt des Tuns zu führen. Während wir die Gehirnwellen vom Betazustand in den Alphazustand verlangsamen, reduzieren wir in zunehmendem Maße den Prozeß des bewußten Denkens und ersetzen ihn durch einen unmittelbareren Sinn für die Bewußtheit der Existenz.

Ein anderer Weg, um diesen Zustand der Geisteskontrolle zu erreichen, besteht immer darin, sich auf seine wahre Identität oder sein wahres Selbst zu konzentrieren. Mit anderen Worten, Sie sollen zum Denker werden, nicht zum Denkprozeß selbst. Zu viele Menschen identifizieren sich mit ihren Gedanken und glauben, daß sie diese Gedanken wären, daß sich ihr Charakter aus den Gedanken, die ihnen in den Sinn kommen, zusammensetzen würde. Im Gegenteil, wir besitzen eine Identität, die das Denken übersteigt. Wir sind es, die sich für unseren Denkprozeß entscheiden, und das ist der wahre Schüssel dazu, Kontrolle über unsere Geisteskräfte zu gewinnen.

Affirmation

Die östliche Philosophie fand den Schlüssel zur Kontrolle, indem man sich nämlich auf etwas konzentriert, das als »Ich bin Präsenz« bezeichnet wurde. In verschiedenen Sprachen wurden Affirmationen ersonnen, die mit den Worten »Ich bin« anfangen. »Ich bin Herr über meinen Geist und meinen Körper« wäre eine solche Affirmation, die der Schüler täglich hunderte oder sogar tausende Male im Geiste wiederholt, bis er anfängt, seine Identifikation von dem Denkprozeß zu lösen und statt dessen den Denkprozeß beherrscht. Spirituelle Affirmationen wie »Ich bin die göttliche Gegenwart« fanden manchmal Verwendung, weil man glaubte, daß in jedem einzelnen von uns ein göttlicher Funke vorhanden ist. Diese Auffassung mag einige religiöse Glaubenssysteme beleidigen, aber tatsächlich ist sie im wesentlichen die positivste Affirmation, die man möglicherweise machen kann. Dadurch, daß Sie sie sagen, entwickeln Sie göttliche Eigenschaften der Vollkommenheit wie etwa reine Liebe usw.

Der Mystiker würde sagen, daß die wahre Natur des Selbst göttlich sei, daß zwischen uns und unserem wahren Selbst lediglich unsere Unwissenheit stände und daß es sich bei dieser Unwissenheit um unser Verhaftetsein in den Denkprozessen handle, die sich in Wellen durch unser Gehirn bewegen. Wir müssen unseren Geist schulen, um unsere wahre Identität als Herr über unsere Gedanken zu entdecken. Auch wenn diese Idee ziemlich erschreckend zu sein scheint, da sie darauf anspielt, daß Sie Gefahr laufen, Ihre wahre Identität zu verlieren, können Sie sicher sein, daß dieser Fall mit einer sorgfältig ausgewogenen Methode nicht eintreten wird. Denn eigentlich sagen Sie im Grunde nur, daß in Ihrem innersten Sein ein Keim der Vollkommenheit ruht, und mit Hilfe von Affirmationen versuchen Sie, mit diesem Keim in Berührung zu kommen, so daß er in Ihrer ganzen Persönlichkeit wachsen und gedeihen kann, die selbst durch die Ausdruckskraft Ihres Geistes manifestiert wird.

Bei der Ausübung von Affirmationen versuchen Sie fortwährend, sich selbst zu kultivieren und Kontrolle über Ihr Selbst zu gewinnen. Vorausgesetzt, Sie wahren ein Gleichgewicht und denken stets daran, daß vor uns allen ein weiter Weg liegt, werden spirituelle Affirmationen wie »Ich bin der göttliche Geist« von höchstem Wert für Sie sein. Man sollte sie immer mit angemessener Ehrerbietung aussprechen, und falls Sie nicht an irgendeine Form der Göttlichkeit glauben, sollten Sie sie besser gar nicht praktizieren. Wenn Sie etwas ohne echte Überzeugung tun, kann es keine Wirkung auf Sie zeitigen.

Durch regelmäßiges Praktizieren solcher Affirmationen werden Sie anfangen, größeres Selbstvertrauen zu entwickeln. Der Herstellung eines Gleichgewichts ist es außerdem förderlich, wenn Sie über Ihre Schwächen nachdenken, so daß Sie beschließen können, an ihnen zu arbeiten. Diese Art der Analyse kann schwierig sein, aber achtsam durchgeführt, wird sie sich als außerordentlich lohnend erweisen. Die beste Art und Weise, dies in Angriff zu nehmen, besteht darin, daß Sie sich zuerst einer ehrlichen Selbstanalyse unterziehen, der sich eine Affirmation anschließt. Wenn Sie lieber keine spirituelle Affirmation verwenden möchten, dann wählen Sie einfach eine wie beispielsweise: »Ich bin Herr über meinen Geist und meinen Körper.«

Dadurch, daß Sie sowohl die ehrliche Selbstanalyse, die im Grunde eine persönliche Beichte ist, als auch die positive Affirmation praktizieren, wird sich in Ihrem Leben ein höchst machtvolles Gleichgewicht einstellen. Das Beichtverfahren, wie es sich die römisch-katholische Kirche zu eigen gemacht hat, hat seine Wurzeln in einer uralten, dem Christentum um Hunderte von Jahren vorausgegangenen Praktik, die mit der Selbstreinigung durch umfassendes Bekennen seiner Fehler verbunden war. Das ist nicht einfach zustande zu bringen, und wenn Sie diese Selbstanalyse als einfach empfinden, führen Sie sie nicht richtig durch. Für die Anwesenheit einer weiteren Person besteht jedoch keine Notwendigkeit, ausgenommen wenn Sie es wirklich wünschen. Wenn Sie nach Ihrer Selbstanalyse eine sehr positive Übung wie etwa eine Affirmation durchführen, werden Sie das vollkommene Gleichgewicht haben.

Die römisch-katholische Kirche irrt sich vom Standpunkt des geistigen Gleichgewichts aus insofern, daß sie sich zu stark auf die Fehler und Schuld der Menschen konzentriert und nicht genügend auf ihre inneren Stärken. Die ausschließliche Betonung auf der Notwendigkeit, Vergebung für unsere Sünden zu suchen, kann Menschen zu der Annahme verleiten, daß sie ihre Fehler nicht selbst zu überwinden vermögen. Es liegt hier bestimmt nicht in meiner Absicht, die römisch-katholische Religion zu kritisieren, da ich Achtung vor allen Religionen habe. Manche sind natürlich machtvoller im Hinblick auf Persönlichkeitsentfaltung als andere, aber sie alle haben wertvolle Geschenke anzubieten. In einigen Fällen bestehen auch Unausgewogenheiten in ihren Lehren, und vom Standpunkt der geistigen Entwicklung aus ist es manchmal notwendig, auf diese hinzuweisen.

Sich anders besinnen

Zusammenfassend läßt sich von dem, was wir in diesem Kapitel erörtert haben, sagen, daß die Entwicklung des Geistes einem zweischneidigen Schwert gleicht. Auf der einen Seite sind Sie ein Mensch mit menschlichen Fehlern, Schwächen und Mängeln, aber auf der anderen Seite sind Sie in Ihrem wahren Wesen ganz und gar göttlich. Ihnen steht die ganze Stärke, die ganze Kraft und die ganze Weisheit in den magischen Tiefen Ihres inneren

Selbst zur Verfügung. Wenn Sie diese beiden Dinge auf eine Ihnen gegenüber sanfte Weise gleichzeitig erkennen, können Sie anfangen, Ihre Gedanken zu beherrschen und den Weg zur vollen Geisteskontrolle einschlagen.

Einige Lehrer verweisen zur Erklärung dieser Dichotomie auf das niedere und das höhere Selbst. Sie besitzen dieses innere Potential, diese phantastische Kraft in Ihnen, und außerdem haben Sie ein in höherem Maße elementares Wesen, das sich aus den verschiedensten, sporadisch in Ihr Sein auftretenden Wünschen, Impulsen, Gedanken und Gefühlen zusammensetzt. Die Reise der Geisteskontrolle bedeutet, die Ebene dieser sporadischen Impulse auf eine höhere Seinsebene zu heben. Dann werden Sie Ihre wahre Identität entdecken.

Ein anderer Schlüssel dazu, das Vertrauen zu gewinnen, um Geisteskontrolle zu praktizieren, ist eine Philosophie, die für viele Zweige des Buddhismus und andere Schulen des metaphysischen Denkens maßgebend ist. Einfach ausgedrückt behauptet sie, daß wir alle von Natur aus erleuchtet sind, dies aber nicht erkennen. Es geht gar nicht so sehr darum, Erleuchtung zu erlangen, sondern zu erkennen, daß sie bereits da ist.

Es ist schon erstaunlich, was Erkenntnis zu vollbringen vermag. Es sind viele außergewöhnliche Fälle von Menschen im Ersten und Zweiten Weltkrieg bekannt, die zwar schwer verwundet waren, aber denen es eine Zeitlang nicht klar war, was mit ihnen passiert war. Auf dem Höhepunkt der Schlacht, wenn Adrenalin durch sie strömte, verspürten sie keinerlei Schmerz. Man weiß sogar von außergewöhnlichen Fällen, bei denen Soldaten, die beispielsweise ein Bein durch eine Explosion verloren hatten, trotzdem eine Zeitlang weiterlaufen konnten, bis sie nach unten schauten und sahen, daß ihnen ein Bein fehlte; erst dann brachen sie vor Qual und Schmerz zusammen. Ich lernte einmal einen Kriegsveteranen kennen, der mir erzählte, daß er schwer verletzt war und erst sehr viel später bemerkte, daß eine Granate seinen Rücken durchbohrt hatte. Aufgrund dessen verspürte er überhaupt keine Schmerzen, und obwohl er sah, wie das Blut herabtropfte, war ihm nicht klar, woher es kam. Es handelt sich hierbei um eine Kombination von dem Nichterkennen der Geschehnisse und der Erregung, die von der übermäßigen Adrenalinausschüttung durch das Nervensystem ausgelöst wurde.

Beim Herbeiführen von Geisteskontrolle ist es ebenfalls unbedingt erforderlich, das Nervensystem unter Kontrolle zu bringen. Die Ausschüttung von Adrenalin und seinem Gegenspieler Noradrenalin ist für unsere Körperfunktion lebenswichtig. Das Geheimnis liegt darin, diese Ausschüttung im Gleichgewicht und unter Kontrolle zu halten. Es trifft bestimmt zu, daß das erleuchtete Individuum für seinen übersteigerten Zustand einer gewissen Ausschüttung dieser Stoffe bedarf. Die im Gleichgewicht befindliche Kontrolle über sie ruft die sogenannte »Kampf-oder-Flucht«-Reaktion hervor. Bei der Kampfreaktion bereitet man sich auf eine Herausforderung vor, aktiviert sich und will sich äußern. Die Fluchtreaktion besteht darin, daß man sich in sich selbst zurückziehen möchte, ruhig bleibt und auf Aktivität verzichtet. Beide Reaktionen haben ihren Platz in unserem Leben.

Manche medizinische Wissenschaftler glauben, daß, sobald wir Einsichten in die Adrenalinausschüttung gewinnen, wir auch das Geheimnis der Sucht lüften werden. Sie setzen als gegeben voraus, daß beispielsweise ein Spieler die durch das Spielen ausgelöste erhöhte Adrenalinausschüttung mit der Teilnahme am Glücksspiel an sich assoziiert. Im Grunde ist er nicht vom Glücksspiel abhängig, sondern vom Adrenalinfluß, der sich durch diese Tätigkeit einstellt, da Adrenalin ein chemischer Stoff ist, der in das System freigesetzt wird, das suchterzeugende Eigenschaften enthält. Das gleiche ließe sich von vielen anderen Aktivitäten sagen.

Arbeitssüchtige werden süchtig nach Adrenalin, das durch ihre Arbeit freigesetzt wird; selbst verschiedene Sportarten können süchtig machen, wie »Golfwitwen« bestätigen werden. Ebenso wie beim Streß wäre es völlig falsch, die Freigabe von Adrenalin zu unterbinden. Wir brauchen sie, wir sind auf sie angewiesen, aber wir müssen lernen, sie unter Kontrolle zu bringen, und einer der Schlüssel dazu ist Erkenntnis. Würde der Spieler erkennen, daß er nicht nach dem Glücksspiel an sich süchtig ist, sondern nach der dadurch bewirkten Adrenalinausschüttung, dann könnte er nach etwas anderem Ausschau halten und seine Sucht überwinden. Er wäre in der Lage, eine andere Möglichkeit zu finden, um das Adrenalin freizugeben, und auf diesem Wege allmählich Herr über diese Sucht zu werden.

Aus diesem Grund haben viele Drogenabhängige herausgefunden, daß Meditationsübungen der Schlüssel zu ihrer »Heilung« sind. Durch diese nach innen schauenden Praktiken, die allmählich ein Gleichgewicht und Kontrolle über das innere Verlangen und die Adrenalinausschüttung in ihrer Psyche bringen, sind sie imstande, mit der Sucht an ihrer Wurzel fertigzuwerden.

Auch wenn Sie keine Suchtprobleme haben, möchten Sie vielleicht trotzdem Ihre Perspektive und Prioritäten in irgendeinem Aspekt Ihres Lebens verändern. Eine solche Veränderung können Sie herbeiführen, indem Sie Kontrolle über Ihren Geist gewinnen. Der nächste Schritt besteht darin, etwaige Hindernisse zu überwinden, die Ihnen im Weg stehen, um das phantastische, Ihnen zugängliche geistige Potential voll und ganz zum Ausdruck zu bringen. Im folgenden Kapitel werden wir uns damit beschäftigen, wie Sie das erreichen können.

Die Kunst des positiven Denkens

Positives Denken ist ein unentbehrlicher Bestandteil für Erfolg in allen Aspekten des Lebens. Es ist die unmittelbarste und offensichtlichste Folge davon, Geisteskontrolle zu praktizieren. Der erfolgreiche Unternehmer hat eine positive Einstellung zu einem Geschäftszweig und hält bis zum Erfolg durch. Der erfolgreiche Sportler baut seine Fertigkeiten aus und beschließt unbarmherzig, seine Schwachstellen durch konzentrierte positive Anstrengung zu überwinden. Ein erfolgreicher Philosoph hat ein solch positives Vertrauen auf seine Denkfähigkeiten und richtet seine Konzentration so aufmerksam und unfehlbar aus, daß er imstande ist, bestimmte Schlüsse über den Zweck und die Natur des Lebens zu ziehen. Der Wissenschaftler, der Gärtner, die Hausfrau, das Schulkind, der Musiker – gleichgültig, welchem Lebensbereich Sie sich zuwenden – das Geheimnis des Erfolges liegt immer in einer positiven Einstellung zu dem, was auch immer Sie in Angriff nehmen.

Konzentration

Positives Denken geht mit der Fähigkeit zur zielgerichteten Konzentration einher. Sie ist von entscheidender Bedeutung, denn ohne sie werden Sie bei Ihrem anvisierten Ziel schwanken, wie positiv Sie auch eingestellt sein mögen. Um positiv denken zu können, ist es also notwendig, effektive Konzentration zu lernen.

Wir alle lernen in der Schule und überall im Leben, uns bis zu einem gewissen Grade zu konzentrieren, aber wenn wir ganz ehrlich sind, gleicht unser Geist nur allzu oft einem Grashüpfer. Einige Lernmethoden sind in hohem Grade verschlungen und kompliziert und zielen darauf ab, den Geist in unnatürliche Muster zu pressen, um zu lernen – das Bild des zerstreuten Professors ist mehr als bloß eine scherzhafte Allegorie. Einige Formen des wissenschaftlichen Bestrebens, die bewirken, daß sich das Gehirn auf einem bestimmten Gebiet hervortut, sind dennoch so unnatürlich, daß sie zu einer unausgewogenen Reaktion wie Geistesabwesenheit führen. Das Bestehen der Feuerprobe der Konzentration hängt oft von dem Erfolg des Individuums in einer sehr praktischen Bemühung ab. Es nützt nichts, wenn Sie zwar über komplizierte theoretische Formeln nachdenken können, aber zu einer einfachen Tätigkeit wie der Zubereitung eines Essens oder Autofahren nicht in der Lage sind. Natürlich trifft das nicht zu, wenn Sie an einem körperlichen Gebrechen leiden, weil in diesem Fall das Problem offensichtlich nicht eine Folge Ihrer fehlenden Konzentration ist. Gleichgültig, welche Ziele Sie sich für die geistige Entfaltung setzen, Sie werden kein einziges ohne ein gewisses Maß an guter Konzentration erreichen.

Wie können Sie also Ihre Konzentration verbessern? Ihre erste Aufgabe besteht darin, sich der Funktion des Bewußtseins gewahr zu werden. Eine gute Analogie ist der Rundfunkempfänger: Gedankenwellen werden durch den Raum übertragen und von dem Tuner, der Ihr Gehirn ist, eingestellt, und die Art der Gedankenwellen, die Sie anziehen, hängt von Ihrem geistigen oder emotionalen Zustand zu der Zeit ab. Der Schlüssel zur Praxis der Konzentration ist nicht Druck und Zwang. Allzu oft wird

Kindern in der Schule beigebracht, ihren Verstand anzustrengen, was an der Anspannung und dem Streß, die sie bei Prüfungen und bestimmten Klassenarbeiten durchmachen, nicht zu übersehen ist. Gewisse mathematische Formeln zum Beispiel sind hochkompliziert und verlangen fortgeschrittene deduktive Fähigkeiten. Auch wenn diese Art der Beschäftigung durchaus grundlegend und in bestimmten Bildungsbereichen wirklich sehr wichtig sein kann, ist es keinesfalls ausgewogen, sich ausschließlich auf sie zu konzentrieren. Genauso wichtig ist der Gebrauch der imaginativen Gehirnhälfte, die sich freier und auf weniger gezwungene Weise bewegt. Echte Konzentration bezieht sich auf das ganze Gehirn, sowohl auf die rechte wie auch auf die linke Hemisphäre.

Sie fangen damit an, indem Sie dem Bewußtsein gestatten, voll und ganz zu funktionieren. Das Wort »gestatten« ist ein Schlüsselwort bei dem Erlernen von Konzentration. Wenn Sie versuchen, das Bewußtsein zu etwas zu zwingen, ohne ihm zuerst zu gestatten, auf seine eigene Weise zu funktionieren, wird es Ihnen nicht gelingen, es unter Kontrolle zu bringen. Wenn das Bewußtsein für Sie einem wilden Pferd gleicht, das dressiert werden muß, können Sie den Unterschied erkennen. Sie können das Bewußtsein zum Funktionieren zwingen oder es ihm gestatten. Das Pferd zu zwingen würde heißen, es anzuschirren und gewaltsam an den Zügeln um ein Feld herum zu zerren. So wird das Pferd nie lernen, auf kontrollierte Weise aus eigenem Entschluß zu laufen. Um ein Pferd zu zähmen, sitzt der Reiter auf ihm und läßt es zu, daß es ihn abzuwerfen versucht, aber gleichzeitig übernimmt er die Kontrolle, indem er die Zügel sorgfältig handhabt und das Pferd lehrt, auf ihn zu reagieren.

Zuerst sollten Sie sich darin üben, Ihr Bewußtsein bei seiner Tätigkeit zu beobachten, wie es in der einfachen ersten Übung beschrieben wird. Verfolgen Sie Ihre Gedanken und Gefühle, wie sie in Ihr Gehirn fließen, einem Radioempfänger gleich. Versuchen Sie zunächst nicht, sie zu verändern, sondern beobachten Sie einfach nur, was ein- und ausgeht, als wären Sie von diesem Prozeß einen Schritt entfernt. Das ist leichter gesagt als getan und erfordert Übung, aber bald schon werden Sie feststellen, daß Sie Ihr Bewußtsein kennenlernen, und nur wenn Sie es kennenlernen, werden Sie imstande sein, es zu kontrollieren.

Wenn Sie das eine Zeitlang geübt haben, müssen Sie den nächsten Schritt in Angriff nehmen. Wenn Sie nichts anderes täten, als den Prozeß des Bewußtseins zu beobachten, würden Sie nicht lernen, sich zu konzentrieren. In Analogie zu Pferd und Reiter dient diese Stufe nur der Vorbereitung, um Sie zu befähigen, Ihren Platz auf dem Pferd einzunehmen und es allmählich zu zügeln.

Die nächste Stufe ist von entscheidender Bedeutung. Sie führen eine Konzentrationsübung als Brennpunkt in Ihr Bewußtsein ein. Diese Übung sollte ausgeglichen sein und von beiden Gehirnhälften Gebrauch machen. Wenn Sie sich beispielsweise entschließen, eine positive geistige Suggestion wie »Jeden Tag geht es mir in jeder Hinsicht immer besser« aufzusagen, sollten Sie versuchen, Gefühl einzubringen, da diese Übung sonst einfach nur verstandesbetont und nicht von der Wirksamkeit sein wird, die erforderlich ist, damit Sie erfolgreiches Konzentrieren lernen. Sie sollten die Sug-gestion mindestens fünfmal am Tag laut und mit der ganzen Überzeugung, die Sie aufbringen können, aussprechen; dann werden Sie sich allmählich besser fühlen.

Positive Suggestion

Positives Denken ist etwas, das Sie in Ihr Leben einführen und es dadurch zum Vorteil verändern können: Die Wirkungen werden Ihnen augenblicklich auffallen. Man kann alles immer auf zweierlei Weise betrachten – positiv oder negativ, optimistisch oder pessimistisch. Ich trete nicht für eine unrealistische Einstellung ein – daß Sie zu einem Träumer ohne jede stabile Grundlage werden. Das ist nicht nötig, um die Kunst des positiven Denkens zu entwickeln. Sie müssen sich lediglich auf die in höchstem Maße positiven Aspekte einer gegebenen Situation konzentrieren. Das alte Sprichwort »Schwierigkeiten sind da, um sie zu überwinden« mag sich wie ein Klischee anhören, aber es ist eine ungemein nützliche Lebenseinstellung.

Positive Suggestionen sind dafür ausgesprochen hilfreich. Wenn Sie sagen: »Mir geht es immer besser« und fest genug daran glauben, werden Sie eine Gemütsverfassung kultivieren, bei der eine Verbesserung stattfindet. Wenn Sie auf der anderen Seite davon ausgehen, daß es Ihnen schlechter gehen wird, wird das wahrscheinlich auch eintreten. Dies ist nicht einfach ein Ammenmärchen, sondern eine wohlbewährte Tatsache – probieren Sie es aus und Sie werden sehen. Dasselbe läßt sich auf jeden Aspekt in Ihrem Leben beziehen. Im Falle einer schwierigen Prüfung oder eines Einstellungsgespräches kann Ihre positive Einstellung der Sache ein ganz anderes Gesicht geben. Sie wird das Pauken und eine notwendige Vorbereitung nicht ersetzen, aber sie vermag Sie weit zu bringen und Ihnen dazu zu verhelfen, ein Selbstvertrauen auszustrahlen, das sich als entscheidend erweisen könnte. Wenn Sie an sich selbst glauben, werden Sie mit höherer Wahrscheinlichkeit von Ihrem Potential Gebrauch machen, als wenn Sie nicht von sich überzeugt sind.

Zwischen positivem Denken und Selbsttäuschung besteht ein großer Unterschied. Wenn Sie zum Beispiel krank sind, machen Sie sich nichts vor, indem Sie denken: »Ich bin nicht krank« – das könnte Ihren Zustand verschlechtern. In diesem Fall betreiben Sie eine Form der Verleugnung, mit der Sie keinen Erfolg haben werden. Denken Sie statt dessen: »Mir wird es besser gehen.« Das ist eine positive Suggestion, die Ihr Unterbewußtsein mit dem Gedankenmuster nähren wird, das es braucht, um Ihnen zu helfen, daß es Ihnen besser geht. Aus diesem Grund funktioniert es.

Mit Hilfe bestimmter Konzentrationsübungen können Sie Ihre positive Lebenseinstellung verbessern. Viele Beispiele dafür lassen sich in Büchern finden, aber eine gute Übung zeichnet sich dadurch aus, daß sie durch und durch positive Gedanken und Gefühle enthält. Der Geist arbeitet gern mit dem Positiven zusammen; das ist für ihn viel natürlicher als das Negative. Je zuträglicher Ihre Konzentrationsübung allem Leben ist, um so stärker kommen Sie mit dem Ganzen in Harmonie, wodurch sich Ihre Konzentrationsfähigkeit noch weiter erhöhen wird. Eine Übung, die Ihnen selbst und anderen förderlich ist, wird im Grunde als Nahrung für Ihr ganzes Sein dienen. Wenn Sie eine negative Visualisierung durchführen, wird sie Schaden anrichten, denn allen Gedanken wohnt eine Macht inne. Aber am meisten werden Sie sich selbst schaden: Früher oder später wird der Gedanke, den Sie ausgesendet haben, zu Ihnen zurückkehren.

Darum suchen Sie nach Konzentrations-, Meditations- oder Visualisierungsübungen, die in jeder Hinsicht positiv und förderlich sind. Da dieses Buch praktisch orientiert ist, darauf angelegt, Ihnen zu helfen, Ihr inneres Potential freizusetzen, wird es viel nützlicher sein, wenn ich Ihnen einige konkrete Beispiele gebe, die Sie selbst ausprobieren können. Die folgenden Übungen haben sich für mich als sehr wirkungsvoll erwiesen, und ich bin davon überzeugt, daß sie bei Ihnen genauso erfolgreich funktionieren, wenn Sie Ihre Konzentration auf sie richten.

Übung 5: Konzentration auf Gesundheit

Wie bei vielen dieser Übungen sollten Sie eine bequeme Sitzhaltung mit geradem Rücken und ohne Verspannung in den Schultern oder im Hals auf einem Stuhl mit harter Rücklehne einnehmen oder eine entsprechende Yoga-*Asana*, falls Sie eine kennen. Ihre Hände liegen leicht auf den Knien auf. Beginnen Sie mit der tiefen, rhythmischen Atmung. Dadurch wird eine Ruhe hervorgerufen, in die Sie Ihre Visualisierung hineinbringen können. Fangen Sie nach einigen Minuten an, sich auf Ihren ganzen Körper zu konzentrieren. Dabei richten Sie Ihre Aufmerksamkeit auf jeden einzelnen Teil Ihres Körpers und stellen sich ihn als gesund vor. Wenn Sie irgendwo in Ihrem Körper von einer Krankheit betroffen sind, konzentrieren Sie sich auf keinen Fall auf das Leiden, sondern visualisieren Sie statt dessen strahlende Gesundheit.

Auch wenn diese Übung ungemein einfach ist, kann sie wirklich große Wirkungen zeitigen. Mit Hilfe Ihrer Konzentrations- und Vorstellungsfähigkeit säen Sie praktisch eine Vorstellung von Gesundheit in Ihr Unterbewußtsein ein. Dieses Prinzip fand auch in der Vergangenheit Anwendung, um die Gesundung von Krankheit und Gebrechen zu bewirken, die als hoffnungslos galten.

Übung 6: Konzentration auf körperliche Entspannung

Diese Übung ist der vorhergehenden sehr ähnlich, mit dem Unterschied, daß es hier unser Ziel ist, einen Zustand der körperlichen Entspannung statt strahlender Gesundheit hervorzurufen. Viele Menschen in der heutigen Welt, die unter den teilweise subtilen und teilweise sehr offenkundigen nervlichen Belastungen des modernen Lebens leiden, haben das bitter nötig. Diese Übung eignet sich dann besonders gut, wenn Sie reizbar oder sehr unruhig sind.

Auch hierbei nehmen Sie eine bequeme Sitzhaltung ein und beginnen mit der tiefen, rhythmischen Atmung. Wenn Sie sich in einem sehr nervösen Zustand befinden, wird Ihnen das vielleicht schwerfallen, aber es wird um so wichtiger für Sie sein, unbeirrt damit fortzufahren. Halten Sie bei diesen Atemübungen immer den Mund geschlossen und fangen Sie allmählich damit an, so gleichmäßig wie möglich ein- und auszuatmen. Dann konzentrieren Sie sich auf jeden Teil Ihres Körpers, wie in der vorherigen Übung auch, aber diesmal stellen Sie sich die einzelnen Körperteile nicht in strahlender Gesundheit, sondern in einem Zustand des Friedens vor. Sie können Ihren Körper tatsächlich dazu ermuntern, sich zu entspannen, indem Sie mit ihm reden. Manche Leute sagen zum Beispiel zu ihren Beinen: »Entspannt euch, Beine.« Andere ziehen es lediglich vor, sich vorzustellen, daß dieser Entspannungsprozeß stattfindet. Sie können sich durch Ihren Körper von oben nach unten bewegen und dann wieder zurück, und allmählich werden Sie spüren, wie Sie von einem großen Frieden umgeben werden.

Bei dieser ebenfalls sehr einfachen Übung weisen Sie Ihr Unterbewußtsein an und zeigen ihm behutsam den Weg, diesen natürlichen Entspannungszustand herbeizuführen, der so vielen von uns fehlt. Bei regelmäßiger Anwendung werden Sie allmählich lernen, nach Belieben körperliche Entspannung in jedem Teil Ihres Körpers zu bewirken – eine höchst wertvolle Fähigkeit im Leben.

Diese beiden Konzentrationsübungen sind nicht nur praktisch und nützlich im Alltagsleben, sondern sie veranschaulichen auch einen der wichtigsten Aspekte der Freisetzung der Geisteskraft – der intensive Gebrauch Ihrer Konzentrationsfähigkeit. Das Geheimnis des Erfolges liegt darin, ein positives und klar umrissenes geistiges Bild zu haben und es niemals zuzulassen, daß es außer Kontrolle gerät. Dafür benötigen Sie die von Ihrer Konzentration bereitgestellte Disziplin, aber im Grunde ist es die unterbewußte Reaktion, die daran arbeitet, die Veränderung in Ihnen herbeizuführen. Wenn Sie gelernt haben, Konzentration zu entwickeln, können Sie zu dem äußerst wichtigen Schritt übergehen, das gewaltige Potential des Unterbewußtseins zu aktivieren: das Gedächtnis.

Das unbegrenzte Potential des Gedächtnisses erschließen

Wahrscheinlich wurde mehr über das Unterbewußtsein als über die bewußten oder überbewußten Aspekte geschrieben. Es sind reichlich Theorien vorhanden, die von verschiedenen psychologischen Schulen stammen und zu erklären versuchen, was genau mit diesem Aspekt des Geistes gemeint ist und wie er funktioniert. Doch aufgrund seiner außerordentlichen Brillanz bleibt er bis zu einem gewissen Grade ein Geheimnis. Er ist eine phantastische Lagerstätte mentaler Informationen – einschließlich des Erinnerungsvermögens.

Das Unterbewußtsein

Im Gegensatz zu den negativen Auffassungen über das Unterbewußtsein, die in einigen Zweigen der Psychiatrie zu finden sind und fast zu verstehen geben, daß dieser Bereich ausschließlich mit Ängsten, Verdrängungen und Kindheitskomplexen erfüllt sei, ist dieser Aspekt des Geistes insofern hervorragend, daß selbst die moderne Wissenschaft im Grunde nicht imstande ist zu analysieren, wie er seine unzähligen Funktionen erfüllt. Während Sie beispielsweise dieses Buch lesen, wie ist es möglich, daß Sie den Satz, den Sie lesen, in sich aufnehmen? Sekunde für Sekunde prägen Sie sich die vorhergehenden Worte ein und setzen Sie in eine kohärente Form zusammen, die das Bewußtsein dann meistern kann. Das ist das Kurzzeitgedächtnis. Auch für das Langzeitgedächtnis ziehen Sie das Unterbewußtsein heran, um die angebrachten Argumente zu verstehen. Sie erinnern sich beispielsweise an einen Wortschatz, mit dem Sie die Sätze, die Sie lesen, verstehen und bewußt interpretieren können.

Was ermöglicht es uns eigentlich, zu gehen, zu sprechen, zu laufen, zu singen, zu tanzen oder andere Bewegungen des Körpers auszuführen? Wir sind zu diesen Dingen nur darum in der Lage, weil das Unterbewußtsein ein solches genaues Wissen um all die Funktionen des neurologischen Systems besitzt, daß es dem Körper die richtigen Anweisungen geben kann. Dies widersetzt sich dem Bewußtsein eines jeden Wissenschaftlers oder selbst jedem bisher erfundenen Computer. Der einfachste Mensch verfügt über ein Unterbewußtsein, das den hervorragendsten Wissenschaftler übertrifft – das aber im Gedächtnis auf einer Ebene bewahrt ist, zu der er keinen bewußten Zugriff hat.

Die meiste Zeit nehmen wir diesen Aspekt des Geistes als selbstverständlich hin, bis wir mit jenen sehr traurigen Fällen von partiellem oder totalem Gedächtnisverlust in Berührung kommen, der allem Anschein nach das Leben fast unerträglich machen kann. Selbst ein gravierender Fall von Vergeßlichkeit kann eine schreckliche Belastung sein, mit der man leben muß, und bis zu einem gewissen Grad haben wir alle schon einmal die Einschränkungen erlebt, wenn wir uns an jemanden oder etwas nicht mehr erinnern konnten. Der Kernpunkt, den man erkennen muß, ist der, daß man etwas daran tun kann. Das Gedächtnis kann verbessert und entwickelt werden. Das Geheimnis liegt darin, sich bewußt an das Unterbewußtsein zu wenden und die benötigte Information ans Tageslicht zu bringen.

Aufgrund ihrer Untersuchungen der Gehirnzellen machen Neurowissenschaftler allmählich Fortschritte im Hinblick darauf, was Gedächtnis eigentlich ist. Sie haben herausgefunden, daß, wenn ein Tier neue Eindrücke erfährt oder sich in neue Lebensräume begibt, bestimmte Zellen im Zentralnervensystem ihre Eigenschaften verändern. Diese Veränderungen wurden danach beurteilt, wie sich die elektrischen Ladungen bewegten, während sich ihre Membranstrukturen veränderten; ferner wurden Veränderungen im Blutstrom und in der Sauerstoffaufnahme festgestellt. Neurophysiologen verfolgen die chemischen Übermittler, die es möglich machen, daß ein Signal von einem Neuron auf das nächste von Millionen von Nervenzellen im Gehirn übertragen wird. Man hofft, mit Anbruch des einundzwanzigsten Jahrhunderts einige überzeugende Antworten gefunden zu haben.

Sich Fakten einprägen

Wie reagiert also das Gedächtnis am besten auf unser Bewußtsein? Wenn Sie sich etwas einprägen wollen, gehen Sie es am besten zunächst durch und vergewissern sich, daß Sie wirklich alles verstanden haben. Natürlich können Sie Dinge mit der einen oder anderen Methode rein mechanisch auswendig lernen, aber es ist viel effektiver, besonders auf lange Sicht gesehen, wenn Sie ein umfassendes Verständnis von etwas haben, an das Sie sich später erinnern möchten. Politiker beispielsweise, die sich gezwungenermaßen an Fakten und Zahlen erinnern können, wenn sie in einer Debatte unter Druck geraten, sind gewöhnlich diejenigen, die das Diskussionsthema gut beherrschen. Ob ihre Ansichten richtig oder falsch sind, ist nicht unbedingt relevant, obwohl das Unterbewußtsein im allgemeinen eher auf Wahrheit als auf Lügen anspricht. Die wichtige Sache ist die, daß es eine kohärente Logik und ein Verständnis in Ihrem Geist in bezug auf die Fakten, an die Sie sich zu erinnern versuchen, geben sollte.

Über etwas einfach nur zu lesen bedeutet nicht unbedingt, daß Sie sich auch daran erinnern werden. Sie können ein Buch einmal und dann noch ein zweites Mal lesen, aber wenn das Thema Ihr Interesse nicht wirklich fesselt, ist keine Gewähr gegeben, daß Sie sich die Fakten einprägen werden. Studenten, die für Prüfungen lernen, können daran scheitern: Sie verbringen vielleicht Stunden damit, den Prüfungsstoff zu wiederholen, mit der irrtümlichen Vorstellung, daß ihnen das bei ihren Studien wirklich helfen wird. Sie haben viel mehr zu tun, wenn Sie sicher sein wollen, daß die Informationen in Ihrem Gedächtnis gespeichert bleiben. Sie müssen die wahre Bedeutung von dem, was Sie lesen, herausfinden; Sie müssen darüber nachdenken und sogar zu Ihren eigenen Meinungen und Gefühlen darüber kommen. Die Empfindungen, die Sie in bezug auf ein Thema haben, können eine viel entscheidendere Rolle dabei spielen, Ihnen beim Sich-Einprägen zu helfen, als Ihre verstandesmäßige Beschäftigung mit ihm – Überzeugung und Gedächtnis können zusammenarbeiten. Wenn Sie auf der anderen Seite zu emotional auf ein Thema reagieren und deswegen angespannt sind, können blockierende Mechanismen in Ihrem Unterbewußtsein Sie daran hindern, es sich in die Erinnerung zurückzurufen. Man sollte sich bestenfalls in einem Gemütszustand befinden, der von großem Interesse und starker Kohärenz mit einem klar umrissenen Gefühl darüber geprägt ist – aber keiner Gefühlsbetontheit.

Es kann hilfreich sein, wenn man die Fakten, die man sich einzuprägen versucht, laut liest, anstatt nur über sie nachzudenken. Dadurch kann Ihrem Geist eine Disziplin bereitgestellt werden, und je stärker sich das Bewußtsein auf das Thema konzentriert, um so wahrscheinlicher wird es von Ihrem Unterbewußtsein gespeichert und ins Gedächtnis zurückgerufen. Es ist erstaunlich, wie Werbeleute, die sich unterschwelliger Botschaften bedienen, herausgefunden haben, wie viel das Unterbewußtsein doch zur Kenntnis nimmt. Aber wenn diese Informationen auf einer rein unterschwelligen Ebene registriert werden – das heißt, ohne daß Sie sie bewußt wahrnehmen – besteht keine Garantie, daß Sie in der Lage sein werden, die Informationen bei Bedarf ins Gedächtnis zurückzurufen. Wenn Sie diese wechselseitige Beziehung zwischen Bewußtsein und Unterbewußtsein, die wir Gedächtnis nennen, haben möchten, dann müssen Sie etwas auf einer bewußten Ebene zur Kenntnis nehmen, um es auf der unterbewußten Ebene zu speichern und bei Bedarf zur Verfügung zu haben.

Vertrauen

Wenn man auf diese Weise Gebrauch vom Unterbewußtsein macht, ist großes Vertrauen zu seinen Fähigkeiten erforderlich, und es liegt eine Fülle von Beweisen vor, die das rechtfertigen. Sie können sich darauf verlassen, daß in Ihnen ein enormes Potential an Wissen und Informationen liegt, von denen sich das meiste Ihrer bewußten Kenntnis entzieht. Die Erkenntnis dessen sollte Ihnen größeres Vertrauen zu Ihrem Gedächtnis und Ihrer Fähigkeit, es in Anspruch zu nehmen, verleihen, gerade wie und wann Sie möchten.

Vertrauen wird durch Erfolg verstärkt. Wenn Sie sich ständig sagen: »Ich kann mich an dieses oder jenes nicht erinnern«, bekräftigen Sie nur die Vorstellung, daß Sie kein gutes Gedächtnis und keine Kontrolle über Ihr Unterbewußtsein haben. Tatsächlich ist es so, daß Sie sich zwar erinnern *können*, aber in diesem Augenblick keine Anstrengungen unternehmen wollen. Es wäre besser, wenn Sie statt: »Ich kann mich nicht erinnern« eher etwas in der Art wie: »Es wird mir später wieder einfallen« sagen würden. Wenn Sie das nächste Mal an einer Unterhaltung teilnehmen und etwas angeschnitten wird, dessen Sie sich nicht entsinnen können, auch wenn Sie davon in der Vergangenheit wußten, disziplinieren Sie sich selbst dazu, sich daran zu erinnern. Sie müssen nicht die Unterhaltung abbrechen, sondern schieben Sie es auf die lange Bank und sagen Sie sich: »Mir wird es wieder einfallen.« Dann lassen Sie es zu, daß ein Reifeprozeß im Unterbewußtsein stattfindet, bis es Ihnen plötzlich durch den Kopf schießt, was der Fall sein wird, wenn Sie ihm die notwendige Forderung stellen.

Das kann am Anfang sehr schwierig sein, besonders dann, wenn Sie in der Vergangenheit eine undisziplinierte Einstellung zum Gedächtnis hatten. Vergeßlichkeit ist in Wirklichkeit eine Form der mentalen Trägheit, die uns allen mehr oder weniger eigen ist. Sie sollte als solche angesehen werden und nicht als etwas, das außerhalb Ihrer Kontrolle liegt. Wie bei allen geistigen Kräften liegt der erste Schlüssel darin, daß Sie Vertrauen zu Ihren angeborenen Fähigkeiten haben, das wundervolle Potential erkennen, das in Ihnen bezüglich der Geisteskraft liegt, und es dann allmählich freisetzen. »Erkennen – dann freisetzen« ist eine hervorragende Formel, um die Magie Ihres Geistes auszudrükken.

Erinnerungstechniken

Langeweile ist der schlimmste Feind des Erinnerungsvermögens. Wenn Sie sich etwas merken müssen, versuchen Sie, einen für Sie interessanten Aspekt davon zu finden, selbst wenn das bedeutet, daß Sie einige der Punkte, die Sie zu lernen versuchen, geistig in Frage stellen. Ein Thema, das in Ihrem Geist eine Auseinandersetzung entfacht, wird aufregender und folglich einprägsamer sein. Echtes Interesse und Faszination für etwas zu entwickeln, ist der beste Weg, damit es im Gedächtnis haftenbleibt. Setzen Sie beim Lernen eines Stoffes Ihre Vorstellungskraft und Visualisation ein, anstatt es nur bei verstandesmäßigen Konzepten und Wörtern zu belassen. Beim Lernen eines geschichtlichen Stoffes beispielsweise versuchen Sie, sich die Vorgänge, die Sie sich einprägen, visuell vorzustellen. Auf diese Weise werden Sie sie sich später viel wahrscheinlicher in die Erinnerung zurückrufen können.

Bei einer bestimmten Lerntechnik, die besonders Studenten empfohlen wird, visualisiert man, daß man die einzuprägenden Wörter mit der Hand schreibt. Anstatt sie einfach zu lesen, schreiben Sie die Wörter in Ihrer Vorstellung nieder, und später können Sie feststellen, daß sie Ihnen leichter einfallen. Bei der Visualisation können Sie wählen, ob Sie sie in ein Buch oder auf eine Tafel mit Kreide schreiben möchten. Versuchen Sie es nicht mit zu vielen Wörtern auf einmal, und Sie werden sehen, daß Sie mit dieser Methode einige der Schlüsselwörter lernen, die Sie zum Erinnern benötigen.

Man kann viel besser lernen, wenn man sich voll und ganz darauf konzentriert. So gibt es beispielsweise Menschen, die lesen, während gleichzeitig Musik läuft oder der Fernseher eingeschaltet ist. Dies bewirkt eine ständige Störung ihrer Konzentration von einer Materialquelle zur anderen, auch wenn sie sich dessen nicht bewußt sind, was zur Folge hat, daß ihre Merkfähigkeit herabgesetzt wird. Bei einer Untersuchung an vierzig Jurastudenten in den Vereinigten Staaten stellte sich heraus, daß sie Informationen viel besser behalten konnten, wenn sie dabei keine Musik hörten.

Manche gebrauchen spezielle Erinnerungstechniken wie etwa Schlagwörter. So dient zum Beispiel im englischsprachigen Raum der Satz »**R**ichard **O**f **Y**ork **G**ave **B**attle **I**n **V**ain« dazu, sich die sieben Regenbogenfarben der Reihe nach zu merken: red-orange-yellow-green-blue-indigo-violet (rot, orange, gelb, grün, blau, indigo, violett). Andere wiederum, die sich Namen wie Braun, Auerbach, Ludwig und Döring merken wollen, nehmen den Anfangsbuchstaben eines jeden Wortes und bilden daraus das Wort »bald«. Diese Techniken können sehr nützlich sein, um beispielsweise eine Prüfung zu bestehen, aber auf lange Sicht gesehen stellen sie keinen Weg zur Verbesserung des Erinnerungsvermögens dar.

Wissenschaftler haben festgestellt, daß körperliche Bewegung nicht nur dem Körper hilft, sondern auch die Gehirnfunktionen unterstützt, und diese Erkenntnis läßt sich auf alle mentalen Aspekte beziehen. Es ist von großer Bedeutung, daß Sie geistig aktiv bleiben, wenn Ihr Gedächtnis geschärft bleiben soll, was besonders für ältere Menschen gilt, die vielleicht das Gefühl haben, ihre geistigen Kräfte zu verlieren. Wenn sich Menschen zur Ruhe setzen, besteht oft die Gefahr, daß sie geistig dahinvegetieren, eben weil sie nicht mehr an lebhaften Unterhaltungen teilnehmen oder den Anforderungen der Konzentration bei einer Tätigkeit ausgesetzt sind. Vielleicht verfallen sie dem Fernsehen und allgemeiner Inaktivität. Der Ruhestand ist jedoch potentiell eine der produktivsten Zeitabschnitte des Lebens, einer Zeit, in der Sie Dinge studieren, erforschen und lernen können, mit denen Sie sich schon immer näher beschäftigen wollten; es besteht keine Notwendigkeit, daß Sie Ihre geistigen Fähigkeiten in dem Maße, wie manche Menschen glauben, verlieren. Bei einer vergleichenden Untersuchung fand Dr. Morris Moscovitch von der University of Toronto heraus, daß ältere Leute über siebzig weniger vergeßlich waren als die viel jüngeren College-Studenten. Sie waren gewissenhafter und machten sich häufiger Notizen als Gedächtnishilfen.

Wie das Training von Körper und Geist ist auch die Ernährung für alle Formen der geistigen Gesundheit, einschließlich des Gedächtnisses, stets sehr wichtig. Die ausgewogene Zufuhr von Vitaminen, Mineralen und Aminosäuren spielt eine entscheidende Rolle. Ältere Menschen mit Gedächtnisproblemen, die sich einer umfassenden körperlichen Untersuchung und einer Ernährungsanalyse unterzogen haben und den Ratschlägen bezüglich Multivitamin- und Mineralergänzungen gefolgt sind, stellen eine Verbesserung ihrer Gedächtnisleistungen und geistiger Fähigkeiten im allgemeinen fest.

Das Gedächtnis funktioniert auf vielfältige unterschiedliche Art und Weise. Einige Psychologen unterscheiden das Sinnesgedächtnis vom intellektuellen Gedächtnis. Es ist viel effektiver, sich mit Hilfe der körperlichen Sinne etwas einzuprägen, als sich nur auf den Verstand zu verlassen. Manche behaupten, das Hören sei für das Gedächtnis nützlicher als das Sehen, obwohl das natürlich von Person zu Person variieren wird. Um sich etwas einzuprägen, kann es förderlich sein, wenn Sie beispielsweise den Stoff auf Band sprechen und sich das Band immer wieder anhören, anstatt ihn sich durchzulesen. Dadurch können sich Informationen mit größerer Sicherheit im Gedächtnis festsetzen. Wenn Sie sich Menschen einzuprägen versuchen, fällt Ihnen das vielleicht mit Hilfe von Merkmalen leichter, die Ihnen emotional oder über die Gefühle vermittelt wurden, anstatt bloß auf das physiologische Bild ihrer Gesichter aufzubauen. Begegnen Sie einer Person das erste Mal, wird etwas Ungewöhnliches, das sie Ihnen über sich erzählt, einen sympathischen Funken in Ihnen auslösen, der die Schlüsseltatsache sein kann, durch die Sie sich an sie erinnern. Falls Sie sich Menschen als Teil Ihrer beruflichen Tätigkeit oder Ihres gesellschaftlichen Lebens einprägen müssen, ist diese Eigenschaft eine Überlegung wert. Wenn Sie jemanden kennenlernen, versuchen Sie, einen Aspekt von ihm zu finden, der eine Reaktion in Ihnen auslöst, und dann kann es Ihnen leichter fallen, später ein Gesicht dem entsprechenden Namen zuzuordnen.

Eine andere häufig gebrauchte Gedächtnishilfe sind Reime. Etwas, das als Reim vorliegt, ist viel interessanter und folglich einprägsamer, als eine einfache nüchterne Aussage. Beispielsweise ist der Satz »Dreißig Tage haben September, April, Juni und November« eher zu behalten als »Es gibt dreißig Tage im April, Juni, September und November.« Am bekanntesten ist wohl der Reim aus dem Geschichtsunterricht: »333 vor Issos Keilerei«.

Diese verschiedenen Gedächtnismethoden sind zwar für gewisse spezielle Zwecke sehr nützlich, aber im allgemeinen werden Sie mit ihnen allein das langfristige Ziel der Gedächtnisstärkung nicht erreichen.

Gedächtnisstärkung

Sie sollten stets daran denken, daß Ihr Potential Vollkommenheit ist. Es wäre natürlich absurd, wirklich zu glauben, daß Sie diese Vollkommenheit manifestieren, aber zu sagen, daß Sie potentiell vollkommen sind, verleiht Ihnen Vertrauen in bezug darauf, was Sie in der Zukunft sein können. Alle effektiven Methoden zur mentalen Stärkung bauen auf dieser Art des geistigen Vertrauens auf. Unser natürlicher Zustand ist einer der Vollkommenheit, und wir selbst haben die Hindernisse aufgestellt, die wir jetzt zu entfernen haben.

Das trifft im besonderen auf das Gedächtnis zu, und vorausgesetzt, Sie gehen auf eine ausbalancierte und sorgfältige Weise vor, werden Sie sich viel wirksamer Dinge – speziell wichtige Dinge – einprägen können, als es Ihnen in der Vergangenheit möglich war. Wenn Sie sich jedoch zu sehr mit unwichtigen Daten beschäftigen, werden Sie Ihr Gedächtnis nicht unbedingt in der richtigen Weise verbessern. Sie sollten diese Fähigkeit lieber wirklich nützlich einsetzen, anstatt zu versuchen, Tatsachen um ihrer selbst willen auswendig zu lernen. Der geistesabwesende Experte ist jemand, dem es gelungen ist, eine enorme Menge an Informationen über ein undurchsichtiges Spezialgebiet im Gedächtnis zu behalten, die in seinen meisten Lebensbereichen nicht nützlich oder unbrauchbar sein werden, noch dazu wird er vielleicht regelmäßig sein Haus mit innen steckendem Schlüssel verlassen. Er hat sein Gedächtnis voll und ganz auf einem bestimmten Gebiet entwickelt, aber nicht in vollkommenem Gleichgewicht.

Im extremsten Fall kann das zu einer Form von Geisteskrankheit führen. Solomon Shereshevski zum Beispiel konnte sich eine willkürliche Zahlenreihe von mehr als fünfzig Ziffern in weniger als drei Minuten einprägen. Diese Erinnerung vermochte er ein paar Jahre zu speichern, aber zugleich hatte er große Schwierigkeiten damit, seine Wahrnehmung von Personen zu vereinigen. Weil sein Gedächtnis bis zu einem ungewöhnlichen Grad derart fein entwickelt war, wurde ein von vorne und vom Profil gesehenes Gesicht für ihn zu zwei voneinander getrennten Erinnerungen. Er gelangte an den Punkt, an dem er Bilder nicht vergessen konnte und sie mit gegenwärtigen Wahrnehmungen vermischte. Es muß gesagt werden, daß es sich hierbei um einen außergewöhnlichen Fall handelt, aber er führt uns zu der grundlegenden Richtlinie zurück, daß wir unseren Geist nicht in eine bestimmte Richtung zwingen, sondern es ihm vielmehr ermöglichen sollten, sein wahres Potential zu manifestieren. Diese Vorgehensweise kann langsamer sein als irgendwelche Gedächtnistechniken, aber sie wird zuverlässigere und anhaltendere Vorteile nach sich ziehen.

Die zwei wichtigsten Qualitäten, die Sie zum Entwikkeln eines hervorragenden Gedächtnisses benötigen, sind Geduld und Entschlossenheit. Sie brauchen Geduld, um der Versuchung zu widerstehen, Informationen, die Ihnen nicht einfallen, immer wieder nachzuschlagen oder andere Leute danach zu fragen. Jedesmal, wenn Sie das tun, senden Sie Ihrem Unterbewußtsein ein Signal, daß Sie sich nicht erinnern können, und das Gedächtnis wird immer träger und träger. Wenn Sie auf der anderen Seite geduldig damit fortfahren, sich zu erinnern zu versuchen, erhält das Unterbewußtsein die entsprechende Botschaft und wird zu kooperieren lernen. Schließlich ist das Unterbewußtsein dazu da, uns beim Funktionieren zu helfen, und vorausgesetzt, es erhält die richtigen Signale, wird es mit uns zusammenarbeiten.

Abgesehen von dieser geduldigen Beharrlichkeit werden Sie Entschlossenheit aufbringen müssen, um diese Forderung zu stellen und sich an etwas zu erinnern. Dabei handelt es sich nicht um eine unnatürliche oder erzwungene Entschiedenheit, sondern vielmehr um einen sanften Entschluß in dem sicheren Wissen, daß die Fakten, an die Sie sich zu erinnern versuchen, in Ihrem Unterbewußtsein vorhanden sind. Geduld wird das Schloß ölen und Entschlossenheit den Schlüssel umdrehen.

Die Übung 7 (s. S. 80) kann Ihnen helfen, Ihr Gedächtnis zu stärken.

Gedächtnistraining

Die Psychologen sagen uns, daß das Unterbewußtsein dazu tendiert, unangenehme Erinnerungen aus dem Bewußtsein zu verdrängen. Das kann zutreffen, und in bestimmten Fällen ist vielleicht eine Psychotherapie oder Rückführung notwendig, um einige der Ereignisse, die eine Person verdrängt hat und an die es sich zu erinnern weigert, ins Bewußtsein zu bringen. So können zum Beispiel Personen mit einer sehr traumatischen Kindheit ihre Erinnerungen daran, was ihnen widerfahren ist, verdrängen, bis sie in Zusammenarbeit mit einem Psychotherapeuten ans Tageslicht gebracht werden. In vielen Fällen hat die Psychotherapie einzelnen Menschen geholfen, Erinnerungen in das Bewußtsein zu heben, die zwar tief vergraben waren, aber trotzdem ihr Verhalten auf einer unbewußten Ebene verzerrten. Auf der anderen Seite haben sich bestimmte Kulturen beim Weitergeben ihrer Geschichte die Tatsache zunutze gemacht, daß wir uns leichter an glückliche und ruhmreiche Ereignisse zu erinnern vermögen. Sie haben große Mühen auf sich genommen, um die Vergangenheit so einprägsam wie möglich zu gestalten. Die Griechen machten das so mit ihren Legenden und die Wikinger mit ihren Sagas. Man kann sich Dinge viel besser merken, wenn sie auf eine anschauliche und heldenhafte Weise, kombiniert mit gewissen religiösen oder moralischen Untertönen, dargestellt sind, als wenn

Übung 7: Das Gedächtnis stärken

Setzen Sie sich wie bei den vorhergehenden Übungen hin; Sie sind ruhig und gleichzeitig hellwach. Fangen Sie an, rhythmisch und ohne Anspannung zu atmen. Machen Sie es sich dann zum Prinzip, sich an alles zu erinnern, was am Morgen zuvor geschehen ist. Gehen Sie in Ihrem Geiste den ganzen Morgen Punkt für Punkt durch. Wenn es eine leere Stelle gibt und Sie sich nicht sicher sind, was Sie, sagen wir zwischen 11.00 und 11.30 Uhr getan haben, entschließen Sie sich dazu, sich daran zu erinnern, und bleiben Sie geduldig sitzen, bis es Ihnen wieder einfällt.

Diese Übung wird für manche sehr leicht sein, während andere dagegen sich damit schwertun werden. Wenn sie Ihnen leicht fällt, dann rufen Sie sich ihre Erinnerungen sehr ausführlich wach, sogar bis zu Ereignissen und Veränderungen im Minutenabstand. Wann genau haben Sie diese Tasse Kaffee getrunken? Wann haben Sie diese oder jene Person angerufen? Das wird sich besonders dann als wirkungsvoll erweisen, wenn Sie etwas Wichtiges getan haben, das Auswirkungen auf Sie in der Gegenwart hat und Sie darauf aufbauend weitere Maßnahmen in der Zukunft treffen müssen. Sie werden feststellen, daß Ihr Unterbewußtsein noch stärker mit Ihnen kooperiert, als wenn es lediglich ein unbedeutender Morgen mit geringfügigen Folgen gewesen wäre.

Wenn Sie es zu einfach finden, sich an den gestrigen Morgen zu erinnern, nehmen Sie sich die Woche vorher oder eine noch weiter zurückliegende Woche vor. Der springende Punkt dabei ist der, daß Sie nicht aufgeben. Sie gehen Schritt für Schritt den Morgen durch und bringen dabei Geduld und Entschlossenheit auf, sich alles ins Gedächtnis zurückzurufen was Sie getan haben. Durch regelmäßiges Üben werden Sie Ihr Unterbewußtsein darin trainieren, mit Ihrem Bewußtsein zusammenzuarbeiten, und Sie werden feststellen, daß Sie sich in allen Ihren Lebensbereichen leichter an Dinge erinnern können. Es ist eine Sache, zu versuchen, sich im Eifer des Gefechts an etwas zu erinnern, und eine andere, etwas Zeit darauf zu verwenden, sein Unterbewußtsein behutsam zu trainieren.

sie einfach als trockene, sachliche Geschichte ausführlich beschrieben werden.

Während einer Vortragsreise, die ich in Neuseeland unternahm, hatte ich das Vergnügen, einen führenden Tohunga, einen der Ältesten der Maori, kennenzulernen. Wir wurden von einem Maori-Fahrer in ein Fernsehstudio in Wellington gebracht, der verblüfft feststellen mußte, daß der Tohunga ihm die ganze Geschichte seiner Familie erzählen konnte. Mit Hilfe komplizierter Schnitzereien und anderer Methoden hatten die Maori-Ältesten die wahrhaft unglaubliche Fähigkeit entwickelt, sich an historische und familiäre Darstellungen bis in die kleinsten Einzelheiten zu erinnern. Obwohl dieser Tohunga den Fahrer nie zuvor getroffen hatte, vermochte er ihm viele Neuigkeiten über seine Familiengeschichte zu berichten.

Wenn Sie sich etwas Bestimmtes merken müssen, sollten Sie immer versuchen, sich einen starken mentalen Eindruck davon zu machen. Denken Sie nicht nur einmal über die Sache nach, sondern versuchen Sie zu visualisieren, was es ist. Wenn Sie beispielsweise einen Schlüsselbund haben und man Ihnen erklärt, daß der rote Schlüssel in eine Tür paßt, der blaue in eine andere und der gelbe in eine dritte, versuchen Sie augenblicklich, sich den roten Schlüssel in der einen Tür, den blauen Schlüssel in der zweiten und den gelben Schlüssel in der dritten vorzustellen. Diese Visualisierung wird Ihr Unterbewußtsein noch stärker anheizen, um Sie zu befähigen, sich bei Bedarf diese Erinnerung ins Gedächtnis zu rufen.

Letzten Endes geht es nicht um die Frage, wie gut Ihr Gedächtnis ist, weil das Gedächtnis eines jeden Menschen potentiell gut sein kann. Es geht darum, wie gut Sie darin trainiert sind, es zu benutzen. Die Informationen stehen allesamt zur Verfügung, aber haben Sie die Fähigkeit entwickelt, sie zu erschließen? Ein gutes Gedächtnis ist eines der nützlichsten Eigenschaften, die Sie besitzen können, insbesondere in der modernen Welt der Fakten, Zahlen und Daten. Natürlich können Sie sich mit Notizen oder Karteikästen behelfen und sollten mit wichtigen Informationen auch so verfahren. Ich will Ihnen nicht nahelegen, daß Sie das Risiko auf sich nehmen sollen, wichtige Informationen nicht aufzuzeichnen, um Ihr Gedächtnis zu trainieren. Aber wenn sich Ihnen die Gelegenheit bietet, bestehen Sie darauf, daß Ihr Unterbewußtsein Ihnen die benötigten Informationen gibt, anstatt sich auf Notizen oder Ihre Mitmenschen zu verlassen.

Setzen Sie Begeisterung, Aufregung und sogar Leidenschaft als Werkzeuge ein, um Dinge behalten zu können. Wenn Sie einen Roman mit intensiven Gefühlen lesen, werden Sie sich später mit gößerer Wahrscheinlichkeit an die Einzelheiten erinnern. Versuchen Sie, Vertrauen zu dem Stoff, mit dem Sie sich befassen, zu gewinnen, da man sich etwas leichter ins Gedächtnis zurückrufen kann, von dem man weiß, daß man gut darin ist. In diesem Sinne kann man eigentlich von einer nicht endenden Folge positiver, einander bedingender Faktoren sprechen: Ihr Vertrauen zu Ihrer Fähigkeit, sich an die Einzelheiten eines bestimmten Stoffes zu erinnern, wird dieser Fähigkeit Nahrung geben, und Ihr Gedächtnis wird einer aufwärts führenden Spirale gleichen und immer besser und besser werden. Wenn Sie auf der anderen Seite glauben, daß Sie nie imstande sein werden, sich überhaupt irgend etwas zu merken, wird dieser Mangel an Vertrauen eher dazu führen, Ihre Unfähigkeit zu verstärken.

Wenn Sie eine entwickelte Intuition besitzen, werden Sie erkennen, daß es von entscheidender Wichtigkeit ist, wie Sie sich selbst dazu programmieren, sich an etwas zu erinnern, denn genau das tun Sie im Grunde, wenn Sie sich etwas einzuprägen versuchen. Wenn Sie Informationen über eine Person erhalten, von der Sie intuitiv spüren, daß sie unrichtig sind, sie aber trotzdem aufnehmen und versuchen, sie in Ihrer Gedächtnisbank zu speichern, können Sie später mehr Schwierigkeiten haben, sich daran zu erinnern. In diesem Fall wäre es besser, auf Ihre intuitiven Gefühle zu achten und sich mit Ihren eigenen Gefühlen über das Thema neu zu programmieren. Dann haben Sie ein Selbst-Programm über etwas erstellt, das Ihren eigenen Gefühlen entspricht, und keine widersprüchlichen Gedanken werden Ihr Gedächtnis blockieren.

Beispielsweise bemerken Sie, daß Sie an der Version eines in einer Zeitschrift berichteten Ereignisses nicht wirklich glauben. Instinktiv fühlen Sie, daß die Berichterstattung auf irgendeine Weise, vielleicht politisch, befangen ist. Sie registrieren diese Vorbehalte jedoch nicht bewußt, sondern haben nur ein seltsames Gefühl dabei. Wenn Sie statt dessen Ihrer Intuition erlauben, zu Ihnen zu sprechen, und bewußt denken würden: »Nun, ich glaube nicht wirklich daran, daß der Artikel von Befangenheit geprägt ist. Ich bin mir nicht einmal sicher, ob das stimmt; aber so schreibt es die Zeitung«, werden Sie sich später an den Bericht leichter erinnern.

Man kann mühelos den Beweis erbringen, welche wichtige Rolle die Motivation beim Gedächtnis spielt. Wenn jemand auf Sie zukäme und Ihnen sagte, Sie könnten 4 000 DM gewinnen, wenn Sie sich an einen bestimmten Satz erinnern, wird es Ihnen sehr leicht fallen, ihn sich einzuprägen. Wenn die Person aber sagte, sie wäre Ihnen nur dankbar, wenn Sie sich daran erinnern könnten, ist die Wahrscheinlichkeit geringer, daß Sie sich ihn merken. Die Motivation einer finanziellen Belohnung würde der Sache ein ganz anderes Gesicht geben, aber sie beweist auch, daß Sie sich etwas ins Gedächtnis zurückrufen können, wenn Sie ausreichend stark motiviert sind. Demgemäß müssen Sie diese Motivation kultivieren.

Reinkarnation

Es wäre nachlässig, ein Kapitel über die Stärkung Ihres Gedächtnisses zu verfassen, ohne auf Reinkarnation einzugehen. Es gibt Menschen, zu denen auch ich zähle, die glauben, daß wir viele vergangene Leben hinter uns haben und daß die Erinnerung an diese früheren Leben in uns verschlossen ist, hauptsächlich darum, um uns zu helfen und Verwirrung zu vermeiden. Wenn Sie nicht an Reinkarnation glauben, werden Sie keine Aussicht darauf haben, Ihre früheren Leben ins Gedächtnis zurückzurufen, weil sie in Ihnen verschlossen bleiben und diese Blockierung durch das Programm, das Sie Ihrem Unterbewußtsein auferlegt haben, daß dieses Leben das einzige ist, das Sie je geführt haben, verstärkt wird. Bestimmte Gefühle und verschwommene Gedanken können an die Oberfläche kommen; Sie können über irgendein Wissen über einen Ort, eine Person oder ein Thema, das Sie in diesem Leben nicht gelernt haben, verfügen, aber Sie werden den Grund dafür nicht erfahren. Manche Menschen wurden mit Hypnose in ihre früheren Leben zurückgeführt und haben in einem hypnotischen Trancezustand detaillierte Erinnerungen an Ereignisse und Orte, von denen sie keine bewußte Kenntnis haben konnten, enthüllt und dadurch den Skeptikern sehr gute Beweise für Reinkarnation geliefert. Aber Hypnose ist nicht die beste Methode, um sich vergangene Leben zu vergegenwärtigen. Es wäre viel besser, wenn Sie selbst die Erinnerungen allmählich und behutsam wachrufen können, so, wie und wann sie nützlich für Sie werden.

Es gibt Menschen, auf die mittelalterliche Turniere eine derart starke Faszination ausüben, daß sie ihre Wochenenden damit verbringen, sich als Ritter zu kostümieren und im Turnier zu kämpfen. Warum? Für andere ist es ein enormer Nervenkitzel, die Schlacht bei Waterloo oder den amerikanischen Bürgerkrieg in vollem Kostüm »noch einmal durchzuleben«. Warum? Wiederum andere sind von Kindheit an von einer bestimmten östlichen Religion wie besessen, auch wenn sie in diesem Leben noch nie mit ihr in Berührung gekommen sind. Diese und viele andere Beispiele sind reichlich vorhanden und unterstützen triftige Gründe für Reinkarnation. Die Erinnerung an vergangene Leben erfordert fortgeschrittene Yoga-Techniken und sollte vorsichtig und mit viel Unterscheidungsvermögen gehandhabt werden.

Ob Sie nun der Reinkarnationstheorie beipflichten oder nicht, Sie werden feststellen, daß eine von Entschlossenheit getragene Anstrengung, Ihr Gedächtnis zu verbessern, die Tür zu einer Lagerstätte des Wissens und der Informationen aufschließen wird, die nicht nur höchst wertvoll für Sie ist, sondern Ihnen auch eine große Hilfe sein kann bei allen Bemühungen, auf die Sie sich einlassen. In Wirklichkeit vergessen wir nie etwas, es ist nur eine Frage des Lernens, sich dessen zu entsinnen.

Bereicherung durch kreatives Visualisieren

Wie die Beherrschung der lebenswichtigen Fähigkeiten der Konzentration und des Erinnerungsvermögens, die hauptsächlich mit der linken Gehirnhemisphäre in Verbindung gebracht werden, ist es gleichermaßen wichtig, daß Sie den kreativen Aspekt Ihres Bewußtseins entwickeln, der der rechten Hemisphäre zugeordnet wird. Dazu müssen Sie die Vorstellungskraft aktivieren, die Dr. George King als die einzige kreative Kraft des Menschen sehr gut zusammengefaßt hat. Diese einfache, aber wahre Aussage bringt klar und deutlich die entscheidende Bedeutung für die Entfaltung und Anwendung dieser schöpferischen Kraft in Ihrem Leben zum Ausdruck.

Vorstellungskraft

Die Vorstellungskraft oder Imagination kann praktisch in allen Lebensbereichen eingesetzt werden, angefangen von der weltlichsten bis hin zur weitreichendsten Aktivität. Es ist ein und dieselbe Fähigkeit, von der Gebrauch gemacht wird, um einen Familienausflug zu planen oder unter anderen Umständen die geniale Schöpferkraft unserer hervorragenden Dichter, Künstler und Komponisten zu manifestieren. Es ist die Imagination, die den Wissenschaftler jenseits der bekannten Gesetze in die Reiche des wahren wissenschaftlichen Fortschritts führt. Ohne Vorstellungskraft wären wir alle abgestumpfte, sich wiederholende, roboterähnliche Menschen, die niemals ihren Horizont in neue Bereiche der Errungenschaft erweitern würden. Man könnte sagen, daß das Merkmal wahrer menschlicher Errungenschaft die praktische Anwendung der Imagination ist.

Die ganze Zeit über stellen wir uns alle Dinge vor. Wie oft phantasieren wir zum Beispiel, daß wir befördert werden, größeren Reichtum als gegenwärtig haben oder mit einem bestimmten Mann oder einer bestimmten Frau unserer Wahl ausgehen? Und wie oft denken wir auf einer wichtigeren Ebene an den Anbruch des Weltfriedens auf Erden, an die Beendigung von Gewalttätigkeiten in einer bestimmten Gegend, wie etwa dem Nahen Osten? Wie oft denken wir daran, daß Armut und Hungertod ein Ende nehmen? Einige würden sagen, daß solche Gedanken nur Tagträumereien seien, Fluchten aus den alltäglichen Wirklichkeiten des Lebens. In einer Hinsicht mag das zutreffen, aber in anderer erschaffen wir eine positive Gedankenform, die uns und unsere Lebenseinstellung beeinflussen wird, wenn wir an derartige positive Vorstellungen denken.

Manche Lehrer für Meditationstechniken heben dies als den Hauptgewinn solcher Praktiken hervor. Sie sagen, daß die Gedanken, die in der Meditation oder in tiefer Kontemplation übertragen werden, von einer solchen Macht sind, daß sie, erhaben wie sie sind, irgendeinen Einfluß auf die Welt als Ganzes ausüben müssen, und in einigen Fällen sogar einen überaus klar umrissenen Einfluß. In unseren Vorstellungen erschaffen wir Gedankenmuster, die uns von Grund auf und auch andere mehr oder weniger verändern werden.

Natürlich sind die Vorstellungen und Phantasiegebilde der meisten Menschen sehr stark von aktuellen Modeerscheinungen, Trends in den Medien und den Einflüssen der Umgebung, in der sie sich aufhalten, geprägt. Unsere unmittelbaren Denkprozesse werden stark beeinflußt dadurch, daß wir normalerweise fortwährend Bildern aus der Werbung und der populären Kultur ausgesetzt sind. Wir sehen uns Szenen vorstellen, die für uns visuell oder verbal heraufbeschworen wurden. Die Werbung basiert auf der Voraussetzung, daß sich unsere Träume erfüllen werden. Werbeleute präsentieren ein bestimmtes Produkt als bezaubernd schön und in Verbindung mit gutaussehenden Männern oder Frauen, Luxus und anderen verlockenden Bildern. Sie wissen, daß viele von uns, die diese Werbung sehen, sich später selbst in diesen Situationen vorstellen und daraufhin das Produkt kaufen, davon ausgehend, daß es ihnen die Türen öffnen wird. Das trifft oft nicht zu, und folglich bedient sich die Werbung Falschinformationen, um die Phantasie derer zu beflügeln, die andernfalls ihre Produkte nicht kaufen würden. Die Sittlichkeit der Werbung ist eine Frage für Diskussionen, aber ob Sie sie nun für eine gute oder schlechte Sache halten, so beweist sie doch zweifellos die Macht der Imagination. Schließlich würde die Werbung nicht funktionieren, wenn der Betrachter einer besonders einnehmenden Werbung sich nicht selbst in dieser Situation vorstellen würde. Diese Vorstellungen finden sehr oft auf einer fast instinktiven Ebene statt: Man denkt nicht bewußt über sie nach, sondern sieht flüchtige Bilder, die einem durch den Kopf gehen – Bilder, die zu unterbewußten Assoziationen führen.

Visualisierungsübungen

Um Ihr inneres Potential manifestieren zu können, müssen Sie Ihre Vorstellungskraft aktiv und bewußt mittels kreativer Visualisierung einsetzen. Ihnen muß die Steuerung obliegen, wohin Ihre Gedanken und Vorstellungen und Tagträume Sie führen, und Sie müssen versuchen, sie unter unmittelbare Kontrolle zu bringen. Schließlich geht es bei der Anwendung der Geisteskraft im wesentlichen darum, sie zu beherrschen, sie praktisch zu Ihrer Verfügung zugänglich zu haben. Aus diesem Grund ist die kreative Visualisierung von so großer Bedeutung. Bei einer Visualisierungsübung wählen Sie die Sache, die Ihrem Wunsch gemäß eintreten soll, in dem Wissen, daß sie eine bestimmte und direkte Wirkung auf Ihren zukünftigen Denkprozeß und folglich auf Ihr Leben im Ganzen haben wird.

So viele Visualisationen, die Menschen haben, sind negativ. Ihnen ist nicht klar, daß eine negative Visualisation sich auf sie und möglicherweise auch auf andere auswirken wird, und so lassen sie ihr Bewußtsein über negative Ereignisse schweifen. Natürlich ist es sehr wichtig, über Neuigkeiten informiert zu sein, die jedoch unglücklicherweise überwiegend schlecht sind – zumindest den Berichten aus den Medien zufolge, die uns präsentiert werden. Es gibt ein starkes Argument dafür, positivere Nachrichten in diese Berichte einzubringen, um der positiven Einstellung der Menschen Nahrung zu geben. Doch auch wenn wir über Waldbrände, Erdbeben, Armut, Hungertod, Kriege und so weiter informiert sein müssen, brauchen wir bei dem Negativen, das mit diesen Ereignissen im Zusammenhang steht, nicht im Geiste zu verweilen. Wenn wir im Geiste dabei verweilen, verleihen wir diesen Ereignissen Geisteskraft.

Dieses Prinzip gilt bei den Ausübenden aller Formen der Magie als der Schlüssel zum Erfolg: Wobei Sie auch immer im Geiste verweilen mögen, Sie verleihen ihm Macht. Es wäre viel nützlicher, die Nachrichten zu lesen oder im Fernsehen zu sehen und sie als Tatsache zu akzeptieren; Sie können aber auch Ihre Vorstellungskraft in positive Bahnen lenken und an positive Dinge denken, die in solchen Gegenden passieren könnten, und an das Gute, das sich daraus entwickeln könnte. Die Menschen, die um Weltfrieden beten, tun genau das auf eine höchst präzise und direkte Art und Weise. Sie senden positive Gedanken in die Welt hinaus, die natürlich von der Kraft und der Formulierung der Gebete abhängen. Bei Gebeten ist die Visualisierung doppelt so wichtig, weil eine spirituelle Anrufung verrichtet wird, durch die die mentale Visualisierung enorme Kraft erhält. Wenn Sie zum Beispiel um Frieden für ein vom Krieg heimgesuchtes Gebiet beten, ist es viel besser, wenn Sie nicht nur einen positiven mentalen Gedankenstrahl senden – um Heilung und Frieden und Wohlbefinden beten – sondern sich tatsächlich vorstellen, daß diese Dinge eintreten. Visualisieren Sie bei Ihrem Gebet das Leiden, die Katastrophe und all das dieses Gebiet umgebende Negative, verleihen Sie diesen Dingen Macht, die genau das Gegenteil von dem sind, was Sie zu erreichen versuchen.

Wenn Sie die Kraft des Geistes durch kreative Visualisierung ausüben, gehört zu den ersten Dingen, die Sie zu erkennen beginnen, daß Sie sich mit einem wissenschaftlichen Verfahren beschäftigen. Es ist nicht eine Frage Ihrer Absicht oder Ihres Motivs. Auch wenn gute Absichten und gute Motive wertvoll, ja sogar unverzichtbar sind, genügen sie nicht, um das Resultat zu gewährleisten. Tatsächlich steckt in dem alten Sprichwort: »Die Straße zur Hölle ist mit guten Absichten gepflastert« eine große Wahrheit! Erfolg wird bestimmt durch den Grad an positiver Visualisierung, die Sie hinter jede Handlung, mit welcher auch immer Sie befaßt sein mögen, stellen.

Das läßt sich nicht nur auf bestimmte Übungen und Praktiken beziehen, sondern gleichfalls auf Ihr ganzes Leben. Sie werden feststellen, daß, wenn Sie jeden Tag ein wenig Zeit für Übungen aufwenden, sich diese auf Ihr ganzes Leben auswirken werden. Mit anderen Worten, Sie führen eine Übung nicht nur wegen des Gewinns aus, den Sie aus ihr in den zehn oder fünfzehn Minuten ihrer Dauer erzielen, sondern wegen des Gewinns, den Sie aus ihr bei allen Ihren Tätigkeiten, im Wachen und im Schlafen, erzielen. Sie werden sehen, daß Sie die Wirkung einer positiven Visualisierung noch eine Zeitlang wahrnehmen können, und bei regelmäßiger Praxis wird sie sich allmählich auf alle Ihre Gedanken zum Besseren auswirken. Nach und nach wird sie Ihren Denkprozeß durchdringen, etwa so, wie ein gutes Programm zur Vitamin- und Mineralzufuhr Ihre körperliche Struktur durchdringt. Ich empfehle Ihnen, ein und dieselbe Visualisierung regelmäßig zu wiederholen, bis Sie mit ihr einen Erfolg erreicht haben, und dann nach Bedarf.

Herr über seine Vorstellungskraft werden

Gedanken gehen in das Gehirn in gewohnheitsmäßigen Mustern ein. Wenn Sie sich weiterhin einer bestimmten Art von Literatur, Unterhaltung oder Umgang aussetzen, werden Sie sich schließlich auf diese Weise verhalten und denken. Jene von Ihnen, die Kinder haben, wissen beispielsweise, daß die Art des Umganges, den sie pflegen, nicht nur ihr Verhalten beeinflussen wird, sondern auch ihre Sprache, ihre Kleidung, ihre Musik, ihre Einstellung zur Arbeit, ihre Manieren und viele andere Aspekte ihres Lebens. Aus diesem Grund machen sich manche Eltern solche Sorgen um ihre Kinder, daß sie in schlechte

Gesellschaft geraten könnten; sie fürchten sowohl den Einfluß ihrer Gefährten wie auch die Vertrautheit mit deren Denkweisen und kulturellen Verhaltensmustern. Die Kinder fangen an, auf dieselbe Weise zu denken, und auch wenn ihre wahre Natur verschieden sein mag, treten gewohnheitsmäßige Gedankenmuster hervor, die dazu führen, daß sich auch ihre Verhaltensweise ändert.

Diese Tendenz kann zum Vorteil umgelenkt werden. Jene, die auf erbauliche spirituelle oder philosophische Literatur bedacht sind, Orte aufsuchen, an denen spirituelle Verhaltensmuster befolgt werden, an denen der Gottesdienst mit einem Herz voll Liebe für seine Mitmenschen vollzogen wird, werden gleichfalls anfangen, sich in ihren geistigen Prozessen durch die Gedankenmuster, denen sie sich aussetzen, zu verändern.

Dies unterstreicht die grundlegende Notwendigkeit, Herr über die Macht seiner Vorstellungskraft zu werden. Auch wenn Sie in einer Gesellschaft verkehren müssen, mit der Sie eigentlich nichts zu tun haben möchten, oder sich einer beklagenswerten oder unangenehmen Umgebung aussetzen müssen, wird Ihre Imagination die Schlüsselkraft sein. Aber jene, die mit den negativen Verhaltensmustern anderer zu tun haben müssen, sollen gewarnt sein: Schützen Sie sich immer selbst, indem Sie Ihren Geist fortwährend mit positiver Visualisierung auffrischen. Wie viele Polizisten, die in den Untergrund gingen, um ein mutiges und heldenhaftes Werk zu vollbringen, wurden durch die Gesellschaft, in der sie verkehren mußten, blind gemacht? Zweifellos eine Minderheit, aber nichtsdestotrotz eine kleine Zahl von Menschen, die, wenn den Versuchungen des Reichtums und der offensichtlichen Behaglichkeit, die die kriminelle Vereinigung genießt, ausgesetzt, sich tragischerweise abwenden und den edlen Pfad verlassen, den sie anfänglich eingeschlagen haben. Wenn ich offensichtliche Behaglichkeit sage, meine ich natürlich nur eine materialistische Behaglichkeit, und da Sich-Wohlfühlen ein geistiger Zustand ist, können jene mit einem entwickelten Bewußtsein und Gewissen sie nicht wirklich genießen.

Einige von denen, die sich auf dem Pfad des Yoga bewegten, nahmen große Mühen auf sich und brachten sich selbst in schmerzhafte Situationen und entbehrungsvolle Zustände, um die Kraft des Geistes zu beweisen. Sie behaupteten und führten vor, daß es möglich sei, sich trotz aller materiellen Bedingungen in einem Zustand des Friedens und der Glückseligkeit zu befinden. Ich trete bestimmt nicht dafür ein, daß die Durchschnittsperson so etwas versuchen sollte, aber es ist für uns alle eine Lektion. Sie beweist wirklich, daß Ihre geistige Visualisierung Ihren Seinszustand weit stärker bestimmt als die materiellen Lebensumstände. Wie viele Millionäre sind unzufrieden, weil sie Multimillionäre sein wollen? Dem Wunsch nach materiellem Gewinn ist kein Ende gesetzt, und es gibt keinen Punkt, an dem Sie sagen können, daß Sie voll und ganz zufriedengestellt sind. Wenn Sie Gebrauch von Ihrem Geist machen, können Sie Zufriedenheit durch den korrekten Einsatz der Vorstellungskraft und andere Techniken, auf die ich später in diesem Buch eingehen werde, erlangen. Wenn Sie lernen, diese Übungen regelmäßig zu betreiben, werden Sie sehen, daß Sie allmählich imstande sein werden, den geistigen Zustand, den Sie erreichen möchten, nach Belieben herbeizuführen. Dieses Ziel werden Sie nicht über Nacht erreichen, aber es ist eines, nach dem es sich zu streben lohnt.

Das Geheimnis dessen, die Macht Ihrer Imagination zu entwickeln, liegt in der Übung. Allzu oft unterliegen wir den Verstrickungen eines sehr geschäftigen Lebens und sind nicht unbedingt fähig, uns des Gleichgewichts, das

Übung 8: Kreative Visualisierung mit Hilfe der Elemente

Nehmen Sie wie in den früheren Übungen Ihre übliche Sitzhaltung ein und atmen Sie einige Minuten lang tief und rhythmisch durch. Dann transportieren Sie sich auf mentalem Wege in eine Landschaft Ihrer Wahl. Das kann entweder ein Ihnen bekannter oder ein imaginärer Ort sein, den Sie besonders mögen. Vielleicht fühlen Sie sich zum Beispiel zu hügeligen Landschaften hingezogen. Möglicherweise sind Sie ein Mensch, dem der Nervenkitzel des Bergsteigens oder ein großer und schöner Garten um einen See herum zusagt. Wählen Sie Ihre Landschaft sorgfältig aus und vergessen Sie nicht, daß die dortigen Wetterverhältnisse sehr mild sein sollen, weder zu heiß noch zu kalt.

Die Sonne scheint auf Sie, und Sie spüren die Strahlen auf Ihrer Haut. Versuchen Sie die Wärme zu fühlen, die damit assoziiert wird, wenn man sich in der Sonne aufhält, auch wenn Sie diese Übung im Haus durchführen. *Das ist das Element Feuer.*

Sie stehen auf dem Boden und spüren ihn auch unter Ihren Füßen. Es kann das grüne Gras einer Wiese sein oder der vorstehende Rand eines Abhangs, der in diesem Fall jedoch ungefährlich sein muß. Es gibt keine anderen Menschen um Sie herum, Sie sind ganz allein, aber Sie haben Kontakt zum Boden, und *das ist das Element Erde.*

Eine leichte Brise weht, kein Orkan oder schwerer Wind, wirklich nur eine leichte, sanfte Brise, die an Ihnen vorbeiweht, und Sie spüren, wie sie weht und dabei sanft über Ihre Haut fährt und leicht Ihre Haare zerzaust. *Das ist das Element Luft.*

Ganz in Ihrer Nähe ist Wasser. Es kann ein Fluß oder ein Strom sein, der sanft, aber nicht wild an Ihnen vorbeifließt. Sie hören die leichte Bewegung des Wassers, Sie können Ihre Hand in das Wasser eintauchen und das kalte Naß spüren. Wenn Sie auf einem Berg stehen, sollte sich dort oder in der Nähe ein kleiner See befinden. Sie können zu dieser Wasserstelle hin-

gehen und Ihre Hand darin eintauchen und die kühle, angenehme Flüssigkeit wahrnehmen. Vielleicht möchten Sie sich in Ihrer Imagination das Gesicht mit den Händen berührenund das kalte Wasser auf wohltuende Weise auf Ihrer Haut spüren. *Das ist das Element Wasser.*
Sie sind von der wunderbaren Wahrnehmung der Schönheit der Natur umgeben, und die natürlichen lebendigen Energien, die von der Natur kommen, wiederbeleben alle diejenigen, die so weise sind, einige Zeit allein in einer natürlichen Umgebung zu verbringen. Allmählich spüren Sie, wie diese erbauende Energie Sie durchströmt. Dies entspricht *dem Element Äther,* das all die anderen Elemente in sich einschließt und über sie hinausgeht.
Sie sollten diese Übung sorgfältig und mit einem hohen Maß an Kontrolle durchführen. Vielleicht vermögen Sie bei einem Element nicht sehr lange zu verweilen, aber Sie müssen sie alle einbeziehen. Möglicherweise bemerken Sie, daß ein bestimmtes Element ein wenig außer Kontrolle gerät – vielleicht wird der Wind zu heftig, oder das Wasser beginnt aufzuschäumen; vielleicht haben Sie das Gefühl, daß der Boden unter Ihnen gar nicht so fest ist, wie er sein sollte, oder die Sonne brennt zu stark auf Sie. Falls eine dieser Möglichkeiten eintreten sollte, halten Sie Ihre Imagination in Schranken und führen Sie Ihre Visualisation zum anfänglichen Ausgangspunkt zurück. Mit anderen Worten, ermöglichen Sie es keinem dieser Elemente, außer Kontrolle zu geraten. Halten Sie das Wasser sehr ruhig, die Brise sehr leicht, die Sonne warm, aber nicht zu heiß, und den Boden fest unter Ihren Füßen. Vor allem wird sich das geheimnisvolle Element Äther bei Ihnen einstellen, Sie erquicken, Ihre Lebensgeister wiederherstellen und Sie auf die Mühen des Alltagslebens vorbereiten.
Falls Sie diese Visualisierung aus irgendeinem Grund nicht durchführen können und sie außer Kontrolle gerät, dann lassen Sie es eine Zeitlang auf sich beruhen und widmen Sie sich einfacheren Affirmationen und Übungen, bevor Sie sie aufs neue ausprobieren. Aber wenn Sie sie durchführen, müssen

Sie sich davon überzeugen, daß Sie auch Erfolg mit ihr haben, denn sie wird Ihr Leben entschieden beeinflussen, und vorausgesetzt, sie verläuft in kontrollierten Bahnen, wird sie sich als äußerst vorteilhaft herausstellen. Es ist etwas anderes, wenn Sie die von Ihnen visualisierte Umgebung physisch aufsuchen, auch wenn sich das auf Ihren Körper positiv auswir-ken kann. Aber auf einer mentalen Ebene wird sie Ihnen bestimmt höchst förderlich sein und Ihnen die durch die ausgewogene Energiezufuhr von allen fünf Elementen noch verstärkte Energie und Kraft verleihen, die Sie brauchen, um Ihr tägliches Leben in Angriff zu nehmen.
Viel Glück bei dieser Übung. Führen Sie sie korrekt aus, und sie wird Ihr Leben auf eine Art und Weise bereichern, die Sie angenehm überraschen wird. Regelmäßig und mit genügend Konzentration praktiziert, wird sie Balance in Ihr Leben bringen, wo auch immer sie fehlte. Sie sollten sie nicht jeden Tag durchführen, aber sicherlich einmal wöchentlich oder weniger häufig – wann immer Sie das Bedürfnis danach verspüren. Diese Übung lädt Sie emotional und mental auf und wird besonders in Zeiten, in denen Sie glauben, das Leben sei nüchtern und bedeutungslos geworden, sehr wirkungsvoll sein. Sie wird dazu beitragen, Sie zu beleben, Inspiration auf Sie zu lenken und Ihnen eine gewisse *Joie de vivre* zurückzugeben. Sie sollten eine Liebe zu ihr entwickeln und sich darauf freuen, sie zu praktizieren – aber wenden Sie sie sparsam an. Geben Sie sich, immer wenn Sie sie durchführen, ganz – dann werden Sie das Beste von ihr bekommen, und sie wird ihre Kraft durch allzu starke Vertrautheit nicht einbüßen. In diesem Sinne gleicht sie eher einem besonderem Vergnügen: Würden Sie sie zu oft wiederholen, wäre es nichts mehr Besonderes und würde folglich den Nervenkitzel verlieren. Im Gegensatz zu einigen der bereits beschriebenen Übungen, die täglich oder doch sehr regelmäßig durchgeführt werden können, bewahren Sie diese für jene Gelegenheiten, wenn Sie wirklich dazu aufgelegt sind, und sie wird eine machtvolle Magie zum Guten in Ihrem Leben entfalten.

wir brauchen, zu erfreuen. Um wahres Gleichgewicht zu finden, benötigen wir alle Elemente – Luft, Feuer, Erde, Wasser und Äther, das geheimnisvolle fünfte Element – um präsent und in Harmonie zu sein. Den alten mystischen Schriften zufolge schließen diese Elemente nicht nur ihren physikalischen Aspekt ein, sondern sie wirken auch auf die natürlichen universalen Energien des Geistes ein und lenken jene von uns benötigten mentalen Essenzen auf uns. Wenn uns ein bestimmtes Element fehlt, ist es von Vorteil, unsere Visualisierung auf ebendieses Element zu konzentrieren, um die vitalen Energien, die es mitbringt, anzuziehen. Die Visualisierungsübung 8 (s. S. 94-96) wurde sorgfältig erarbeitet, um alle Elemente einzubeziehen. Wenn sich also irgendein Element in Ihrem Leben zu einer bestimmten Zeit nicht im Gleichgewicht befindet, wird es sich durch diese Übung ganz gewiß wieder bei Ihnen einstellen, vorausgesetzt, Sie setzen Ihre Imagination in einer aktiven und kontrollierten Art, so umfassend es Ihnen möglich ist, ein.

Die Entfaltung der Persönlichkeit fördern

Der Geist zeichnet sich durch die Individualität aus. So wie Sie Kontrolle über Ihre geistigen Fähigkeiten wie Konzentration, Gedächtnis und Imagination zu gewinnen vermögen, können Sie ebenfalls Herr Ihrer individuellen Ausdrucksform durch die Persönlichkeit werden. Im Rahmen der Parameter Ihrer angeborenen charakteristischen Merkmale können Sie Ihre Persönlichkeit auf natürlichem Wege verändern und formen, aber dies verlangt sorgfältige Arbeit, wollen Sie das Beste in Ihnen ans Licht bringen.

Wenn Sie mit Ihrer Persönlichkeit ganz und gar zufrieden sind, stimmt etwas nicht mit ihr! Jeder von uns, der sich auf eine ehrliche Selbstanalyse einläßt, wird mit Bereichen konfrontiert werden, in denen uns etwas fehlt und die wir verbessern müssen. Andererseits wäre es gleichermaßen unausgewogen, wenn Sie sich selbst nicht leiden könnten oder sich so betrachten würden, als wären Sie mit nicht wiedergutzumachenden Fehlern behaftet. Wir müssen lernen, uns selbst wie auch andere zu lieben, um unsere Persönlichkeit zur Geltung zu bringen und zu veredeln. Wenn wir für uns selbst keine Liebe übrig haben, wird es uns nicht interessieren, ob wir überhaupt etwas bedeuten oder nicht.

Selbsterkenntnis

Der Schlüssel zur Persönlichkeitsentfaltung und persönlichen Anziehungskraft liegt darin, daß man, wie die alten Griechen sagten, sich selbst erkennt. Es gibt nichts Traurigeres als einen Menschen mit einem völlig falschen Selbstbild. Er glaubt, einem bestimmten Pesönlichkeitstyp zu entsprechen, obgleich das in Wirklichkeit keinesfalls zutrifft, so daß er ständig Enttäuschungen erlebt. Es ist wichtig, daß Sie wissen, was Sie wollen, denn eine gewisse Weisheit stellt sich mit der Selbsterkenntnis ein. Sie können die Menschen, die ihre Fehler kennen und gleichzeitig eine gute Vorstellung von ihren Stärken haben, immer klar erkennen; in der Tat geht persönliche Stärke mit persönlicher Selbsterkenntnis einher, vorausgesetzt, Sie bewahren sich eine positive Lebenseinstellung. Sie brauchen nicht die Art von Selbsterkenntnis, die dazu führt, daß Sie zu negativ über sich selbst denken und einen Versagerkomplex entwickeln. Im Gegenteil, der Schlüssel zur Persönlichkeitsentfaltung liegt darin, ein rechtes Wissen und Gefühl dafür zu haben, wer Sie sind; nur dann steht Ihnen eine solide Grundlage zur Verfügung, auf der Sie aufbauen können.

Sie können gewisse spezifische Eigenschaften fördern, die Ihrer Persönlichkeit zugute kommen. Diese sind von Person zu Person verschieden, und wenn Sie Selbstanalyse betreiben, werden Sie erkennen können, wo eine Verbesserung vonnöten ist. Sind Sie beispielsweise ein hochgradig unentschlossener Mensch, möchten Sie sich vielleicht darauf konzentrieren, entschlußfreudiger zu werden. Sind Sie leicht aufbrausend, werden Sie Ihr Augenmerk auf ein höheres Maß an Geduld richten usw. Dadurch, daß Sie die Herausforderung Ihrer Schwächen akzeptieren und beschließen, etwas dagegen zu unternehmen, sind Sie bereits über den Berg. Sie haben einen positiven Entschluß gefaßt und sind der aufrichtigen Überzeugung, daß Sie Einfluß auf Ihre Schwächen nehmen und Ihre Stärken hervorheben können. Sie müssen Ihre eigene Vorgehensweise finden, denn was bei dem einen Menschen funktioniert, gilt nicht unbedingt für den anderen. Der Versuch, jemand zu sein, der Sie nicht sind, führt zu nichts.

Wenn Sie beispielsweise von Natur aus humorvoll sind und dieser Humor eine Ihrer Stärken ist, können Sie mit seiner Hilfe bestimmte Schwächen überwinden. Angenommen, Sie sind ein humorvoller Mensch, der aber andererseits schnell schlechter Laune ist, und Sie möchten Ihren fröhlichen Sinn für Humor bewahren, aber gleichzeitig Ihre schlechte Laune unter Kontrolle bringen; dann setzen Sie Ihren Humor ein, wenn Sie beim nächsten Mal in Wut geraten; benutzen Sie Ihre positive Eigenschaft zur Überwindung der negativen. Wenn Sie sich übellaunig fühlen, versuchen Sie, dieser Stimmung eine lustige Seite abzugewinnen, worin Sie ja bereits gut sind, und das wird ein Schlüssel dazu sein, die Geduld zu entwickeln, die Sie gleichfalls brauchen.

Um ein anderes Beispiel zu nehmen: Vielleicht sind Sie sehr lethargisch, interessieren sich aber für die verschiedensten Dinge. Mit Hilfe der positiven Eigenschaft, vielfältige Interessen zu haben, können Sie Ihre Lethargie überwinden. Widmen Sie sich Ihren Interessen, sobald Sie sich beim nächsten Mal lethargisch fühlen, anstatt es als reine Theorie zu belassen. Die damit verbundene Disziplin und Anstrengung werden es auf jeden Fall ermöglichen, daß Ihre Persönlichkeit durchdringt.

Begeisterung

Eine Eigenschaft, die jede positive Persönlichkeit durchdringt, ist Begeisterung. Wenn Sie einem begeisterten Menschen begegnen, jemandem, der wirklich glücklich ist, Sie zu treffen, hinterläßt er einen sehr starken Eindruck bei Ihnen. Treffen Sie jemanden, dem es im Grunde völlig gleichgültig ist, dann wird es Ihnen sehr oft genauso ergehen. Der Austausch zwischen Persönlichkeiten beruht auf Wechselseitigkeit – was Sie austeilen, bekommen Sie auch zurück. Begeisterung ist die Trägerwelle, durch die Ihre Persönlichkeit übertragen wird, und wenn Sie Begeisterung für Ihre Aktivitäten aufbringen, werden Sie mit größerer Wahrscheinlichkeit erfolgreich sein. Wenn Sie Begeisterung für Ihre Arbeit, Ihre Religion, Ihre Familie oder was auch immer empfinden, wird ebendiese Begeisterung Sie bis zum Erfolg hinführen. Diese Eigenschaft gilt es also zu fördern, wenn wir uns wünschen, eine positive Persönlichkeit zu haben.

Natürlich kann die Art und Weise, wie wir diese Begeisterung zum Ausdruck bringen, sehr unterschiedlich sein und hängt von unseren individuellen Charaktereigenschaften ab, aber sie wird ein und dieselbe Kraft sein, die sich auf vielfältige Weise bei verschiedenen Menschen manifestiert.

Wenn Sie beim nächsten Mal eine gesellschaftliche Veranstaltung besuchen müssen, bei der Sie eigentlich nicht zugegen sein möchten, disziplinieren Sie sich selbst dazu, mit Begeisterung dorthin zu gehen. Machen Sie es sich zum Prinzip, diese Begeisterung auf alle, denen Sie begegnen, zu übertragen, und gehen Sie erst weg, wenn die Veranstaltung beendet ist, nachdem Sie wirklich alles gegeben haben. Wenn Sie daraufhin eine für Sie langweilige Aufgabe erledigen müssen, nehmen Sie die Mühe auf sich und versuchen Sie, etwas an der Aufgabe zu finden, das Sie wirklich interessiert. Wenn Sie etwas gefunden haben, gehen Sie dem mit Begeisterung nach. Alles muß irgendeinen Aspekt haben, der einen positiven Mittelpunkt für Sie darstellt. Entweder es tut Ihnen jemand etwas Gutes und das genügt, um Sie in Begeisterung zu versetzen, oder Sie werden durch die Erledigung dieser Aufgabe etwas völlig Neues erfahren – vielleicht lernen Sie eine Person oder einen neuen Ort kennen. Es gibt immer einen Aspekt, den Sie finden können, um Ihre Begeisterung zu kultivieren. Das ist nicht einfach, erst recht dann nicht, wenn es dabei um etwas geht, vor dem Sie vielleicht schon seit einigen Jahren gewohnheitsmäßig ein Grauen empfinden. Aber wenn Sie das Projekt in Angriff nehmen und sich entschließen, ihm mit Begeisterung zu begegnen, werden Sie feststellen, daß Ihnen diese Eigenschaft schon bald praktisch sofort zur Verfügung steht. Allein diese Eigenschaft der Begeisterung kann Ihre Persönlichkeit enorm bereichern.

Yogis, die in ihrem Wesen eine Schwäche fanden, nahmen manchmal große Mühen auf sich, um sich ihr auszusetzen, damit sie sie überwinden konnten. So suchten sie sich beispielsweise eine besonders langweilige Beschäftigung und machten es sich zum Prinzip, etwas Interessantes an ihr zu finden. Viele Yoga-Übungen sind höchst monoton und wirken auf den ersten Blick sehr langweilig. Es sind nur die wechselseitigen Veränderungen, die in Ihnen vor sich gehen, durch die sie interessant werden. Dasselbe läßt sich von jeder im Haushalt anfallenden Arbeit sagen. Wenn Sie beispielsweise Bügeln, Geschirrspülen oder eine andere profane Tätigkeit hassen, machen Sie es sich zum Prinzip, sie zu erledigen und etwas Lohnendes an ihr zu finden. Schließlich bringen diese Arbeiten am Ende des Tages vorteilhafte Ergebnisse hervor. In Wirklichkeit hängt alles nur davon ab, wie Sie die Dinge betrachten. Sie können augenblicklich Ihre Einstellung ändern, wenn Sie sich dazu entschließen, und je stärker Sie sich daran gewöhnen, um so leichter werden Sie es auch tun können. Lassen Sie sich nie von der materialistischen Umgebung, in der Sie leben, beherrschen.

Vielleicht ist Ihnen aufgefallen, daß eine Störung von seiten der Nachbarn höchst ärgerlich sein kann, wenn Sie gereizt, müde, nervös oder unruhig sind. Sind Sie jedoch glücklich und zufrieden, stört Sie der gleiche Lärm überhaupt nicht. Es ist nicht der Lärm, der sich verändert hat, sondern Ihr Geisteszustand, und durch diesen in Ihnen willentlich kultivierten Zustand kann Ihre Persönlichkeit eine grenzenlose Bereicherung erfahren.

Was für die Begeisterung gilt, läßt sich auch von der Freude sagen. Manche Menschen glauben, daß Glück etwas ist, das sie entweder haben oder nicht haben. Sie meinen, keinen Einfluß darauf nehmen zu können und daß es reiner Zufall sei, wenn sie glücklich sind, während ihr Unglücklichsein nur auf ihr bedauerliches Schicksal zurückzuführen ist. Diejenigen, die an das Gesetz des Karma, dem alles Handeln unterworfen ist, glauben, sind davon überzeugt, daß wir sowieso das bekommen, was uns zusteht. Aber Sie können sich immer noch dabei ertappen, daß Sie in diese Falle gehen, sich erbärmlich zu fühlen und einem anderen die Schuld dafür zu geben. Auch hier gilt, daß Glück und seelischer Schmerz Zustände des Geistes sind, die kultiviert oder vermieden werden können. Einige Mystiker unterzogen sich enormen Anstrengungen, um Freude zu entwickeln. Sie suchten sich irgendeine Beschäftigung und verrichteten sie mit so viel Freude, wie sie nur aufbringen konnten.

Natürlich finden Ereignisse in unserem Leben statt, die bei jedem von uns Trauer hervorrufen können, und dem müssen wir realistisch ins Auge sehen. Sie sollten nie Ihre wahren Gefühle unterdrücken, nur um zu lernen, sie zu kontrollieren. Wir alle kennen solche Menschen, die ständig unglücklich sind, klagen und stöhnen und sich selbst und alle anderen dazu bringen, sich schlechter zu fühlen. Sie brauchen nicht einmal den Mund aufzumachen, um die Atmosphäre in einem Raum herabzusetzen. Wenn Sie dazu neigen, sich unglücklich zu fühlen, bemühen Sie sich darum, Freude zu entwickeln. Betrachten Sie die Dinge in einem anderen Licht, versuchen Sie, etwas Positives an allem, was um Sie herum ist, zu entdecken – es ist immer da, wenn Sie nur Ausschau danach halten. Das wird Ihrer Persönlichkeit überaus zugute kommen. Wenn Sie ein glücklicher und begeisterter Mensch sind, gleichgültig, ob Sie extrovertiert oder introvertiert sind, zu körperlichen oder zu geistigen Beschäftigungen neigen, werden die innewohnenden Qualitäten von Begeisterung und Freude einem strahlenden Licht gleich durch Ihre Persönlichkeit hervorleuchten und Ihren ganzen Charakter zur Geltung bringen. Wir werden nicht mit einer unabänderlichen Persönlichkeit geboren, die außerhalb unserer Kontrolle liegt, einem Gepäckstück gleich, das an unserem Rücken festgebunden ist. Wir können auswählen, welche Persönlichkeitsmerkmale wir hervorheben und welche wir auslöschen wollen. Es ist alles nur eine Frage der Bemühung, der Entschlossenheit und einer positiven Einstellung.

Schwächen überwinden

Wenn Sie eine bestimmte Schwäche überwinden möchten, können Sie sich immer eine geeignete positive Suggestion ausdenken, wie es auf Seite 63 ff. beschrieben wird. Dr. Shastri lehrte zwei mögliche Formulierungen, die in Affirmationen Anwendung finden können. Bei der ersten Möglichkeit beginnt man einen Satz mit der Formulierung: »Ich entschließe mich hiermit, meine ... zu besiegen« und fügt die entsprechende Schwäche ein. Wenn Sie beispielsweise immer zu spät zu Verabredungen kommen, würden Sie sagen: »Ich entschließe mich hiermit, meine Unpünktlichkeit zu besiegen.« Oder um es positiver auszudrücken, könnten Sie sagen: »Ich beschließe hiermit, ein pünktlicher Mensch zu werden.« Diesen Satz können Sie entweder leise oder, wenn Sie allein sind, laut vor sich hin sagen. Die andere Formulierung, die Dr. Shastri lehrte, lautet: »Ich befehle meinem Geist, ... zu vertreiben.« Wenn ein hartnäckiges Gedanken- oder Verhaltensmuster Sie stört und Sie sich wirklich davon lösen möchten, können Sie die Oberhand über Ihren Geist gewinnen und es aus Ihrem Denken verbannen. Wenn Sie sich zum Beispiel fortwährend vorstellen, daß Sie sich an einem bestimmten Nahrungsmittel überessen, das schädlich für Sie ist, könnten Sie sagen: »Ich entschließe mich hiermit, meinen Wunsch nach dieser oder jener Nahrung zu vertreiben.« Beide Methoden funktionieren gemäß Dr. Shastri wirklich sehr gut.

Es ist hinreichend erwiesen, daß Hypnose Menschen dabei helfen kann, von Gewohnheiten wie dem Rauchen loszukommen, und aus gesundheitlichen Gründen mag es notwendig sein, sich dieser inzwischen medizinisch anerkannten Behandlungsform zu unterziehen. Aber vom Standpunkt der inneren Willenskraft aus ist es für Sie bedeutend besser, wenn Sie mit Hilfe einer Affirmation Kontrolle über Ihr Leben erlangen. In gewissem Sinne führen Sie dann eine positive Selbsthypnose durch, indem Sie Ihr Unterbewußtsein anweisen, wie es sich verhalten soll, anstatt von einem Hypnotiseur in Trance versetzt zu werden und Suggestionen von einer äußeren Quelle aufzunehmen.

Wenn Sie eine bestimmte Gewohnheit aufzugeben versuchen, denken Sie sich eine entsprechende Affirmation aus. Sie sollte positiv sein, aber gehen Sie sorgfältig mit der Formulierung um. Sie dürfen niemals sagen: »Ich habe dieses oder jenes überwunden.« Sie müssen immer sagen: »Ich beschließe, dieses oder jenes zu überwinden.« Mit anderen Worten, Sie dürfen sich niemals selbst anlügen, weil daraus innere geistige Verwirrung resultieren wird. Sie müssen aus der Affirmation eine positive Entscheidung für die Zukunft machen, und sie muß realistisch sein. Bei einer Affirmation muß es um etwas gehen, das Sie in Angriff nehmen werden, nicht um etwas, das Sie bereits getan haben.

Der andere große Vorteil von Affirmationen ist der, daß sie Ihr innewohnendes Selbstvertrauen entwickeln. Ein im Gleichgewicht befindliches Vertrauen ohne Egoismus ist ein anderer klarer Weg zur Entfaltung Ihrer persönlichen Anziehungskraft.

Ich muß betonen, daß mit dem Versuch, Schwächen zu verdrängen oder zu vertuschen, das Problem nicht gelöst werden kann. Sie müssen sich zur Veränderung entschließen, aber gleichzeitig die Wahrheit Ihres Wesens anerkennen – und hier haben wir es mit einer sehr schmalen Trennlinie zu tun. Einige Kriminelle bringen das Argument an, sie seien ehrliche Leute, weil sie die Verderbtheit ihres Wesens offen darlegen. Das ist Schwäche, aber keine Ehrlichkeit. Sie sind ihrem wahren Selbst nicht treu geblieben, das, auch wenn sie es tief in sich begraben haben, wirklich existiert. Sie sind lediglich bestimmten üblen Wünschen, die sie verspürten, treu geblieben. Es kommt sogar gelegentlich bei Kindern vor, daß sie mit bösen Wünschen erfüllt sind und abscheuliche Taten vollbringen. Psychiater mögen uns erzählen, dies alles sei eine Folge von Geisteskrankheit, aber obgleich das offensichtlich zutrifft, kann dieses Argument auch benutzt werden, um die Notwendigkeit nach persönlicher Verantwortlichkeit oder, wenn Sie so wollen, nach persönlicher Entscheidung zu untergraben. Wir können wählen, welche Persönlichkeitsmerkmale wir kultivieren und welche wir kontrollieren wollen. Wir können sie nicht einfach unter den Teppich kehren und hoffen, daß sie sich in Luft auflösen werden. Wir müssen dem, was vorhanden ist, ins Auge blicken und dann allmählich versuchen, es zu verändern, indem wir uns auf das Positive konzentrieren. Wir dürfen niemals der Sklave unserer geistigen Impulse sein, sondern wir müssen sie uns immer untertan machen.

Das Selbstbild heben

Sie können Ihr Selbstbild heben, indem Sie jene Charaktereigenschaften und Antriebe in Ihnen ans Tageslicht bringen, von denen Sie wissen, daß sie gut und vorteilhaft sind. Es ist nicht wirklich kompliziert zu ergründen, welche positiv sind und welche nicht. Es sind die Eigenschaften, die in jeder Hinsicht konstruktiv, nutzbringend, hilfreich für andere und für Sie selbst sind, die entwickelt werden müssen. Die zerstörerischen und für andere schädlichen müssen unter Kontrolle gebracht werden. Uns allen kann bewußt werden, daß wir in uns die geistigen Eigenschaften haben, die notwendig sind, um unsere Persönlichkeit in die von uns gewählte Richtung zu entfalten. Konzentrieren Sie sich immer auf die guten. Rufen Sie die Art von Energie hervor, die Sie auf andere ausstrahlen möchten. Begeisterung, Freude, Mitgefühl, Geduld – Sie müssen kein religiöser Eiferer sein, um zu erkennen, daß diese Qualitäten jeder Persönlichkeit zugute kommt und daß diese und andere die Qualitäten sind, für die wir große Mühen auf uns nehmen sollten, um sie zu kultivieren. Wenn Sie die Kraft Ihres Geistes zu würdigen wissen, werden Sie anfangen zu begreifen, daß Sie an Ihrer Persönlichkeit arbeiten können. Sie ist nicht einfach etwas, womit Sie geboren wurden, etwas, worauf Sie keinen Einfluß haben. Sie können die Aufmerksamkeit Ihres Geistes auf die Aspekte richten, die Sie erweitern wollen, und Ihren Geist von jenen loslösen, die Sie praktisch in die Nichtexistenz hinein verkümmern lassen wollen – ohne daß Sie vorzugeben versuchen, sie würden nicht existieren.

Die Entfaltung der Persönlichkeit und der persönlichen Anziehungskraft ist kein selbstsüchtiges Streben. Im Gegenteil, sie dient Ihrem Anteil an anderen als Maßstab, daß Sie dies bewerkstelligen möchten. Aber Sie werden große Freude daraus gewinnen, denn die menschliche Psyche ist glücklich, wenn sie richtig funktioniert. In diesem Sinne gleicht sie einer Maschine, die, wenn sie in Betrieb ist, wie es auch sein sollte, eine bestimmte Energie ausstrahlt, die der Glückseligkeit ähnelt. Dasselbe läßt sich von uns allen sagen, wenn wir richtig funktionieren. Wenn Sie herausfinden, wer Sie sind, geben Sie sich keinen Illusionen hin, daß Sie ein anderer wären, und wenn Sie es in Angriff nehmen, sich mittels positiver Affirmationen, sorgfältiger, ehrlicher Selbstanalyse und einiger Übungen, die im vorliegenden Buch dargestellt sind, zu fördern und zu verbessern, werden Sie feststellen, daß Sie eine Kraft Ihres Geistes freisetzen werden, die Ihre wildesten Vorstellungen übertrifft.

Niemand von uns stagniert oder ist unveränderlich. Wir alle befinden uns in einem fortwährenden Zustand des Wandels, und auf diesen Wandel können wir zu unserem Vorteil Einfluß nehmen, indem wir die positiven Eigenschaften in uns, die wir unsere Persönlichkeit nennen, bestärken. Sie werden bei diesem Streben nach Kultivierung Ihres Selbst Beharrlichkeit an den Tag legen müssen. Lassen Sie sich durch Fehler oder Mißerfolge nicht abbringen. Setzen Sie einfach Ihre Bemühungen fort, sich des erstaunlichen Potentials in Ihnen zu bemächtigen. Schreiten Sie voran wie ein Langstreckenläufer, und Sie werden ungeachtet aller Unzulänglichkeiten entlang des Weges das anvisierte Ziel erreichen. Die folgende Übung, mit der Sie Ihr Selbstbild heben können, ist einfach, aber zugleich wirkungsvoll.

Übung 9: Das Selbstbild stärken

Nehmen Sie eine bequeme Sitzhaltung ein, schließen Sie die Augen und atmen Sie harmonisch ein und aus. Um diese Übung korrekt durchführen zu können, werden Sie bis zu einem gewissen Grad Selbsterkenntnis entwickeln müssen. Denken Sie zunächst über eine Ihrer Schwächen nach, aber ohne daß Sie auf negative Weise bei ihr verweilen. Identifizieren Sie sie und gestehen Sie sich ein, daß sie existiert. Dann fassen Sie den inneren Entschluß, sie zu verändern – die Stärke Ihrer Verpflichtung hinter diesem Entschluß wird für den Erfolg dieser Übung ausschlaggebend sein. Jetzt visualisieren Sie, daß Sie sich in dieser Hinsicht verändern. Gehen Sie zu einer Situation zurück, in der Sie diese Schwäche an den Tag legten, und stellen Sie sich vor, daß Sie statt ihrer eine positive Eigenschaft zeigen.Wenn andere Personen in dieser Situation vorkommen, stellen Sie sich keineswegs vor, daß sie sich verändern, versuchen Sie, sich wirklich auf Ihr eigenes Verhaltensmuster zu konzentrieren und alles andere auszuschließen. Sie dürfen nie versuchen, das Visualisieren zu benutzen, um das Verhalten anderer zu kontrollieren – nur Ihr eigenes.

Indem Sie dieses veränderte Verhalten visualisieren, korrigieren Sie Ihr Selbstbild. Sie sehen sich selbst in einem anderen Licht, wodurch Ihr Unterbewußtsein mit verschiedenen Signalen über Sie genährt wird. Wenn Sie sich für unfreundlich gehalten haben, werden Sie anfangen, sich als freundlich anzusehen, und diese Visualisation wird sich auf Ihr zukünftiges Verhalten auswirken – Sie werden tatsächlich anfangen, freundlicher zu werden.

Der zweite Teil der Übung ist ein unbedingt erforderlicher Ausgleich. Denken Sie an eine gute Eigenschaft in Ihrem Wesen und beschließen Sie, diese zu bestärken. Erinnern Sie sich an eine Situation, in der Sie diese gute Eigenschaft an den Tag legten, und beschließen Sie, sie durch Ihre Persönlichkeit häufiger kundzutun.

Diese Übung wird nur erfolgreich sein, wenn Sie ganz und gar ehrlich mit sich selbst und Ihrer Entschlüsse absolut sicher sind. Dann wird sie eine spürbare Veränderung zum Guten in Ihrem Leben nach sich ziehen. Sie wird Ihnen helfen, sich besser kennenzulernen und jede Verwirrung, die Sie vielleicht über sich empfunden haben, aus dem Weg räumen. Sie wird dazu beitragen, daß Sie mehr Verständnis für sich wie auch für andere aufbringen. Sie werden feststellen, daß Sie mehr Geduld entwickeln und in Ihrer Einstellung die bessere Bilanz ziehen, indem Sie die Schwächen anderer verstehen, aber nicht verzeihen. Sie dürfte auch dazu führen, daß Sie andere weniger verurteilen, denn ein Mensch, der sich selbst kennt, ist im allgemeinen toleranter. Es ist so wichtig, das richtige Selbstbild zu haben – wie traurig ist es, wenn man Menschen begegnet, die wirklich glauben, daß sie etwas wären, das sie nicht sind. Diese Übung wird Ihnen eine bessere Perspektive Ihrer selbst ermöglichen, während sie gleichzeitig Ihren positiven Qualitäten Kraft verleiht und sie folglich in Ihrem Leben bestärkt.

Wenn Sie diese Übung einige Zeit durchgeführt haben, werden Sie sehen, daß Sie Ihre positiven Qualitäten viel leichter spontan kundtun. Praktizieren Sie sie nicht zu oft, da Sie keine übertriebene Selbstbeobachtung betreiben und nicht ichbezogen werden möchten, aber einmal wöchentlich oder in noch größeren Zeitabständen schadet sie bestimmt nicht. Nach mehrmaliger Wiederholung dieser Übung werden Sie an Selbstbewußtsein gewinnen und auf andere viel mehr Selbstvertrauen ausstrahlen als zuvor. Dabei handelt es sich nicht um oberflächliche Extravertiertheit, sondern um ein tiefes, auf Selbsterkenntnis gestütztes Vertrauen.

Teil II

Das Überbewußtsein entdecken

Geist über Materie

Sie beherrschen jetzt die fundamentalen Geisteskräfte, die wir alle für ein erfolgreiches Leben brauchen. Sie haben gelernt, wie Sie Ihre Gedanken unter Kontrolle bringen und durch Konzentration, Gedächtnis und Imagination in einen Kanal, welchen Sie auch immer wählen mögen, leiten können. Sie haben das Geheimnis dessen, Ihre persönliche Entfaltung zu befördern – wiederum in die Richtung, für die Sie sich entscheiden – entdeckt, und Sie wissen, daß Ihre Persönlichkeit nicht etwas Unveränderliches ist, mit dem Sie allein durch genetische Formen und Erscheinungen ausgestattet wurden, sondern etwas, das Sie willentlich verändern und entwickeln können.

Ist das jetzt also die ganze Geschichte, was die Reise in das Reich des Geistes betrifft? Nein – Gott sei Dank! Das ist lediglich der Anfang. Der Geist kann uns viel mehr über das Leben und den Zweck unseres wahren Selbst – nicht nur unserer Persönlichkeit, sondern unseres wahren Selbst – verraten. Er kann uns das enorme menschliche Potential zeigen, das nur darauf wartet, erschlossen zu werden, und uns eine tiefere Ebene der Bewußtheit bereitstellen, als wir je für möglich gehalten haben. Aber dazu müssen wir die Welt der Physik verlassen und uns in die Welt des Metaphysischen beziehungsweise in Bereiche jenseits des Physischen begeben. Rein materielle Erklärungen können uns hier nicht mehr weiterhelfen, jetzt gilt es, die sogenannten paranormalen Wissenschaften zu ergründen. Es genügt nicht mehr, den Geist als ein Produkt des Gehirns anzusehen – während unserer Reise in das Überbewußtsein wird uns bewußt, daß er viel mehr ist.

Universalgeist

Also wo genau sitzt Ihr Geist? Metaphysische Denker sind zu dem Schluß gekommen, daß der Geist etwas Universales ist, das über den einzelnen hinausgeht, aber daß wir die Möglichkeit haben, uns auf ihn durch den Gebrauch des Gehirns einzustimmen. Nur dieses Konzept erklärt umfassend die Art und Weise, wie unser Bewußtsein funktioniert.

Ohne Zweifel ist das Gehirn etwas Wunderbares. Schon die Existenz eines solchen brillanten Mechanismus, der trotz der fortgeschrittensten Computertechnologie nicht kopiert werden kann, beweist das Wunderwerk des menschlichen Körpers. Manche würden sogar noch weiter gehen und sagen, daß es die Existenz Gottes beweist. Sie würden in Zweifel ziehen, wie es sich willkürlich ohne eine dahinterstehende göttliche Kraft entwickelt haben könnte. Andere versuchen diesen erstaunlichen menschlichen Organismus durch eine Erweiterung des Darwinismus zu erklären. Sie behaupten, das Gehirn habe in derselben Weise, wie sich die Tiere durch einen Prozeß der natürlichen Auslese entwickelten, die Fähigkeit entfaltet, außergewöhnliche, komplexe Neuronenverbindungen zu bilden, die zwischen unseren Ohren angesiedelt sind.

Diese Ideen sind zwar faszinierend, aber sie erklären beispielsweise nicht die Telepathie, die zwischen zwei Menschen auf rein geistiger Ebene stattfinden kann. Wie viele Male haben Sie nachgedacht und jemanden im selben Zimmer gehört, während Sie genau dieselben Worte äußerten, die Sie gerade gedacht hatten? Wie ist es möglich, daß Trends und Modeerscheinungen gleichzeitig in verschiedenen Teilen der Welt entstehen? Kann das alles den Medien und der Werbung zugeschrieben werden, oder ist es denkbar, daß ein universaler mentaler Gürtel mit einer bestimmten Art von Gedankenform durchdrungen wird? Wie ist es möglich, daß sich zur gleichen Zeit in der Geschichte enorm unterschiedliche kulturelle Regionen dafür entscheiden, den Kommunismus oder den Faschismus oder eine andere Form der politischen Bewegung anzunehmen? Könnte es sein, daß dieser mentale Gürtel mit kommunistischen Gedankenformen durchdrungen ist und diese von Millionen von Menschen gleichzeitig auf der ganzen Welt empfangen werden?

Und wenn man noch weitergeht, wie ist es möglich, daß Hellseher in der Lage sind, sich exakt auf Ereignisse einzustimmen, die bereits eingetreten sind, von denen sie aber kein Wissen hatten, oder tatsächlich in einigen Fällen auf Ereignisse, die noch eintreten werden? Metaphysiker sagen, daß diese Dinge derart fest im universalen Geist eingeprägt sind, daß der Hellseher sich auf ihn einzustellen und zu interpretieren vermag.

Bekundungen der Kraft des Geistes

Es sind hervorragende Bekundungen des Geistes über die Materie bekannt. Yogis haben die Fähigkeit unter Beweis gestellt, ihren Herzschlag für ausgedehnte Zeiträume einzustellen, während sie bei vollem Bewußtsein und lebendig waren. In der ganzen Geschichte finden sich Berichte von Fällen, in denen bemerkenswerte Menschen einfach verschwunden sind. Bei einem dieser Fälle geht es um Apollonius von Tyana, der im ersten Jahrhundert v. Chr. in Griechenland lebte. Seine ungeschminkte Kritik am römischen Kaiser Domitian führte zu seiner Festnahme. Er hatte bereits ungewöhnliche geistige Kräfte bekundet und behauptet, erleuchtete Meister in Indien zu besuchen. Da Apollonius des Verrates für schuldig befunden wurde, führte man ihn Domitian vor, wie es damals üblich war, und der Legende zufolge beschimpfte er Domitian wegen des Mißbrauchs seiner Macht über andere. Dann verschwand er, gerade als der Kaiser ihn zum Tode verurteilen wollte. Es heißt, daß er einige Zeit später in Griechenland gesehen wurde, wo er lehrte und vor einem Publikum erklärte, daß er gerade bei dem Ende des »Tyrannen« zugegen sei. Später, als die Neuigkeiten dieses Gebiet erreichten, stellte sich heraus, daß er diese Erklärung wirklich zum genauen Zeitpunkt von Domitians Tod gegeben hatte.

Geschichten wie diese liegen in großer Zahl vor, aber viele Menschen versuchen, ihnen ihren Nimbus zu nehmen. In der Tat verdienen sich einige ihren Lebensunterhalt dadurch, daß sie behaupten, große Leistungen des Geistes über die Materie mit Hilfe von Zaubertricks kopieren zu können. Eine solche Vorstellung ist meiner Meinung nach absurd. Natürlich können Zauberkünstler mit ihren Tricks ein Publikum täuschen, aber dadurch werden die zahlreichen, in der ganzen Geschichte belegten Demonstrationen des Geistsieges über die Materie keineswegs unterbewertet oder widerlegt.

Es mutet seltsam an, daß trotz der vielen Wandlungen in der Physik und in der Wissenschaft im allgemeinen immer noch Personen zurückbleiben, die fest entschlossen zu sein scheinen, dem Paranormalen den Nimbus zu nehmen. Es hat den Anschein, als würde die Existenz paranormaler Phänomene allein eine Bedrohung für sie darstellen. Ermutigend ist jedoch, daß immer mehr Wissenschaftler die entgegengesetzte Ansicht vertreten. Heute werden viele Aspekte sogenannter paranormaler Ereignisse erforscht, die früher einmal von der wissenschaftlichen Welt als lächerlich fallengelassen wurden. Es ist erwähnenswert, daß Alexander Bell, der das Telefon erfand, anfänglich von der wissenschaftlichen Gemeinschaft in Paris als Bauchredner abgetan wurde!

Ein Phänomen, das bis vor kurzem von orthodoxen Wissenschaftlern gänzlich verworfen wurde, ist die Levitation – die Fähigkeit, Gegenstände frei schweben zu lassen. Inzwischen halten einige Wissenschaftler in Amerika sie für möglich. Ihrer Ansicht nach kann das Gewicht der Gegenstände unter Anwendung von Kraftfeldern verändert werden. Seit den vierziger Jahren dieses Jahrhunderts wissen Forscher, daß der ganze Raum mit einem Meer subatomarer Teilchen erfüllt ist, die dermaßen schnell erzeugt und vernichtet werden, daß man sie nicht sehen kann. Diese als Vakuum-Fluktuationen bezeichneten Erscheinungen wurden in Laboratorien beobachtet. Man glaubt heute, daß diese Vakuum-Fluktuationen eine magnetische Kraft erzeugen, die in den subatomaren Teilchen Bewegung auslöst, und diese selbst ist die Ursache für Massenträgheit. Wenn diese Kräfte verändert werden können, dann wäre eine Kontrolle über die Bewegungen dieser Gegenstände möglich – mit anderen Worten Levitation.

Das ist eine exakte Erklärung der metaphysischen und mystischen Konzepte, die durch die Jahrhunderte hindurch im Osten und Westen vorgetragen wurden, außer daß ein Bestandteil fehlt – der Universalgeist. Es ist der diese Kräfte kontrollierende Geist, der ihre Wechselwirkung mit den subatomaren Teilchen und die Bewegung der Gegenstände verursacht.

Es wurden viele Untersuchungen über Teleportation (die Bewegung von Gegenständen durch Geisteskontrolle), Psychokinese (die Bewegung physischer Gegenstände durch psychische Kräfte) und andere Bekundungen des Geistes über die Materie durchgeführt. Mancher Zyniker bedient sich des sogenannten Gesetzes der Sparsamkeit – das besagt, daß die eigene Vernunft und physikalische Gesetze immer den ungewöhnlicheren esoterischen Theorien vorgezogen werden sollten – aber es gibt bemerkenswerte Beispiele in der gesamten Geschichte der Wissenschaftler und Philosophen, die eine in höherem Maße wahrhaft aufgeschlossene Einstellung vertraten. Einer von ihnen war Sir Francis Bacon, nicht nur einer der hervorragendsten Köpfe der elisabethanischen und jakobinischen Zeit und einigen zufolge der Urheber von Shakespeares größten Werken, sondern auch ein Pionier in der Wissenschaft. In seiner Essay-Sammlung, *Sylva Sylvarum: or a Natural History,* postulierte er eine der wichtigsten Einstellungen zu wissenschaftlichen Prinzipien. Seine Ideen über induktives Denken und die Methode des Experiments können sehr leicht zusammengefaßt werden. Er sagte, daß es viel nützlicher wäre, das Leben zu beobachten und dann Schlüsse zu ziehen, als auf der Grundlage von Theorien zu arbeiten und daraufhin zu versuchen, diese Theorien auf das Leben anzuwenden. Auch wenn diese Aussage ungemein einleuchtend klingt, so ist sie doch für das Verständnis des Geistes von unschätzbarem Wert. Allzu oft sagen Wissenschaftler, auf ihre Forschungen gestützt, was eintreten sollte, und lehnen darum manche metaphysischen Konzepte über den Geist als unmöglich ab, einfach weil sie ihren Theorien nicht entsprechen. An Stelle dessen wäre es viel wertvoller, echte Demonstrierungen zu beobachten und daraus Schlußfolgerungen zu ziehen.

Lassen Sie uns Uri Geller als Beispiel nehmen. Er wurde von vielen verunglimpft, und man könnte argumentieren, er habe versucht, seine Vorführungen der Geisteskraft als Schaugeschäft zu betreiben. Meiner Meinung nach ist das nicht der beste Weg, um Gebrauch von der Geisteskraft zu machen, und das würde ich auch von anderen sagen, die ihre Fähigkeiten für Reichtum und Ruhm an den Tag gelegt haben. Natürlich würden sie dem entgegenhalten, daß es ihr wahres Ziel sei, den Leuten zu zeigen, was der Geist über die Materie zu erreichen vermag. Aber von welchem Beweggrund auch immer sich der Vorführende leiten läßt und was auch immer für oder gegen diesen Gebrauch der Geisteskraft spricht, am Ende des Tages bleiben wir mit einer Vorführung zurück. Es besteht kein Zweifel, daß bei Uri Gellers ersten Vorführungen in England Anfang der 1970er Jahre viele Menschen behaupteten, daß sich im ganzen Lande Messer, Gabeln, Löffel, Schlüssel und Nägel daheim verbiegen würden. Das stimmte nicht mit den wissenschaftlichen Theorien vieler orthodoxer Denker überein, und so versuchten sie, diese Demonstrationen zu entlarven oder eine alternative Erklärung zu finden. Wären sie Sir Francis Bacons wichtigem Postulat gefolgt, daß wir lieber die Theorie vom Leben ableiten sollten, als zu versuchen, das Leben von der Theorie abzuleiten, wären sie nicht so verfahren. Statt dessen hätten sie versucht herauszufinden, was genau bei diesen Vorführungen passiert ist, und sie völlig aufgeschlossen geprüft.

Welche Ansicht Sie auch immer über sie vertreten, Uri Gellers Vorführungen sind keineswegs einzigartig in der Geschichte. Marc Thury, ein Professor der Naturgeschichte und Astronomie an der Akademie zu Genf im neunzehnten Jahrhundert, experimentierte mit telekinetischen Phänomenen. In seinem 1855 veröffentlichtem Buch stellte er eine Theorie auf, die zu der Zeit höchst umstritten war – daß das Unterbewußtsein psychische Energien freizusetzen vermag. Er führte das Beispiel eines elfjährigen Jungen an, der psychokinetisch begabt war. Thury zufolge bewegten sich Gegenstände in Reaktion auf seine unterbewußten Wünsche oder Gedanken. So wurde beispielsweise sein Musikunterricht aufgrund der Levitation seines Klaviers wiederholt unterbrochen, obwohl andere versuchten, das Instrument am Boden zu halten.

Etwa zur gleichen Zeit machte sich Daniel Dunglas Home in England einen Namen als Medium. Er gab Vorführungen am Hof von Napoleon III. und Zar Alexander II. Seine berühmteste Leistung demonstrierte er am 13. Dezember 1868, als er sich glaubwürdigen Zeugen zufolge aus einer stehenden Haltung heraus selbst emporgehoben haben sollte, durch ein Fenster aus dem Zimmer herausschwebte und zu einem anderen Fenster wieder in das Haus herein. Home wurde von Denkern wie Sir Arthur Conan Doyle und William Crookes voll akzeptiert.

Physische Medialität faßt heute zunehmend Fuß, und viele fangen an, sie ernster zu nehmen, obwohl an ihr eigentlich nichts neu ist. Vor hundert Jahren gab Eusapia Palladino, ein Medium aus Süditalien, Vorführungen, die selbst die skeptischsten Denker überzeugten. Dr. Julien Ochorowicz, Direktor des Institut General Psychologique in Paris, untersuchte Palladino Anfang der 1890er Jahre mehrere Monate lang und stellte fest, daß sie eine Art übernatürlichen Zwilling kommen lassen konnte. Wie auch immer die Theorie lautet, so bleiben die Tatsachen klar und deutlich – die Materie kann durch den Geist manipuliert werden.

Eine andere wohlbekannte Persönlichkeit, die die Kraft des Geistes an den Tag legte, war Rasputin, der großen Einfluß über den letzten Zaren, die Zarin und ihre Familie ausübte. Ob Sie ihn nun für einen unheilvollen und übelwollenden Beeinflusser der letzten Mitglieder der Romanow-Dynastie oder für einen vielverleumdeten einfachen Bauern mit großen Kräften halten, es liegen zahlreiche Berichte über seine Heilkräfte und über seine Fähigkeit, sich selbst zu schützen, vor. Angeblich war er nur sehr schwer zu ermorden, und als eine kleine Gruppe selbsternannter Patrioten beschloß, ihn zu beseitigen, mußten sie einigen Berichten zufolge schockiert feststellen, daß mehrere Kugeln vonnöten waren, um ihn zu töten, obgleich sie sehr genau trafen. So bemerkenswert waren seine geistigen Kräfte, wie es in diesen Berichten heißt, daß er noch einige Zeit weiterging und redete, obwohl er eigentlich hätte tot sein müssen, was bei seinen Mördern Angst und Bestürzung auslöste.

Man könnte noch viel mehr Beispiele für den Sieg des Geistes über die Materie aus der gesamten Geschichte anführen. Der Wahrheitssuchende geht an jede Art der Nachforschung mit völliger Aufgeschlossenheit heran. Es geht nicht darum, was geschehen sollte oder was für uns bequem wäre, wenn es eintreten würde; es geht darum, was wirklich geschieht. Es besteht überhaupt kein Zweifel darüber, daß außergewöhnliche Ereignisse stattfinden und in der ganzen Geschichte stattgefunden haben, die eine im Geist enthaltende Kraft offenbaren, die nicht zufriedenstellend erklärt werden kann, wenn man nicht über die rein physikalischen Theorien hinausgeht. Vielleicht möchten Sie keine großen Demonstrationen des Sieges des Geistes über die Materie veranstalten, aber vermutlich möchten Sie anfangen, den höheren Geist zu erschließen und Ihr Leben zu bereichern. Dazu müssen Sie sich auf die Mentalschwingungen einstimmen, von denen wir überall umgeben sind, und Gebrauch von ihnen machen, um sich selbst zu helfen.

Mentale Schwingungen nutzen

Alles Leben existiert in unterschiedlichen Schwingungszuständen. Der Unterschied zwischen einem Menschen und einem anderen besteht in ihren Schwingungsfrequenzen – nicht nur des Gehirns, sondern der ganzen Person. Im Zuge ihrer Fortschritte bewegt sich die Wissenschaft immer mehr auf das Konzept der Frequenz hin als einer wesentlichen Grundlage für die Erklärung physikalischer Eigenschaften. Auch bei der Erklärung der Funktion des Geistes spielt dieses Konzept eine wichtige Rolle.

Die fünf Sinne

Der Geist spricht sich durch die fünf Sinne oder Lebensqualitäten aus. In der Hindu-Philosophie heißt es, daß diese Qualitäten oder *Tattvas* alles Leben durchdringen und dem schöpferischen Prinzip dazu dienen, Differenzierung zu bewirken. Platon sagte, daß es beim Meditieren notwendig sei, die Gegenstände ihrer Eigenschaften zu entkleiden und vielmehr über diese Eigenschaften zu meditieren als über die Gegenstände selbst. Diese Eigenschaften werden durch die Lebensqualitäten zum Ausdruck gebracht.

Aus diesem Grund ist es so wichtig, wie wir unsere Sinne benutzen. Die gesamte Funktion unseres Geistes und sein Ausdruck wird von der Sinneserfahrung tiefgehend beeinflußt. Gesichts-, Gehör-, Tast-, Geschmacks- und Geruchssinn spielen allesamt auf vielfältige Art und Weise ihre Rolle dabei, die Geistesenergie zum Ausdruck zu bringen.

Medial Begabte sind Menschen, die einen oder mehrere dieser fünf Sinne bis zu dem Punkt entwickelt haben, daß sie sich auf die mit ihnen assoziierten höheren Schwingungen einstimmen und sie wahrnehmen können. Hellsehen zum Beispiel ist die Fähigkeit zum übernatürlichen Sehen. Ein Hellseher vermag die den physischen Körper eines Menschen umgebende Aura oder Energie zu erkennen und dadurch, daß er sich auf sie einstimmt, Rückschlüsse auf das körperliche und geistige Wohlbefinden der betreffenden Person zu ziehen. Im Grunde überträgt er die von der Person ausgesendeten höheren mentalen Schwingungen in eine visuelle Form. Sie ist physisch nicht sichtbar, weil sie auf einer höheren Frequenz schwingt als physische Materie.

Das gleiche trifft auf das Hellhören zu (übernatürliches Hören). Anstatt den Gesichtssinn zu verwenden, überträgt der medial Begabte mit Hilfe seines Gehörsinns die höheren mentalen Schwingungen in Töne, die auf einer höheren Frequenz liegen als physische Töne. Auch der mediale Tastsinn kann ausgebildet sein – beispielsweise durch die Praxis des Heilens – wie auch übersinnliches Riechen und sogar Schmecken. Die Manifestation der verschiedenen übernatürlichen Sinne wird sehr stark vom einzelnen und von seinem Gefühl für verschiedene Aspekte abhängen. Schließlich ist alles lediglich eine Frage der Einstimmung, die von den Gefühlen herrührt.

Schwingungen verändern

Es ist jedoch alles andere als notwendig, eine mediale Begabung zu besitzen, um sich der mentalen Schwingungen bewußt zu werden und Gebrauch von ihnen zu machen. Im Grunde tun wir das alle die ganze Zeit über. Stimmungen zum Beispiel sind eine Folge von mentalen Schwingungen der einen oder anderen Art. Es kann ein bestimmter Vorfall oder Gedanke sein, der eine Stimmung auslöst, aber diese führt zu einer Gedankenform oder Schwingung, von der Sie daraufhin umgeben werden. Andererseits entwickeln Sie vielleicht die eine oder andere Stimmung ohne ersichtlichen Grund. In Wirklichkeit haben Sie sich, ohne sich dessen bewußt zu sein, auf eine besondere mentale Emanation eingestimmt, die auf Sie einwirkt, entweder von einem Ort oder von Menschen, mit denen Sie Umgang pflegen.

Je mehr Sie das Konzept der mentalen Schwingungen in Betracht ziehen, um so stärker erweitern Sie Ihr Bewußtsein von allen Dingen. Der Tod nimmt nicht mehr den Anschein von Endgültigkeit an, den er früher einmal für Sie hatte. Es stimmt schon, der physische Körper stirbt – aber was ist mit den mentalen Schwingungen, die mit der Person assoziiert sind? Diese sind physisch nicht greifbar, sie befinden sich jenseits des physischen Organs des Gehirns, aber sie existieren ohne jeden Zweifel. Sie erfahren sie – und persönliche Erfahrung ist der entscheidende Test, nicht die objektiven Erkenntnisse der Naturwissenschaftler, so wertvoll sie auch sein mögen.

Dieses Wissen wird zu einer befreienden Philosophie: Sie können Konzepte wie das von der Seele aufs neue betrachten und sie der abergläubischen Mythen, die sie umgeben, entledigen, sie als Aspekte der mentalen Schwingungen untersuchen, die mit einer höheren Frequenz als der physische Körper existieren. Und was noch wichtiger ist, es ist eine Philosophie, die Sie praktisch anwenden können. Mentale Schwingungen existieren nicht einfach nur, sie können auch zum Guten verändert werden.

Zu diesem Zweck können Sie die Übungen 10 und 11 anwenden.

Übung 10: Seine Stimmung verändern

Für diese Übung nehmen Sie eine bequeme Sitzhaltung ein, aber diesmal führen Sie keine harmonische Atmung oder eine andere Vorbereitung durch. Statt dessen finden Sie heraus, in welcher Stimmung Sie sind. Vielleicht sind Sie wegen etwas außer Fassung, haben im allgemeinen genug von etwas, sind auf die eine oder andere Weise gelangweilt oder beunruhigt. Das ist die beste Zeit für diese Übung – wenn Sie Ihre Stimmung in etwas Besseres verwandeln wollen.

Bleiben Sie ein paar Minuten lang sitzen und beobachten Sie Ihre Gedanken und Emotionen, ohne den Versuch zu unternehmen, sie zu verändern. Dann entscheiden Sie sich, in welcher Stimmung Sie sein möchten. Das mag sich weithergeholt anhören, weil man uns dahin gebracht hat zu glauben, wir wären die Gefangenen unserer Stimmungen und Emotionen. Viele psychologische Theorien verschlimmern diese eingrenzende Vorstellung: Man sagt uns, daß dies alles mit Kindheitstraumata, Verdrängungen etc. zu tun habe, von denen wir niemals loskommen werden. Blödsinn! Jeder kann sich verändern, und wenn Sie diese Übung korrekt durchführen, können Sie es auch beweisen.

Ich sollte Sie darauf aufmerksam machen, daß die Übung möglicherweise sehr schwer auszuführen ist und eine Willensanstrengung erfordert, aber sie ist der Mühe wert. Vielleicht fühlen Sie sich während der Übung nicht auf der Höhe oder bestenfalls gleichgültig, und in einer solchen Zeit werden Sie sich kaum in der Lage fühlen, sich auf eine positive Weise anzustrengen, aber genau dann ist es mit Sicherheit die wirkungsvollste Zeit für diese Übung: Gerade dadurch, daß Sie sie praktizieren, bekunden Sie die Kraft Ihres Geistes, Einfluß auf Stimmungen zu nehmen, und jedesmal wenn Sie sie durchführen, wird es Ihnen leichter fallen. Nach und nach werden Sie mühelosen Einfluß auf Ihre Stimmungen und emotionalen Reaktionen im Leben insgesamt nehmen können, und diese Eigenschaft ist nicht nur höchst wertvoll, sondern auch Ihrer Gesundheit und Ihrem allgemeinen Wohlbefinden sehr förderlich. Verwandten, Freunden und Kollegen wird der Wandel auffallen, und sie werden Kraft von Ihnen schöpfen.

Praktizieren Sie diese Übung von Zeit zu Zeit, wenn Ihre Stimmung danach verlangt, aber dann müssen Sie sie auch wirklich zu Ende führen. Geben Sie mittendrin auf, werden Sie nur Ihre Willenskraft untergraben, was das genaue Gegenteil von dem ist, was Sie erreichen wollen.

Nachdem Sie Ihre Stimmung analysiert haben, richten Sie Ihre Konzentration auf ein Bild, das für Sie Freude, Schönheit, Harmonie, alles mögliche Erfreuliche symbolisiert. Es mag ein Ort sein, etwa ein Strand, vielleicht eine Person, die Sie bewundern, möglicherweise ein Ereignis aus der Vergangenheit, das Sie außerordentlich aufgerichtet hat, beispielsweise ein Konzert, ein Theaterstück oder die hervorragende Vorführung einer sportlichen Leistung. Was es auch immer sein mag, halten Sie es so unkompliziert wie möglich – es sollte ein ganz einfaches Bild sein, mit dem Sie eine erfreuliche Bedeutung verbinden. Dieses Bild sollte einige der Sinne einbeziehen – so spielen schöne Klänge oder Düfte vielleicht eine größere Rolle für Sie als visuelle Bilder.

Wenn Sie dieses Bild mit Ihren Sinnen visualisiert haben, lassen Sie es langsam zu, daß die mit dem Bild assoziierte Stimmung zu Ihnen kommt. Versuchen Sie zu spüren, wie sie Eingang in Ihnen findet – nicht das konkrete Bild, sondern die Assoziation, die es für Sie hat. Manchmal können Sie dabei die mit dem Ereignis assoziierten Emotionen körperlich spüren. Seien Sie empfänglich, atmen Sie rhythmisch mit geschlossenen Augen, während Ihre Hände mit den Innenflächen auf den Knien ruhen, und lassen Sie sich von den Schwingungen erfüllen. Dann konzentrieren Sie sich wieder auf Ihr gegenwärtiges Leben. Das ist von größter Bedeutung, weil Sie nicht in der Vergangenheit leben möchten, sondern lediglich die mit dem Bild assoziierten mentalen Schwingungen in sich aufnehmen wollen. Bewahren Sie diese Gefühle, die Sie beschworen haben, aber lenken Sie den Brennpunkt Ihrer Konzentration wieder auf aktuelle Ereignisse. Dadurch wird der Übung eine gewisse Kontrolle auferlegt. Übrigens soll ten Sie nicht allzu häufig mit ein und demselben Bild arbeiten, sondern Abwechslung hineinbringen. Es geht nicht darum, eine Phantasie über ein bestimmtes Bild oder Ereignis aufzubauen, sondern ausschließlich darum, daß Sie es sowie die Assoziationen, die Sie mit ihm verknüpfen, benutzen, um Ihre Stimmung zu verändern, und Sie werden feststellen, daß es wirklich funktioniert, wenn Sie sich genügend Mühe geben.

Übung 11: Eine Atmosphäre verändern

Diese Übung ähnelt der vorhergehenden, abgesehen davon, daß Sie hier Einfluß auf die Atmosphäre eines Ortes nehmen und nicht auf Ihre Stimmung. Alles ist erfüllt mit mentalen Schwingungen der einen oder anderen Art. Der Psychometriker, der mittels seines übersinnlichen Tastsinns die mentalen Schwingungen in einem Gegenstand untersucht, beweist dies ohne jeden Zweifel. Erfahrene Psychometriker sind in der Lage, genaue Einzelheiten über Gegenstände festzustellen, von denen sie keine bewußte Kenntnis hatten, sondern nur dadurch, daß sie sich auf die Schwingungen in und um sie herum einstimmten. Man weiß von Antiquitätenhändlern, daß sie seltsame Kräfte entwickelt haben, nachdem sie jahrelang alte Gegenstände untersuchten und Einzelheiten über Antiquitäten herausfanden, die nicht von Studium und Erfahrung herrührten. Sie führen das auf eine mystische seherische Kraft zurück. Tatsächlich lernen sie, sich auf die Schwingungen von Gegenständen einzustimmen und interpretieren sie mit Hilfe ihrer angeborenen Fähigkeit. Genau das gleiche tun Sie bei dieser Übung.
Sie müssen sich an einem Ort aufhalten, dessen Atmosphäre Sie zum Besseren verändern wollen. Vielleicht kennen Sie einen Ort, der von einem Mantel der Unglückseligkeit oder einer allgemeinen Negativität bedeckt ist. Suchen Sie ihn, wenn möglich, allein auf, setzen Sie sich hin und atmen Sie kurze Zeit harmonisch ein und aus. Dann visualisieren Sie ein Bild von einem Ort, der Ihnen gefällt – dieser Teil der Übung ist der vorigen sehr ähnlich. Aber diesmal lenken Sie die mentalen Schwingungen nicht auf sich selbst, sondern auf den ganzen

Platz, den Sie positiv zu beeinflussen versuchen. Visualisieren Sie, daß dieser Platz mit den Schwingungen erfüllt wird, die Sie mit dem Ort, der Ihnen gefällt, assoziieren. Wenn es sich bei Ihrem Bild um ein klassisches Konzert handelt, füllen Sie den Ort, an dem Sie sich aufhalten, mit den Klängen dieses Konzerts in Ihrem geistigen Ohr, so wie es war. Wenn es der Geruch von Meersalz von Ihrem geliebten Ozean ist, füllen Sie diesen Ort mit diesem Geruch.

Sie werden erstaunt sein, was die Macht des kreativen Visualisierens dabei zu bewirken vermag; sie kann die Schwingungen eines Orts verwandeln und die Atmosphäre in eine der Freude und der Hoffnung verändern. Erzählen Sie anderen nichts davon und achten Sie darauf, ob ihnen die von Ihnen herbeigeführte Veränderung auffällt. Vielleicht reagieren sie nicht sensibel auf Atmosphären, sondern sagen einfach nur, daß sie sich besser oder glücklicher fühlen als zuvor.

Diese Übung ist nicht leicht, und es wäre klug von Ihnen, die vorhergehende perfekt zu beherrschen, bevor Sie sich auf diese einlassen, aber mit Praxis kann sie wirklich funktionieren. Distanzieren Sie sich am Ende der Übung, wie bei der anderen auch, von dem visualisierten Bild, und konzentrieren Sie sich statt dessen auf den Ort, der jetzt aber eine veränderte, viel positivere Atmosphäre ausstrahlt. Sie werden feststellen, daß Sie dadurch jemand werden, den Ihre Mitmenschen um sich haben möchten, weil von Ihrer Person allmählich spontan eine hebende Austrahlung ausgehen wird, wo immer Sie hingehen. Wir alle wissen, wie wunderbar Krankenschwestern sein können. Sie gehen in einen bedrückenden, düsteren Krankensaal voll kranker Menschen hinein und verwandeln die Atmosphäre in eine, die viel heiterer, sorgloser und optimistischer ist. Natürlich sind sie ausgebildet, aber sie können dies auch instinktiv tun. Sie akzeptieren die negative Atmosphäre nicht, die sie vorfinden, sondern sind entschlossen, sie zu verändern, indem sie eine andere Art von Schwingung ausstrahlen. Es funktioniert wirklich.

Durch diese Übung werden Sie anfangen, viel stärker auf mentale Schwingungen eingestimmt zu sein als je zuvor und sie mit Hilfe Ihres positiven Denkens und des kreativen Visualisierens zu verändern.

Gedankenformen

Mentale Schwingungen sind eigentlich die Folge von Gedankenmustern – sie sind tatsächlich Gedankenformen. In dem Buch *Gedankenformen* von Annie Besant und C. W. Leadbeater wird ein Vergleich zwischen der Musik von Mendelssohn, Gounod und Wagner und den Gedankenformen, die sie aussenden, angestellt. Diese Gedankenformen werden dann mittels farbiger Zeichnungen veranschaulicht, die ihre unterschiedlichen Wirkungen aufzeigen. Besant und Leadbeater waren beide große Mystiker und setzten ihre hellsichtigen Kräfte ein, um die mentalen Emanationen dieser großen klassischen Komponisten einzuschätzen, jedoch das Argument, das sie anbrachten, ist ein sehr gutes: Klänge vermögen mehr als uns bloß zu unterhalten oder uns Auftrieb zu verleihen. Sie sind imstande, reale Gedankenformen zu bilden, die ihrerseits auf die Atmosphäre einwirken werden und sogar diejenigen beeinflussen, die die Musik gar nicht hören.

Auch wenn sich das weithergeholt anhören mag, so haben gewisse Theosophen Anfang des zwanzigsten Jahrhunderts in ihren Schriften dieses Konzept umfassend ausgearbeitet: Die Idee, daß Gedankenformen eine unabhängige Existenz haben und daß sich mentale Energie durch Farben oder Klänge fortpflanzen und Tausende, sogar Millionen von Menschen beeinflussen kann, von denen sich die meisten der Farb- oder Klangimpulse gar nicht bewußt sind. Mit anderen Worten, die mentale Energie der Sinne geht über ihre rein physische Existenz hinaus.

In seinem hervorragenden Werk *Musik: Ihr geheimer Einfluß durch die Jahrhunderte* führt Cyril Scott dieses Thema weiter. Er legt dar, daß viele der großen Komponisten der vergangenen dreihundert Jahre oder noch weiter zurück unter dem Einfluß eines großen Meisters der

Großen Weißen Bruderschaft, einem Orden von erhabenen Meistern, arbeiteten, der angeblich Hunderte oder sogar Tausende von Jahren im selben Körper leben kann. Verschiedentlich wurden sie in der Geschichte gesichtet, aber hauptsächlich wirken sie zurückgezogen an einem stillen Ort und helfen den Menschen im Geheimen, ohne sich offen in ihre Kultur einzumischen. Ihre Hilfe ist subtiler Art und geschieht durch Einfluß. Einer dieser Einflüsse, wie Cyril Scott sagt, ist der Gebrauch von Musik, und die großen Komponisten wurden von einem bestimmten Meister dieses geheimen spirituellen Ordens beeinflußt, um spezifische Veränderungen in der Kultur der Welt herbeizuführen. Beispielsweise entwickelte sich Beethoven dahin, ein humanitäres Bewußtsein einzuführen, Chopin eine gewisse Vervollkommnung und Wagner einen starken Ausdruck wahrer Liebe. Alle diese Komponisten, so Scott, benutzten Musik als eine Energieform, aber ihre wahre Absicht lag darin, einen Einfluß auf das Gedankenmuster der Welt auszuüben und somit eine Veränderung zum Guten zu bewirken, selbst für jene, die diese Musik nie hörten.

Bei musikalischen Experimenten an Pflanzen wurden diesen verschiedene Arten von Musik vorgespielt. Es stellte sich heraus, daß bestimmte Musikformen das Wachstum der Pflanzen beschleunigten, während andere sie im Wachstum hemmten. Schwere Rockmusik beispielsweise ist Pflanzen nicht zuträglich, während sie auf Barockmusik und gewisse Formen der New-Age-Musik gut ansprechen. Diese Experimente brachten erstaunlich übereinstimmende Ergebnisse, und einige Experimentatoren waren sogar imstande, einzelne Komponisten zu bestimmen, die sich für Pflanzen als günstig erweisen. Nichts deutet darauf hin, daß die Pflanzen sich an einer bestimmten Melodie erfreuen, aber die Energie, die sie erfahren, wenn sie bestimmten Musikrichtungen ausgesetzt sind, zeigt eine eindeutige Wirkung. Die Leser, die Haustiere halten, wissen, wie sehr auch diese von verschiedenen Musik- und Klangformen beeinflußt werden können.

Ein Geruch kann eine Atmosphäre zum Besseren oder zum Schlechteren völlig verändern. Es ist nicht nur der Einfluß des Duftes, so wunderbar er auch sein mag, sondern es sind die Energien, die Eingang in den Geist finden, wenn der Duft eine Atmosphäre durchdringt. Menschen essen Nahrungsmittel nicht nur wegen des sinnlichen Genusses oder aus Ernährungsgründen. Bestimmte Nahrungsmittel haben für sie mentale Assoziationen. Auch wenn der Geschmackssinn zu dieser Zeit nicht hoch entwickelt ist und oft mit Zügellosigkeit assoziiert wird, kann auch er zur Entfaltung gebracht werden, um unsere geistige Bewußtheit und Wertschätzung gegenüber allem Leben zu erhöhen.

Es wurden viele Bücher über die Berührung und ihre Wirkung auf unseren Geist, im besonderen in den Bereichen der Heilung und Gesundheit, geschrieben. Der körperliche Kontakt kann für Menschen in Beratungen und bei einem schmerzlichen Verlust ebenfalls überaus wichtig sein. Natürlich setzen sich viele Theorien mit den Vor- und Nachteilen von zufälligen sexuellen Kontakten auseinander, und es steht außer Frage, daß diese tiefgehende Wirkungen sowohl auf den Geist wie auch auf den Körper haben. Der Tastsinn kann zur Stärkung und Heilung eingesetzt werden, aber bei übermäßigem Genuß kann er zu Ausschweifung und der Herabsetzung Ihrer geistigen Kräfte führen.

Farben

Von allen Sinnen können Sie den Farbsinn am leichtesten einsetzen, wenn Sie das Glück haben, Ihr Sehvermögen zu besitzen. Blinde Menschen lernen oft einen anderen Sinn über das Normale hinaus zu entwickeln, besonders den Gehörsinn, und gleichen dadurch bis zu einem gewissen Grade den Verlust des Gesichtssinns aus. Vom Standpunkt der geistigen Schulung aus ist der Gesichtssinn am leichtesten zu gebrauchen, weil so viele kreative Visualisationen für ihn erarbeitet wurden. Die Kraft der Imagination durch das Visualisieren von Farbe ist eines der wirksamsten Geräte in der Waffenkammer der Schulung des Geistes, und aus diesem Grund werde ich näher darauf eingehen. Wir sollten jedoch nicht vergessen, daß es theoretisch möglich ist, jeden anderen Sinn zu verwenden, und tatsächlich wird man sich in der Zukunft zweifellos stärker mit Visualisierungsübungen unter Einbeziehung des Gehör-, Geruchs-, Geschmacks- und Tastsinns befassen.

Farben beeinflussen unser ganzes Leben sowohl in physischer als auch metaphysischer Hinsicht. Ein farbloser oder extrem introvertierter Mensch kann mit Hilfe von Farben seine Persönlichkeit nach außen bringen; eine langweilige und ermüdende Arbeit kann durch ein farbenfroh eingerichtetes Büro bereichert werden; sogar ein Essen kann durch verschiedenfarbige Zutaten in hohem Maße zur Geltung gebracht werden. Das ist besonders dann von Vorteil, wenn Sie eine ziemlich strenge Diät einhalten müssen, die fad und langweilig ist: Mit Farbe kann Schwung in sie gebracht werden. Mystiker sagen, daß alle unsere Gedanken durch Farben zum Ausdruck kommen. Ihnen zufolge sind wir von einem Kraftfeld, der sogenannten Aura, umhüllt, die von einem Hellseher wahrgenommen werden kann. Sie setzt sich aus feinstofflicher oder ätherischer Materie zusammen, die sich in mannigfaltigen Farben manifestiert. Durch Hellsehen können diese Farben, der Geist eines Menschen, wahrgenommen werden.

Manche sagen, daß eine Aufgeschlossenheit für die Bedeutung der Farben zumindest soweit bis auf das alte Ägypten zurückzuführen sei, wo man den Einfluß von Farben an den großen Tempeln und Weisheitsschulen wie jenen in Karnak und Theben erkennen könne. Angeblich wurden bestimmte Teile ihrer Bauten als Farbhallen eingeplant, um die Wirkungen der verschiedenen Farbschwingungen zu studieren und anzuwenden.

Es heißt, daß hinterlassene Manuskripte von altägyptischen Priestern das System einer Farbwissenschaft aufzeigen, das viel gemein hat mit mystischen Schriften aus dem Osten und der westlichen okkulten Philosophie. Man sah eine Übereinstimmung zwischen der siebenfachen Natur des Menschen, der sieben Existenzebenen und der siebenfachen Zerlegung des Spektrums des Lichtes. Die sieben wichtigsten Spektralfarben sind Rot, Orange, Gelb, Grün, Blau, Indigo und Violett. Jede einzelne repräsentiert bestimmte machtvolle Eigenschaften, nach denen der Schüler streben sollte. Manche mystischen Schulen konzentrierten sich im wesentlichen auf die drei Grundfarben Rot, Gelb und Blau, die jeweils für Körper, Geist und Seele standen.

Natürlich sind diese Farben nur der sichtbare Teil des Spektrums des Lichts, und wenn wir fähig wären, das gesamte Spektrum wahrzunehmen, würden wir eine Vorstellung von der Gesamtheit der Schöpfung gewinnen, die in ihrer reinsten Form einfach nur Licht ist. Wie Meister Aetherius, ein spirituelles Wesen, das telepathisch durch Dr. George King kommuniziert, hervorhob, ist die gesamte Materie im Sonnensystem in Wirklichkeit nur verdichtetes Sonnenlicht. Wir verdanken unseren ganzen Erfahrungszyklus auf allen Ebenen der Sonne, worin der Grund zu suchen ist, warum viele sogenannte primitive Zivilisationen diesen ewig scheinenden, allmächtigen Himmelskörper angebetet haben. Waren sie wirklich so primitiv, ihn als ein Heiliges Wesen anzusehen? Meiner Meinung nach überhaupt nicht.

Farben können auf vielfältige Weise dazu dienen, Ihr Leben zu bereichern. Kleidung, Beleuchtung, die Einrichtung Ihrer Wohnung oder Ihres Büros und selbst die Farbe Ihres Wagens wirken sich auf Ihre Stimmung und Ihr allgemeines Gefühl aus. In der Alltagssprache werden verschiedene Stimmungen häufig mit Hilfe von Farben zum Ausdruck gebracht. So weisen die englischsprachigen Redensarten »Singing the blues« oder »feeling blue« auf Traurigkeit oder Melancholie hin. Eigentlich ist Blau keine Farbe der Traurigkeit, sondern der Kühle, Gelassenheit, Passivität, die in einer negativen Phase so interpretiert werden könnte.

»Er sieht rot« bedeutet Wut, und Rot ist eine Farbe der Anregung, des Aufgewühltseins und kann Wut unter ihren Emotionen einbeziehen.

Mit der englischen Redensart »He is in a brown study« ist eine Stimmung der geistesabwesenden Gleichgültigkeit gemeint, wenn ein Mensch in Gedanken versunken ist. Braun ist keine positive, dynamische, sondern vielmehr eine distanzierte Farbe, und sie dient zur Beschreibung eben dieser distanzierten Stimmung.

Natürlich beschreiben nicht alle Redensarten, die in Zusammenhang mit Farben verwendet werden, die wahren mentalen Energien, die von der Farbe ausgehen. Beispielsweise ist der Ausdruck »grün vor Neid« nicht kennzeichnend für die Farbe Grün, die eine Schwingung von Gleichgewicht, Harmonie und Heilung darstellt. Auch die Beschreibung einer Person als »gelb« im englischsprachigen Raum, was in diesem Fall feige bedeutet, stimmt nicht sonderlich mit dieser Farbe überein. Gelb ist eigentlich die Farbe der geistigen Anlagen und dürfte nicht unbedingt Feigheit implizieren. Einige andere sind wiederum sehr interessant. Beispielsweise hat die Redensart

»purple prose« zur Beschreibung einer Literatur, die reich an anschaulichen Ausdrücken und großer Leidenschaft ist, mit der Farbe Purpurrot manches gemein, die mit Spiritualität und Wachstum in allen Formen assoziiert wird. Tatsächlich wird die Farbe Purpurrot sowohl in königlichen wie auch geistlichen Kreisen in dem Sinne verstanden, daß sie etwas sehr Besonderes mit mystischen oder göttlichen Eigenschaften bezeichnet.

Bei Heilungen, bei denen mit Hilfe einer Farblampe oder eines Diaprojektors der menschliche Körper mit verschiedenen Farben behandelt wird, können sich die Wirkungen manchmal mit erstaunlichen Resultaten zeigen. So gibt es Personen mit beispielsweise einer Entzündung oder Schwellung, die miterlebt haben, wie ihr Leiden unter der Einwirkung von blauem Licht tatsächlich abschwächte. Blau ist schließlich die kühlende Farbe und genau das Gegenteil von Rot, das mit Entzündung assoziiert wird.

Bei farbpsychologischen Untersuchungen wurde festgestellt, daß Menschen mit einem bestimmten Charaktertyp dazu neigen, eine Farbe intensiver als eine andere zu verwenden. Das ist nicht unbedingt von Vorteil. Nur weil Ihnen eine Farbe gefällt, bedeutet das nicht immer, daß es die Farbe ist, die Sie brauchen. Sind Sie beispielsweise ein übernervöser und unruhiger Mensch, benötigen Sie möglicherweise die kühlenden Schwingungen eines blauen Kleidungsstückes oder einer blauen Wohnungseinrichtung, auch wenn Sie sich eigentlich zu den leuchtenden Farben hingezogen fühlen, die mit Ihrer Stimmung übereinstimmen. Wenn Sie ein lethargischer, melancholischer Typ sind, könnten Sie sich durchaus wünschen, rote oder orangene Kleidung anzuziehen, um Ihren Tag zu beleben. Farbberater erteilen detaillierte Ratschläge, um Menschen dabei zu helfen, Kleidung und Ausstattung zu finden, die nicht nur auf ihre Stimmungen und Bedürfnisse ausgerichtet sind, sondern auch vielleicht nur auf ihre Vorlieben.

Schwarz kann zwar äußerst elegant sein, ist aber keine Farbe, die irgendwelche positiven Eigenschaften der mentalen Emanationen der Farbstrahlen enthält. Vom mentalen Standpunkt aus ist sie eine schwächende Farbe und besitzt keine therapeutischen Qualitäten. Verständlicherweise wird sie mit dem Tod in Zusammenhang gebracht und mag manchen Menschen helfen, sich mit ihrem schmerzlichen Verlust zu identifizieren, aber sie wird ihnen bestimmt nicht helfen, ihre Stimmung zu verändern und über den Kummer, den sie erleiden, hinwegzukommen. Die Farbe Grau beschreibt sehr genau Stimmungen und Menschen. Eine graue Person ist jemand, der langweilig, uninteressant ist und dem es an der Vitalität fehlt, die Farben mit sich bringen. Sie ist keine schwächende Farbe wie etwa Schwarz, sondern vielmehr eine langweilige, ermüdende Schwingung. Sie symbolisiert Gleichgültigkeit und Mittelmäßigkeit. Wird ein Politiker als grau bezeichnet, ist damit gemeint, er sei zu gewöhnlich, um sich für einen hochrangigen Job zu qualifizieren. Auch für Grau gilt, daß sie eine elegante Farbe zum Tragen sein kann, aber sie ist keine strahlende Farbe mit nutzbringenden mentalen Emanationen.

Weiß dient zur Symbolisierung der Reinheit, der spirituellen Berufung und des Überirdischen. Weiß umfaßt natürlich alle Farben des Spektrums, und es ist zutreffend zu sagen, daß eine gewisse Vollständigkeit und Vollkommenheit an ihr ist. Sie unterstützt jedoch keine bestimmte Form mentaler Energie auf besondere Weise.

So wie Sie Farben im physischen Leben anwenden, können Sie auch in Ihrem geistigen Leben von ihnen Gebrauch machen. Ein einfacher Weg dazu ist eine simple Farbatmungsübung mit Hilfe von Visualisation.

Die Übung 12 ist sicher, einfach, aber wirksam.

Übung 12: Farbatmung

Setzen Sie sich bequem auf einen Stuhl und nehmen Sie sich ein paar Minuten Zeit, um sich vollkommen zu entspannen; halten Sie Ihre Wirbelsäule gerade, aber ohne sich in den Schultern zu verkrampfen. Beruhigen Sie Ihren Geist und beobachten Sie dann Ihre Gedanken, wie sie in das Gehirn rhythmisch oder in einer Wellenbewegung eintreten und es wieder verlassen. Während der Beobachtung Ihrer Gedanken fangen Sie an, tief zu atmen und nach und nach die Atemzüge so rhythmisch wie möglich zu verlängern. Jetzt visualisieren Sie ein schönes, sanftes mittelgrünes Licht aus dem Spektrum, das Sie vollständig umhüllt. Stellen Sie sich nicht vor, daß es beim Atmen durch die Nasenlöcher in Sie hineinströmt, sondern vielmehr auf indirektere Weise, als würde der Atemvorgang das grüne Licht auf Sie hinlenken. Arbeiten Sie nur mit der Farbe Grün, weil Sie absolut sicherstellen wollen, daß Sie sich harmonisieren, und bestimmte Farben sind dem Zweck dieser Übung nicht förderlich.
Vorausgesetzt, Sie bleiben immer bei dem einfachen grünen Licht, das Sie umgibt und für einige Minuten sanft durchdringt, sollte diese Übung in Ihrem Sein Gleichgewicht und Harmonie wiederherstellen. Sie können sie nach jeder anderen Übung, wo auch immer Sie sind, durchführen, aber Sie dürfen nicht vergessen, daß Sie sich dieses Mittelgrün aus dem Spektrum vorstellen. Die Übung wird nur dann ihre Wirksamkeit entfalten, wenn Sie in der Lage sind, die Farbe korrekt zu visualisieren. Nicht alle Menschen können gleich gut Farben visualisieren, und vielleicht ist es angebracht, daß Sie diese Farbe auf einem Stück Papier oder anderen Gegenstand eine Zeitlang studieren und sich im Geiste an sie gewöhnen, bis Sie sie sich nach Belieben vorstellen können. Diese harmonisierende, entspannende Übung sollte immer nur einige Minuten praktiziert werden. Sie wird zu größerem Frieden, Gleichgewicht und Gesundheit führen. Es genügt voll und ganz, wenn Sie sie ein- bis zweimal die Woche anwenden, oder wann immer Sie das Bedürfnis danach verspüren.

Den Höheren Geist erwecken

Es wurde sehr wenig geschrieben über den erhabensten Aspekt des Geistes: das Überbewußtsein. Vielleicht liegt der Grund dafür darin, daß jene, die diesen wunderbaren Teil unseres inneren Selbst wirklich entdeckt haben, gewöhnlich ihre Meinung darüber für sich behalten haben, abgesehen von einigen auserwählten Schülern, denen sie Vertrauen schenkten. Das Überbewußtsein ist der Teil des Geistes, der buchstäblich über dem normalen Bewußtseinszustand angesiedelt ist und der höhere Bewußtseinszustände, tiefe Intuition und übersinnliche Bewußtheit bewirkt.

Beispiele für höheres Bewußtsein

Von den vielen überlieferten Beispielen aus der Vergangenheit von Menschen, die in tiefere Bewußtseinszustände eingetreten sind, sollen hier einige der außergewöhnlichsten Fälle angeführt werden. Blaise Pascal, der im siebzehnten Jahrhundert in Frankreich lebte, ist am bekanntesten für seinen hervorragenden Beitrag auf den Gebieten der Geometrie, der Mathematik und der Theologie. Er wurde und wird immer noch als einer der größten Geister jenes Jahrhunderts angesehen. Gegen Ende seines Lebens entsagte er der Welt und widmete sich religiösen und karitativen Belangen. Er lebte fast wie ein Einsiedler, und erst nach seinem Tod fand sein Diener eine seiner Schriften auf einem gefalteten Pergament. Sie wurde als *Memorial* bekannt, und im folgenden wird ein Auszug daraus wiedergegeben:

> Von etwa halb elf abends bis etwa halb eins nachts, FEUER. Abrahams Gott, Isaaks Gott, Jakobs Gott, nicht der Philosophen oder der Weisen. Gewißheit, Freude, Gewißheit, Erregung, Freude, Frieden, Gott von Jesus Christus, mein Gott und dein Gott. Dein Gott soll mein Gott sein. Der Welt und allen vergessen, außer Gott … Gerechter Vater, die Welt hat dich nicht kennengelernt, aber ich habe dich kennengelernt. Freude, Freude, Freude, Freudentränen. Ich trenne mich nicht von dir … Fortwährende Freude für die Tage meines Lebens auf Erden. Ich werde nicht vergessen, was du mich gelehrt hast. Amen.

Natürlich ist diese Erfahrung in theologische Ausdrücke gekleidet, wie sie Pascal und seinen Zeitgenossen geläufig waren, aber sie gleicht genau ähnlichen mystischen Erfahrungen im Osten: Eine Entdeckung des Einsseins mit dem Göttlichen, die reichlich Freude bringt.

William Wordsworth hatte eine völlig andere Vorstellung von Göttlichkeit, die ihm sogar in späteren Jahren scharfe orthodoxe Mißbilligung von seiten seines alten Freundes Samuel Taylor Coleridge einbrachte. Wordsworth erkannte eine Göttlichkeit und Einheit in allen Dingen, besonders in der Natur, und brachte diese Sichtweise in seinen Gedichten zum Ausdruck. Er stellte auch die Erleuchtung dar, die er offensichtlich in höheren Bewußtseinszuständen erfahren hatte. Ende des achtzehnten Jahrhunderts verfaßte er bei Tintern Abbey folgende Zeilen:

... die heilig heitre Stimmung,
In der uns die Gefühle sanft entführen,
Bis wir des Atmens dieser Körperform
Selbst der Bewegung unsres Menschenbluts
Beinahe überhoben, körperlich in Schlaf
Versinken und lebendige Seele werden:
Da wir mit einem Aug, das von der Macht
Des Einklangs und der Freude tief gestillt,
Ins Sein der Dinge schauen.*

* »Tintern Abbey« von William Wordsworth (Dt.: Englische Lyriker. Wordsworth – Coleridge, hrsg. von Alexander von Bernus, Heidelberg, Verlag Lambert Schneider, 1959.), S. 44.

Um seine Stimmung oder seinen Bewußtseinszustand so genau und zutreffend beschreiben zu können, muß Wordsworth das erfahren haben, was in mystischen Kreisen als die Öffnung des dritten Auges bezeichnet wird.

Etwas später, im neunzehnten Jahrhundert, beschrieb der amerikanische Dichter Walt Whitman ekstatische Zustände der Geisteskraft und Inspiration. Die folgenden Zeilen stammen aus seinem Werk *Grashalme,* das er 1855 verfaßte.

Alsbald erhob sich und breitete sich um mich aus der Friede und das Wissen, das über alle Beweise der Welt geht,
Und ich weiß, daß Gottes Hand Versicherung für die meine ist,
Und ich weiß, daß der Geist Gottes der Bruder des meinen ist
Und daß alle Männer, je geboren, auch meine Brüder sind, und die Weiber meine Schwestern und Geliebten
Und daß eine Kielschwinne der Schöpfung Liebe ist*

* Walt Whitman, Grashalme (Stuttgart, Reclam Verlag, 1968, 1904.), S. 36.

Manche, die die höchsten Bewußtseinszustände erfahren haben, sind der Ansicht, sie seien mit Worten nicht zu beschreiben. Der große Weise Sri Ramakrishna, der gegen Ende des neunzehnten Jahrhunderts in Indien lebte, äußerte sich in diesem Sinn über die Erreichung der höchsten überbewußten Zustände. Dabei führte er den Vergleich mit einem Menschen an, dem es gelungen sei, eine Mauer zu erklimmen und auf die andere Seite zu sehen. Ein anderer, der hinter ihm steht, könnte nur seinen Ausdruck des reinen Entzückens sehen, während er den Anblick jenseits der Mauer genießt, und seinen Freudenruf hören, bevor er herunterspringt. Dieser Ausdruck des reinen Entzückens und der Freudenruf wären genug, um den Beobachter davon zu überzeugen, daß auch er ebendieselbe Mauer erklettern sollte.

Intuition

Das unermeßliche Thema der angeborenen übersinnlichen Kräfte, die wir alle erschließen können, wenn wir uns dafür entscheiden, habe ich in meinem Buch *Unlock Your Psychic Powers* behandelt. Aber von allen Fähigkeiten der Außersinnlichen Wahrnehmung, die erlangt und bekundet werden können, besteht meiner Ansicht nach kein Zweifel daran, daß die Gabe der Intuition am wertvollsten ist.

Wir machen uns oft die Intuition zunutze, ob wir uns nun dessen bewußt sind oder nicht. Die Ahnung, der Eindruck von jemandem oder etwas, der uns dazu veranlaßt, uns auf bestimmte Weise zu verhalten, ist ein typisches Beispiel dafür. Manchmal nehmen Sie vielleicht kaum wahr, daß Sie einen intuitiven Impuls erhalten, sondern handeln einfach fast instinktiv. Sollten Sie einmal Ihr Verhalten sorgfältiger analysieren, würden Sie feststellen, daß Sie sehr oft von diesem intuitiven Teil Ihres inneren Selbst geleitet werden, der anfängt, die Tür zum höheren Bewußtsein zu öffnen.

Während das Unterbewußtsein ein funktioneller Teil unseres Geistes ist, ist das Überbewußtsein der Bereich, der uns zu den erhabensten inspirierten Erkenntnissen führt. Manche bezeichnen den überbewußten Teil unseres Seins als unsere Seele. Wenn Sie eine Erfahrung machen, von der Sie spüren, daß sie von Ihrer wahren Seele kommt, kann dies die Stimme Ihres Überbewußtseins sein.

Allzu oft ignorieren Menschen diesen höheren Teil ihres Bewußtseins, nicht aus einem Gefühl der Schlechtigkeit heraus, wie einige orthodoxe Religionen nahelegen mögen, sondern weil sie zu sehr mit weltlichen und materialistischen Dingen beschäftigt sind. Wir verwenden unser Bewußtsein, um unser Leben bis zu dem Punkt zu beherrschen, an dem wir von ihm dazu fast gezwungen werden. Bis zu einem gewissen Grade können wir lernen, das Unterbewußtsein zu erschließen und aus der reichen Lagerstätte der Informationen, die dort aufbewahrt sind, zu schöpfen. Aber das Überbewußtsein scheint als die letzte Möglichkeit betrachtet zu werden, von der wir nur Gebrauch machen, wenn wir Zeit übrig haben. Das ist ein großer Fehler, denn wir können uns selbst um die Nutzung der kostbarsten unserer angeborenen Geisteskräfte bringen.

Der höhere Geist ist die Kraft in uns, die uns dazu antreibt, wichtige Dinge sowohl für andere als auch für uns selbst zu erreichen. Es ist der Teil unseres Geistes, der helfen, lieben und sich um andere kümmern will. Er will wahrheitsliebend sein, und er will die wahren Antworten auf die Frage nach dem Zweck des Lebens offenbaren. Mit dem Überbewußtsein können wir die tiefsten Mysterien ergründen, bis das Wissen in uns auf einer bewußten

Ebene klar erkannt wird. Der gesamte Übergang in die Erleuchtung ist ein Übergang vom Bewußtsein zum Überbewußtsein.

Die Fähigkeit, sich vom Beta-Gehirnwellenzustand in den Alpha-Gehirnwellenzustand zu versetzen, ist eine wesentliche Vorbereitung für ein höheres Bewußtsein, aber das allein ist nicht alles. Sie verleiht Ihnen die Möglichkeit, sich selbst zu beobachten, weil es im Alpha-Bewußtseinszustand viel leichter ist, Ihr wahres Selbst zu akzeptieren, wer Sie sind, was Sie fühlen, und eine ausgewogene Lebensperspektive zu bekommen. Der Betazustand ist gekennzeichnet durch Aktivität, Druck, Trieb mit den vielfältigsten und unterschiedlichsten Gedanken, die dazu beitragen, Sie zu immer mehr Aktivität anzuregen. Die Verlangsamung dieser Gehirnwellenbewegung und die damit verbundene Drosselung des Adrenalinflusses durch das physiologische System führt als Belohnung zu einer gewissen Ruhe und Gelassenheit, die es Ihnen ermöglichen, sich genau darauf zu konzentrieren, wo Sie stehen, nicht nur verstandesmäßig, sondern auf einer tieferen emotionalen Ebene. Aber von Ihnen wird noch mehr verlangt, um in den höheren Geist reisen zu können. Einige Bücher über Meditation sehen den durch die Alphawellenbewegung bewirkten ruhigen Zustand irrtümlicherweise als das endgültige Ziel an. Sicherlich wird er es Ihnen möglich machen, Ihre Gesundheit zu verbessern und ein höheres Maß an innerer Kontrolle über Ihr materialistisches Leben zu erlangen, aber wenn Sie weitergehen und die Reise in tiefere Erkenntnis unternehmen wollen, werden Sie Übungen zur Geistesentwicklung praktizieren müssen, um die Früchte Ihres höheren Selbst zu ernten.

Was Sie eigentlich bei dieser Reise in das Überbewußtsein tun, hat nicht so sehr mit der Veränderung Ihrer Gedankenmuster zu tun, sondern vielmehr mit der Veränderung Ihrer Seinsebene. Im Grunde geht es um das Sein und nicht um das Denken oder Tun. Wenn Sie in eine Diskothek mit aufblitzenden Lichtern gehen, wo die Leute berauscht sind und in einer sorglosen, hocherregten Weise tanzen, können Sie die dort existierenden machtvollen Energien unmittelbar spüren. Da sie ihre Haare schütteln und allgemein in einem entspannten Zustand sind, können die Energien in ihnen frei nach außen fließen. Das heißt nicht, daß sie gerade dabei sind, eine hohe Bewußtseinsstufe zu erreichen – in der Tat ist das wahrscheinlich genau das Gegenteil von dem, was sich die meisten von ihnen wünschen. Sie wollen Spaß haben, sich entspannen, abschalten und vielleicht einen Partner finden. Diese Energien können von jedem, der hereinkommt, ziemlich leicht wahrgenommen werden; sie sind körperlich regelrecht spürbar, und wenn Sie auch in dieser Stimmung sind, wird es Ihnen gefallen. Es ist nicht nur die Musik oder der visuelle Effekt der Beleuchtung und das Tanzen, sondern es ist die Schwingung des Ortes, wie ich es im vorhergehenden Kapitel beschrieben habe.

Wenn Sie dagegen einen buddhistischen Tempel aufsuchen, in dem die Mönche gerade ein uraltes Sanskrit-Mantra rezitieren – was sie seit vielen Jahren praktizieren und wodurch sie eine hohe Stufe der Spiritualität erreicht haben – werden Sie gänzlich andere Energien spüren. Wiederum ist sehr viel Anziehungskraft vorhanden, aber diesmal ist sie auf ein ganz anderes Ziel hin gerichtet. Auch hier findet eine bestimmte Entspannung statt, weil die Mönche meditative Techniken gelernt haben, durch die sie befähigt sind, Frieden zu finden; aber ihr Brennpunkt ist auf Vergeistigung, Einheit, Harmonie und Liebe gerichtet und nicht auf Erregung, Sexualität, Vergnügen und emotionales Freisetzen. Diese zwei Brennpunkte könnten nicht unterschiedlicher sein.

Diesem Vergleich liegt keineswegs die Absicht zugrunde, ein Urteil zu fällen, sondern den klaren Unterschied zwischen den ausgestrahlten Energien zu verdeutlichen. Darum geht es im Grunde bei der Reise in den höheren Geist. Es ist eine Reise, die die Veränderung Ihres Energieflusses zum Ziel hat.

Inspiration

Inspiration ist der höchste Ausdruck des Geistes. Sie kann den Anschein erwecken, sich willkürlich einzustellen, anfänglich vielmehr einem Gefühl gleich als einem Gedanken, auch wenn der Keim dieses Gefühls gewöhnlich in eine Form des gedanklichen Ausdrucks übertragen wird. Beethovens große Frustration lag nicht so sehr daran, inspiriert zu werden und mit seinem geistigen Ohr die Klänge zu hören, die er der Welt vermitteln wollte, sondern darin, diese Klänge in aufführbare Musik zu übertragen. Sie wurde natürlich durch seine Taubheit verschlimmert. Er mußte die ätherischen Klänge, die er vernahm, zu Papier bringen und mit bekannten Musikinstrumenten umsetzen. Denn der Inspirationsprozeß ist erst dann abgeschlossen, wenn er deutlich erkennbar gemacht wurde.

Es scheint auf der Hand zu liegen, daß Sie, wenn Sie in einer inspirierten Stimmung sind, bei weitem fähiger sind zu schreiben, malen, erfinden etc., je nach dem, welchen Brennpunkt Sie für Ihre Inspiration haben. Aber haben Sie es schon einmal in Erwägung gezogen, daß diese inspirierte Stimmung nichts Unwillkürliches ist? Sie ist ein Seinszustand, der Ihre Schwingungen widerspiegelt, und kann durch alles mögliche hervorgerufen werden. Manche Menschen werden von Weihrauch inspiriert, andere von Musik, wieder andere von einer ländlichen Gegend oder vom Meer. Sie müssen herausfinden, was Sie inspiriert. Es kann die Sonne, die Sterne, der Kosmos selbst sein. Der Anblick eines großen Wasserfalls, eine Bergspitze, die frische Luft, die Sie in bestimmten Landstrichen einatmen, die Musik einer Nachtigall – von allen diesen Dingen wurden Menschen inspiriert.

Wenn Sie Zugang zum höheren Geist haben wollen, werden Sie Ihre Fähigkeit zur Inspiration entwickeln müssen, und dazu stehen Ihnen viele Wege zur Verfügung. Wenn Sie in Ihrem Leben eine Mischung aus Frieden und Inspiration haben, denjenigen großen Kräften, die genau entgegengesetzt zu sein scheinen und gleichzeitig so vollkommen im Gleichgewicht befindlich sind, dann werden Sie in der Lage sein, die Mysterien Ihres höheren Bewußtseins zu enträtseln. Diese beiden Kräfte des inneren Friedens und der höheren Inspiration können sehr schön durch den Unterschied zwischen Osten und Westen veranschaulicht werden. In der Vergangenheit wurde der Osten mit einem besinnlichen, kontemplativen Leben für jene, die den mystischen oder religiösen Weg einschlagen wollten, assoziiert. Auf der anderen Seite haben im Westen die Dichter, Künstler und Wissenschaftler ihre Inspiration eingesetzt, um erhabene Gefühle und Gedanken zum Ausdruck zu bringen. Heutzutage findet ein immer stärker werdendes Verschmelzen von östlichen und westlichen Vorstellungen statt. Das ist eines der Merkmale der wahren New-Age-Bewegung, die ebenso ungezwungen uralte östliche Praktiken heranzieht wie sie humanitäre Maßnahmen fördert. Sie brauchen inneren Abstand von den alltäglichen materialistischen Belangen, um Ihren Brennpunkt in den höheren Geist zu verlagern.

Sich seines Selbst annehmen

Wir alle gehen in die Falle, wenn wir denken, daß wir zu beschäftigt sind, um Zeit für uns selbst zu verwenden. Es kann den Anschein haben, als wäre dies eine sehr selbstlose Haltung, aber trifft das wirklich zu? Wir werden verkrampft und besessen von den unbedeutenden Einzelheiten des Alltagslebens, daß wir eine langweilige Gesellschaft mit grauen, uninteressanten Persönlichkeiten sind – kurzum, uninspiririert. Sind wir wirklich so selbstlos?

Das Streben nach dem höheren Geist erfordert, daß wir einige Zeit darauf verwenden, unser Selbst zu kultivieren. Für diesen Zweck wenden sich manche einem oder mehreren Yoga-Systemen zu. Ich persönlich praktiziere seit vielen Jahren verschiedene Formen des Yoga und kann sie nur empfehlen. Insbesondere Mantra-Yoga wird Ihre Schwingungen eindeutig erhöhen, wenn Sie ihn regelmäßig und mit Liebe im Herzen betreiben. Das Verabreichen von spiritueller Heilung sowie gewohnheitsmäßige Gebete für die Welt als Ganzes werden ebenfalls Ihre Schwingungen erhöhen. Ferner ist Pranayama (Atemübungen) ein sehr hilfreicher Weg zur Entwicklung eines höheren Bewußtseins, weil Sie einen Strom lebendiger Energien in sich aufnehmen, der dazu führen wird, daß sich die Schwingung Ihres Körpers und Ihrer Aura positiv verändert.

Die Gesellschaft, mit der Sie verkehren, wird sich auf Ihren Schwingungszustand entschieden auswirken. Wenn Sie ein höheres Bewußtsein erreichen wollen, sollten Sie mit Menschen Umgang pflegen, deren Interessen auch in diese Richtung gehen, so daß die Schwingungen aufeinander abfärben. Diejenigen, die allem Mystischen und Metaphysischen tatkräftig entgegentreten, werden Sie herunterziehen, wenn Sie zu oft mit ihnen zusammen sind.

Natürlich kann es Zeiten geben, in denen dieser Kontakt nicht zu vermeiden ist; vielleicht ist er ein notwendiger Bestandteil Ihrer beruflichen Tätigkeit. Aber es kann für Ihr Streben hilfreich sein, wenn Sie Kontakt zu Personen pflegen, die Ihrem Wunsch nach einem höheren Bewußtsein zumindest wohlwollend gegenüberstehen.

Auch die Orte, die Sie aufsuchen, sind sehr wichtig. Wenn Sie in Gebäude, die religiösen oder mystischen Zwecken gedient haben, hineingehen, können Sie die Atmosphäre augenblicklich wahrnehmen. Sie wird Sie verändern. Und wenn Sie eine »Spelunke« betreten, die von Drogenabhängigen, Kriminellen und dergleichen frequentiert wird, werden Sie eine ganz andere Atmosphäre spüren, die Sie ebenfalls verändern wird. Es ist ein sehr guter Test, ein Gebäude zu betreten und zu versuchen, sich auf die dortige Atmosphäre einzustimmen, um herauszufinden, was Sie wahrnehmen. Das Streben nach einem höheren Bewußtsein beinhaltet, höhere Schwingungen ausfindig zu machen, wo immer das möglich ist, so daß Sie Ihren eigenen Energiepegel anheben können.

Das, was Sie sehen und lesen, hat einen starken Einfluß auf Ihren Bewußtseinsstand, der nicht auf den Tag, an dem Sie etwas sehen oder lesen, beschränkt bleibt, sondern noch einige Zeit bei Ihnen bleiben wird. Aufgezeichnete Vorfälle zeigen, daß bestimmte Formen von höchst aggressiver und negativer Rockmusik Menschen zu bizarren und zuweilen gefährlichen Verhaltensweisen veranlassen können. Das ist nicht nur auf die Liedertexte zurückzuführen, sondern auf die Schwingungen, die sie hervorrufen. Andererseits wurden manche von bestimmten Musikstücken derart aufgerichtet, daß sie beflügelt wurden, ihr Leben zum Besseren zu verändern. Sie sollten niemals den Einfluß des mentalen Gürtels um Sie herum unterschätzen. Wenn Sie nach höherem Bewußtsein streben, müssen Sie sich so oft wie möglich dem Einfluß aussetzen, der Sie dorthin führt.

Wenn wir über höheres Bewußtsein reden, können wir nicht dem Sachverhalt der Religion ausweichen. Sie ist offensichtlich eine sehr persönliche Sache und eine, die jede Menge Emotionen wecken kann. Dennoch wäre die Behauptung weitgehend zutreffend, daß die meisten Menschen mit einem starken religiösen Glauben sagen werden, daß ihre Religion eine große Hilfe für sie darstelle, daß sie ihnen Kraft gegeben habe, um sie zu befähigen, die schweren Zeiten in ihrem Leben durchzustehen. Diese Religion hat es ihnen durch ihren Glauben, ihre Überzeugung, Anschauung oder innere Erkenntnis im Grunde ermöglicht, einen Teil ihres höheren Geistes in Anspruch zu nehmen. Trotz allem genügt es nicht, einfach nur die Zehn Gebote, Zeilen aus dem Dhammapada, die Hindu-Schriften oder den Koran zu lesen. Sie müssen daran glauben und die Kraft haben, es zu realisieren. Wir alle wissen, daß gewisse orthodoxe Religionen die Menschen dadurch irregeführt haben, daß sie sie aufforderten, die Waffen zu ergreifen und zu kämpfen, aber darauf will ich jetzt nicht hinaus. Im allgemeinen läßt sich sagen, daß, wenn man sich den Schwingungen eines religiösen Weges aussetzt, es zur Stärkung beiträgt, wenn auch nur in einem sehr geringen Grade. Darin schließe ich nicht jene Menschen ein, die einem religiösen Weg nur aus Angst oder Schuld heraus folgen, sondern solche, die eine aufrichtige und tiefgehende religiöse Überzeugung haben. Einige Menschenfreunde, die an den Wert des Lebens an sich, an die Schönheit des Universums und der Schöpfung glauben, können ebenfalls als religiös bezeichnet werden, auch wenn sie sich selbst nicht so sehen.

Höheres Bewußtsein ist vor allem Mitgefühl für andere. Ist Ihnen schon einmal aufgefallen, daß, wenn Sie etwas tun, um einem anderen zu helfen, ohne dafür eine persönliche Belohnung zu erhalten, Sie sich gut fühlen? Dieses Gefühl ist ein innerer Impuls, der befriedigt wurde. In der Tat ist Glückseligkeit im Grunde ein befriedigtes Bewußtsein. Wie wohlhabend oder mächtig Sie auch sein mögen, wenn Ihr Bewußtsein nicht befriedigt ist, können Sie nicht wirklich glücklich sein. Das Trugbild des Materialismus flüstert ein, daß Vergnügen im Verhältnis zum materiellen Erwerb gemessen werden kann. In diesem Fall ist Vergnügen weit von Freude entfernt. Es gibt viele Beispiele für weise, aber nicht reiche Menschen, die bei weitem mehr Freude in ihrem Leben gefunden haben als jene, die materiell alles haben, sich aber innerlich nicht wohl fühlen. Dieses gute Gefühl, das vom Freiwerden menschlichen Mitgefühls herrührt, ist das Merkmal höheren Bewußtseins.

Die Menschen, die phantastische Fähigkeiten der inspirierenden Geisteskraft zum Ausdruck bringen, verdienen die Bezeichnung »Genie«. Und doch haben die Genies der Vergangenheit nicht selten offenkundige Schwächen in ihrem Privatleben an den Tag gelegt, und dazu zählen viele große Komponisten, Künstler, Schriftsteller, Wissenschaftler, Politiker und andere, die Kulturen richtungsweisend prägten. Warum ist dem so? Ein Grund dafür liegt darin, daß ebendiese Kraft, die die inspirierende Anlage in einer Person verstärkt, auch alle anderen Anlagen verstärkt. Sofern sie nicht die Art ausgewogener Kontrolle, wie sie im ersten Teil dieses Buchs dargelegt ist, entfaltet, wird sie über das normale Maß hinaus anfällig für die Wünsche und Leidenschaften sein, die einen übertriebenen oder verzerrten Ausdruck annehmen können. Das alte Sprichwort »Macht korrumpiert« sollte wirklich geändert werden in: »Macht korrumpiert, sofern Sie nicht daran arbeiten.« Wenn Sie Ihren Geist geschult haben, wird sie nicht korrumpieren, sie wird nur verstärkt. Aber wenn Sie nichts unternehmen, um die verstärkten geistigen Kräfte, die Sie erlangen, zu kontrollieren, dann werden Sie dazu neigen, alles in Ihnen, ob es nun etwas Gutes, Schlechtes oder Neutrales ist, aufzubauschen. An dieser Stelle muß ich hervorheben, daß es wichtig ist, zuerst die im ersten Teil beschriebenen Techniken zur Geisteskontrolle zu beherrschen, bevor Sie fortschreiten, um ein höheres Bewußtsein zu entwickeln.

Kontemplation

Beim höheren Bewußtsein handelt es sich eigentlich um Gefühle. Wenn Sie die Stufe der reinen Konzentration überschreiten und anfangen, Gefühle einzubringen und auf das zu reagieren, worauf Sie sich innerlich konzentrieren, treten Sie in einen kontemplativen Zustand ein. In diesem Zustand erkennen Sie durch persönliche Erfahrung, daß das Bewußtsein des Menschen mehr ist als die molekulare Struktur in seinem Kopf. Es umfaßt das ganze Sein. Wenn Sie den Schritt jenseits der Konzentration in die Kontemplation machen, richten Sie Ihren Geist nicht nur auf einen Gegenstand, sondern Sie reagieren auch auf die Gefühle und Emotionen, die tatsächlich von dem Gegenstand Ihrer Kontemplation kommen. Das ist der Schritt in den höheren Geist, der Sie in Bereiche der tiefen intuitiven Bewußtheit führen kann.

In seinem Tonband-Vortrag »Concentration, Contemplation, Meditation« erläutert Dr. King hervorragend den Unterschied zwischen diesen drei Bewußtseinszuständen. Er erklärt, daß zu ihrem höchsten Punkt geführte Konzentration Sie befähigen wird, alles zu erfahren, was über ein bestimmtes Thema zu erfahren ist. Durch die Nutzung der zielstrebigen Konzentration werden Sie in der Lage sein, alle die zu einem bestimmten Stoff gehörenden Einzelheiten abzuleiten und damit zuwege zu kommen, wie sie sich ineinander einfügen.

Kontemplation wird Sie auf die nächste Stufe bringen. Durch tiefe Kontemplation können Sie Einzelheiten über einen Stoff erfahren, die dem Bewußtsein nicht zugänglich sind. An diesem Punkt beginnt sich Ihre Intuition zu entwickeln, und wie bei allem anderen auch wird sie um so besser für Sie funktionieren, je häufiger Sie sie anwenden. Mit Hilfe der Kontemplation, so sagt Dr. King, erfahren Sie nicht nur die Fakten, sondern auch die mentalen Schwingungen hinter diesen Fakten. Es wird Ihnen unter anderem möglich sein, die Motivationen jeder beteiligten Person und manches von den Hintergründen für Ereignisse, die nicht vollständig enthüllt sind, zu verstehen. Ein intuitiver Blick auf die Geschichte beispielsweise kann Ihnen ein ganz anderes Bild vermitteln, als es die in Lehrbüchern verfügbaren Fakten vermögen. Im Grunde entwickelt ein Historiker seine Intuition, ob ihm das nun bewußt ist oder nicht. Vielleicht schreibt er sie seinem Wissen und seiner Deduktion zu, aber sehr oft betrachtet er nachdenklich vergangene Ereignisse und zusammengetragene Informationen auf einer intuitiven Ebene, wodurch ein völlig neues Licht auf das Thema geworfen wird. Unser ganzes Geschichtswissen entspricht so oft den offiziellen Mitteilungen zu der Zeit oder Klatsch und Gerüchten, nicht zuverlässiger als manche Berichte der populären Presse in der heutigen Zeit. Eine entwickelte Intuition durch die Praxis der Kontemplation, die sich von bloßer Raterei völlig unterscheidet, wird Sie befähigen, genauer zwischen den Zeilen zu lesen und viel mehr Informationen herauszuholen, als Ihnen durch Konzentration allein zugänglich wäre.

Was das Thema der Meditation angeht, ist Dr. King unmißverständlich. Seine Vorstellung von diesem erhabenen Zustand ist weit entfernt von manchen der Meditationspraktiken, die heutzutage so freizügig gelehrt werden. Es ist der Zustand, in dem Ihr Geist in das Licht des Überbewußtseins getaucht wird, sagt Dr. King, und auf seiner tiefsten Ebene können Sie all das erfahren, was es zu erfahren gibt, worüber Sie auch meditieren mögen. Dieses meditative Wissen geht tatsächlich über das Thema hinaus auf eine abstrakte Ebene und vermittelt Ihnen, warum und wie dieses Thema in seiner gegenwärtigen Form entstanden ist. Das ist der tiefste Aspekt des Überbewußtseins, auf den ich im letzten Kapitel zurückkommen werde. Ferner muß ich an dieser Stelle klar und deutlich erwähnen, daß ich selbst nicht in die tiefsten Meditationszustände eingetreten bin, so daß ich nur das weitergeben kann, was einige wenige Meister, die diese Zustände erreicht haben, mit uns geteilt haben.

Aber alles zu seiner Zeit. Sie werden niemals wahre meditative Zustände erreichen, wenn Sie nicht zuvor gelernt haben, sich der Kontemplation in hohem Maße erfolgreich hinzugeben.

Dabei wird Ihnen die folgende Übung helfen.

Übung 13: Sich in einen Gegenstand versenken

Suchen Sie sich für die Zwecke dieser Übung einen schönen oder bedeutsamen Gegenstand aus. Ein religiöses Artefakt oder ein Kunstwerk wären ideal. Wahlweise kann es ein von Ihnen hochgeschätztes antikes Stück sein, ein Foto von einem eindrucksvollen Gebäude oder ein anderer Gegenstand der Bewunderung, der dennoch unpersönlich ist. Sie sollten keine nostalgischen oder sentimentalen Bindungen an diesen Gegenstand haben, weil das die Übung beeinträchtigen wird.

Zunächst harmonisieren Sie Ihre Atmung, wie es in Übung Zwei beschrieben wird, da dies eine hervorragende Vorbereitung für alle metaphysischen Übungen ist. Legen Sie den Gegenstand vor sich hin, wenn möglich in Augenhöhe. Nachdem Sie einige Minuten lang harmonisch und tief geatmet haben, richten Sie Ihre Konzentration auf den gewählten Gegenstand. Achten Sie auf seine Eigenschaften sowohl vom technischen wie auch ästhetischen Gesichtspunkt aus. Nach einer Weile entspannen Sie allmählich Ihren Geist und beobachten Ihre eigenen Denkprozesse, statt sich auf die Eigenschaften des Gegenstandes zu konzentrieren. Durch Ihre Konzentration auf den Gegenstand haben Sie ihn in den Mittelpunkt Ihres Geistes gestellt. Jetzt beobachten Sie Ihre Denkprozesse bei ihrer Tätigkeit – also Ihre eigenen Gedanken über den Gegenstand. Das ist nicht immer leicht zu bewerkstelligen, aber mit Übung werden Sie dessen mächtig sein. Das Kunststück ist, Ihren geistigen Brennpunkt auf den Gegenstand gerichtet zu halten und gleichzeitig Ihre eigenen Reaktionen zu beobachten. In gewisser Hinsicht bewegen Sie sich von einem aktiven in einen empfänglicheren Zustand.

Wenn Sie damit fortfahren, werden sich nach und nach nicht nur Gedanken, sondern auch Gefühle über den Gegenstand einstellen, so als würden Sie ihn wirklich von innen kennenlernen. Sie können sogar übersinnliche Eindrücke von ihm erhalten. Wenn Sie diesen Prozeß weit genug führen, spüren Sie eine gewisse Einheit mit dem Gegenstand und gewinnen wirklich einen tiefen Einblick in ihn. Dann ist eine sehr tiefe Kontemplation erreicht, die Sie in höhere Bewußtseinszustände führen kann. Lassen Sie nicht zu, daß Ihr Brennpunkt auf irgendeiner Stufe von dem Gegenstand abschweift, auch wenn Sie dazu durch mögliche Ablenkungen versucht sein können. Die anfängliche Konzentration wird in dieser Hinsicht von unschätzbarem Wert dabei sein, den Brennpunkt festzulegen, aber Sie werden ihn die ganze Zeit beibehalten müssen, um die besten Resultate aus Ihrer Kontemplation zu erzielen.

Sie werden feststellen, daß sich Ihre intuitiven Fähigkeiten durch das regelmäßige Praktizieren der Kontemplation, wenn möglich jede Woche, auf natürlichem Wege entwickeln wird und Sie einen tieferen Einblick in das gewinnen werden, worauf Sie sich auch konzentrieren mögen.

Sich mit natürlichen Energien aufladen

Dadurch, daß Sie sich der Kontemplation hingeben und den höheren Geist verstehen, fangen Sie an zu erkennen, daß im Grunde alles Leben in einem energetischen Meer enthalten ist. Während sich die Wissenschaft in die kleinsten Einzelheiten der subatomaren Teilchen vertieft, die sich in Mustern und Rhythmen von hektischer Aktivität pausenlos gegenseitig bombardieren und daraus Bewegung, Manifestation und materielle Existenz hervorrufen, wirft sie immer mehr Fragen auf, was dahinter liegt. Was genau treibt dies an?

Übersinnliche Fähigkeiten bei Tieren

Wenn Sie sich näher mit dem Tierreich befassen, werden Sie bestimmt von der Fähigkeit zum Überleben erstaunt sein, die Sie dort vorfinden. Der Selbsterhaltungsinstinkt geht über den Zufall hinaus. Er wird gelenkt, er kann nicht einfach die Folge einer unwillkürlichen Form der natürlichen Auslese sein, wie es im darwinistischen Evolutionskonzept vorgeschlagen wird. Es gibt einen Geist, der die Wesen dieser Welt kontrolliert. Ist es ein individueller Geist oder ein Gruppenbewußtsein oder beides? Das sind Kernfragen, die Licht auf die alles Leben beherrschende Energie werfen – eine Energie, die von einer Form des Geistes diktiert wird.

Man weiß von Tieren, die außergewöhnliche Fähigkeiten an den Tag gelegt haben, und zahlreiche festgehaltene Vorfälle veranschaulichen diese Fähigkeiten. Ein typisches Beispiel dafür erlebte ich als kleiner Junge. Als wir von einem Dorf bei Abingdon, Berkshire, an den über 190 Kilometer entfernten Ort Sevenoaks in Kent zogen, nahmen wir unsere Hauskatze mit. Kaum hatten wir uns dort niedergelassen, gingen wir in Urlaub. Die Katze muß gedacht haben, wir wären zu unserem alten Haus zurückgekehrt, und wurde einige Wochen darauf in diesem Dorf in Berkshire gesehen. Noch erstaunlicher war die Tatsache, daß sich die Katze nach unserer Rückkehr aus dem Urlaub auf den Weg zurück nach Sevenoaks machte und ihr neues Zuhause wiederfand.

Tiere haben bemerkenswerte Fähigkeiten bekundet, und eines von ihnen war Missie, der hellsichtige Hund aus Denver, der in den 1970er Jahren große Berühmtheit erlangte. Missie war imstande, Zahlen vor vielen Zeugen zu interpretieren. Man fragte sie nach der Anzahl der Buchstaben in einem Wort, und sie gab ausnahmslos die richtige Antwort, indem sie dementsprechend so oft bellte. Sie war sogar dafür bekannt, Wahlausgänge und andere Dinge durch Bellen vorherzusagen. Einem Bericht zufolge stand ein Arzt Missies Fähigkeiten sehr skeptisch gegenüber und wollte sich einfach nicht überzeugen lassen. Missies Besitzerin sagte: »Nun Doktor, es gibt eine Nummer, die weder Missie noch ich kennen, und das ist Ihre private Telefonnummer.« Der Arzt meinte, daß er diese Telefonnummer noch nie irgend jemandem gegeben habe. Als Missie seine Privatnummer durch Bellen angab, war er von ihren Fähigkeiten fest überzeugt.

Es liegen viele solcher Geschichten über die übernatürlichen Fähigkeiten von Tieren vor. Noch wertvoller sind die Versuche medial Begabter, mit Tieren zu kommunizieren und ihnen zu helfen. Eine medial Begabte, die sich auf Tiere verstand, erzählte, wie sie einmal mit einem Rennpferd kommuniziert habe, das mit seinem Besitzer nicht zusammenarbeitete und sich einfach weigerte, an Rennen teilzunehmen. Die medial Begabte, die behauptete, eine telephathische Beziehung mit Tieren zu haben, kommunizierte mit dem Pferd und erfuhr, daß es nicht seine gewöhnliche Ruhepause erhalten habe, als man es zu diesem Zweck außer Haus in einen Stall gegeben hatte. Als der Besitzer des Pferdes dazu befragt wurde, sagte dieser, daß es bestimmt eine Ruhezeit gehabt habe, aber das Pferd gab der medial Begabten auf mentalem Wege nach wie vor zu verstehen, daß es sich nicht angemessen ausgeruht habe. Daraufhin setzte sich der Besitzer mit dem betreffenden Stall in Verbindung und fand heraus, daß man das Pferd dort an zu vielen Rennen hatte teilnehmen lassen, was nicht der Fall hätte sein dürfen. Die medial Begabte konnte sich nun mit dem Pferd verständigen und versprach ihm, daß es eine angemessene Ruhezeit bekäme, wenn es für den Besitzer noch an einem weiteren Rennen teilnehmen würde. Das Pferd ging darauf hin, lief in einem Rennen und erhielt natürlich die versprochene Ruhezeit.

Geschichten wie diese liegen in großer Zahl vor. Ich bin mir sicher, daß viele der Leser, die Tiere halten, zu denen sie eine enge Beziehung haben, sich dieser Art Verbindung anschließen werden. Ich selbst habe die Erfahrung gemacht, daß es meiner Katze ein neuentdecktes Verständnis und Seelenfrieden gebracht hat, wenn ich mit ihr freundlich darüber rede, was ich tue, und ihr für sie irritierende Dinge erkläre, wie etwa längere Reisen als notwendiger Bestandteil meines Berufs. Viele Leute sprechen mit ihren Tieren und glauben, daß sie wirklich eine Reaktion erhalten. Damit will ich nicht zu verstehen geben, daß eine sprachliche Kommunikation stattfindet, sondern daß etwas in der Energie der Kommunikation eines Menschen vom Tier empfangen und auf dieser Ebene ausgelegt wird.

Pflanzen und Energie

Diese Kommunikationsfähigkeit läßt sich auch auf die Pflanzenwelt anwenden. Experimente haben gezeigt, daß Pflanzen gedeihen, wenn man sie segnet, und daß sie verwelken und sterben, wenn sie verflucht werden. Auch hier gilt, daß die Pflanzen verstandesmäßig nicht in der Lage sind, den Unterschied zwischen Segen und Fluch zu unterscheiden, es ist die Energie hinter diesen Gedankenformen, die in den Pflanzen eine Reaktion auslöst. Auch in der heutigen Zeit schreiben noch manche den Bäumen Heilkräfte zu. In kleinen Dörfern, unter anderem im niederländischen Brabant, soll man noch immer einen »Fieberbaum« finden können, eine Eiche, deren Äste mit verknoteten Stoffetzen beladen sind. Diese abgerissenen Fetzen stammen von Kleidungsstücken oder Bettüchern kranker Menschen. Es heißt, daß die Heilkraft des Baumes in die Fetzen übergeht und sich von dort über die Schwingungen in der Kleidung oder dem Bettlaken mit den Kranken verbindet. Es ist ein magisches System, das eindeutige Resultate aufweisen soll. Wenn dem so ist, dann ist es mit Sicherheit ein Beweis für die Empfänglichkeit des Pflanzenlebens für mentale Emanationen.

Umgebung und Energie

Und natürlich trifft das auf Menschen zu. Wir sind sehr empfänglich für die mentalen Emanationen, die wir in verschiedenen Umgebungen aufnehmen. Menschen, die unter äußerst aggressiven Bedingungen leben, selbst wenn die Aggression nicht gegen sie persönlich gerichtet ist, aber in der Atmosphäre präsent ist, sind anfälliger für körperliche Erkrankungen. Manche werden das als ein rein psychosomatisches Phänomen betrachten, womit sie meinen, daß es sich um eine intellektuelle Reaktion auf das, was sie erleben, handelt. Aber eine solche Theorie bietet keine Erklärung für Menschen, die die Einwirkungen natürlicher Energien erfahren, obwohl sie von den Emanationen, die sie aufnehmen, keine bewußte Kenntnis haben.

Beispielsweise beschlossen ein Freund und ich, Yoga zu betreiben, als wir noch an der Universität waren. Wir mieteten gemeinsam ein Appartement, in dem wir jeden Abend bestimmte Yoga-Praktiken durchführten, darunter Heilungs-, Mantra- und andere nutzbringende Übungen. Als wir in diese Wohnung einzogen, war der Besitzer eine ziemlich mürrische, niedergeschlagene Person. Im Laufe der Monate, in denen wir mit unseren abendlichen Yoga-Praktiken und Meditationsübungen zugange waren, ging allmählich eine Veränderung in dem Besitzer, der eine Treppe tiefer wohnte, vor sich. Er, der ungemein träge gewesen war, wurde auf einmal aktiv. Er beschloß, das ganze Gebäude anzustreichen, und man konnte ihn sogar bei seiner selbstauferlegten Arbeit singen hören!

Andererseits können Menschen, die in einer bedrückenden Umgebung leben, auf einmal feststellen, daß sie selbst deprimiert werden, auch wenn sie von dem negativen Gemütszustand anderer in ihrer Umgebung keine bewußte Kenntnis hatten. Sie beeinflußten die natürlichen Energien mit ihrer Negativität. Man kann sich vor derartigen Einflüssen schützen, und die folgende Übung ist für diese Zwecke hilfreich.

Übung 14: Sich selbst schützen

Wenn Sie sich in Gesellschaft niedergeschlagener oder aufgebrachter Personen befinden, können Sie sich vor den Energien, die sie ausstrahlen, schützen. Vor allen Dingen sollten Sie sich entscheiden, ob Sie mit ihnen überhaupt zusammen sein müssen. In manchen Fällen mag es erforderlich sein – vielleicht besuchen Sie jemanden im Krankenhaus, der Ihrer Hilfe bedarf. Sie möchten jedoch nicht die negativen Energien von Krankheit in Ihr Sein aufnehmen, denn dann werden Sie nicht in der Lage sein, dem Patienten zu helfen; statt dessen möchten Sie ihn auf seiner Ebene des Unglücklichseins, der Niedergeschlagenheit oder Krankheit erreichen. In einem solchen Fall können Sie Gebrauch von dieser Übung machen, die sehr einfach und dabei doch sehr wirksam ist.

Atmen Sie einige Male tief und rhythmisch ein und aus, und ziehen Sie beim Einatmen ein weißes Licht in sich hinein – nicht einfach nur durch die Nasenlöcher, sondern durch Ihren ganzen Körper und Ihren ganzen Geist um den Körper herum. Stellen Sie sich vor, daß Sie mit diesem weißen Licht erfüllt und von ihm umgeben sind. Diese sehr einfache Übung, die Sie immer dann praktizieren können, wenn Sie mit negativen Schwingungen konfrontiert werden, wird Ihnen Schutz geben; sie wird Sie geistig und spirituell heben und verhindern, daß diese Emanationen Sie erreichen.

Sie können sie schnell durchführen; niemand im Zimmer braucht davon überhaupt zu wissen. Als Begleiterscheinung kann sie dazu führen, daß den anderen im Zimmer Heilung durch Sie oder durch die Energie zuteil wird, die Sie auf sich gelenkt haben. Vergessen Sie dabei jedoch nie, daß es eine reine weiße Energie ist und daß Sie sie beim Einatmen praktisch in sich hineinziehen. Beim Ausatmen sollten Sie sich ruhig und gereinigt fühlen, aber beim Einatmen lenken Sie dieses weiße Licht zu sich hin, bis Ihr ganzer Körper von oben bis unten von ihm umgeben ist.

Selbst ein unbelebter Gegenstand wie eine Maschine reagiert auf die ihr mitgeteilten Gefühle und Energien. Manche sprechen mit ihrem Auto und sind der felsenfesten Überzeugung, daß beispielsweise bei einer Autopanne ein paar ermutigende Worte die Sache vollkommen ändern. Auch wenn man darüber lachen mag, derartige Fälle ereignen sich allzu oft, um ignoriert zu werden. Sie beweisen noch einmal, daß der Geist nicht nur ein intellektueller Prozeß oder gar ein unterbewußter Prozeß allein ist – er ist eine Wechselwirkung von Energien.

Natürliche Energien

Was ist das also für eine Energie? Uralte Sanskrit-Schriften, die viele tausend Jahre zurückreichen, beschreiben die Existenz einer universalen Lebenskraft, die als *Prana* bezeichnet wird. Weiterhin heißt es in ihnen, daß der Schöpfer diese Energie, die sich in verschiedenen Manifestationsformen auf unterschiedliche Weise zum Ausdruck bringt, ins Leben rief. Die Kraft, die maßgebend ist für diesen Ausdruck, ist die Kraft des Geistes. Der Universalgeist steuert alles Leben in der gesamten Schöpfung, und Einzelwesen sind im Grunde lediglich geistige Teilchen, die sich auf verschiedenartige Weise manifestieren. Man glaubte an ein großes Ganzes und daran, daß jede einzelne Zelle im Körper dieses Ganzen sich bis zu einem gewissen Grade auf das Ganze auswirkt.

Beim Studium des Geistes können wir von dieser Idee der universalen Lebenskraft oder Energie, die alle Dinge durchdringt und vom Geist geformt wird, intensiven Gebrauch machen. Sie ist unter vielen Namen bekannt, beispielsweise in der Praxis des Tai Chi unter *Chi* und beim Aikido unter *Ki*. Natürlich leugnet diese Vorstellung keineswegs individuelle Verantwortung oder Identität; sie zeigt aber das enorme Potential, diesen Aspekt oder diese Frequenz der mentalen Energie auf, die wir zu jeder speziellen Zeit benötigen. Es liegt kein Mangel an Energie vor, es mag lediglich sein, daß wir sie nicht nutzen.

Das hört sich vielleicht ziemlich abstrakt und unanwendbar auf das Alltagsleben an, sofern man es nicht auf konkrete Situationen anwendet. Wenn Sie Rockmusik hören, lenken Sie eine bestimmte Art von Energie auf sich. Sie fangen an, sich auf eine Gedankenfrequenz einzustimmen, die sich in der Musik manifestiert. Dadurch hält diese Art von Energie Einzug in Ihr Leben, und wenn Sie oft genug Rockmusik hören, werden die natürlichen Energien von dieser Gedankenform beeinflußt. Allmählich werden sie Ihr Leben durchdringen und Sie werden zu einem »Rockdenker«. Sie werden sich in Übereinstimmung mit den Ideen und den Energien hinter dieser Musik verhalten. Wenn Sie sich in romantische Literatur vertiefen, die voll von emotionalen wechselseitigen Veränderungen zwischen Männern und Frauen mit starker Betonung auf die Sentimentalität der Liebe ist, werden Sie in ähnlicher Weise diese Arten von Energien auf sich ziehen. Sie werden anfangen, diese Denkweise zu übernehmen, was dann auch Auswirkungen auf Ihr Verhalten haben wird. Wenn Sie beschließen, sich positiven, erbaulichen und enthusiastischen Denkmustern auszusetzen, werden Sie nach und nach diese Energien in Ihr Leben und sogar in Ihren Charakter lenken.

Es ist also von großer Wichtigkeit, daß wir sehr sorgfältig wählen, so weit es uns möglich ist, von welchen Energien wir uns umgeben wollen. Das heißt nicht, daß Sie puritanisch werden und vor allen negativen Einflüssen davonlaufen sollen, sondern es bedeutet, Kontrolle über die Wirkung zu gewinnen, die energetische Einflüsse auf Sie haben.

Diese natürlichen Energien sind eine reine lebendige Kraftquelle, von der Sie uneingeschränkt Gebrauch machen können und die nicht versiegt. Ganz im Gegenteil, je häufiger Sie sie anzapfen, um so stärker wird sie auf natürlichem Wege zu Ihnen fließen. Je mehr Sie anderen aussenden, um so mehr werden Sie zurückbekommen. Sie ist in der Nahrung enthalten, die Sie essen, und in der Flüssigkeit, die Sie trinken. Ein Grund dafür, sich von frischen, organischen Produkten zu ernähren, liegt darin, daß sie viel stärker mit diesen natürlichen Energien aufgeladen sind als verarbeitete Nahrungsmittel. Das ist zwar nicht der einzige Grund, aber ein sehr wichtiger. Wenn Sie Wasser aus einem Gebirgsbach trinken, vorausgesetzt, daß damit keine Gefahren verbunden sind, werden Sie feststellen, daß es viel belebender und kräftigender ist als in Flaschen abgefülltes Wasser. Die Ursache dafür sind die Energien, die in diesem Augenblick in der natürlichen Umgebung enthalten sind, und die Reibung zwischen den Molekülen, während das Gewässer ungehindert den Berghang hinunterfließt.

Yogische Atmung

Die direkteste und am leichtesten zugängliche Methode, sich mit natürlicher Atmung aufzuladen, ist die Praxis des Pranayama beziehungsweise der yogischen Atmung. In uralten Hindu-Schriften wird die richtige Atmung als die heiligste und machtvollste Praxis gepriesen, der man nachgehen kann. Man glaubte, daß enorme Fähigkeiten erlangt werden können, indem man bestimmte Atemübungen zu bestimmten Zeiten durchführt. Man unterschied fünf wichtige *Pranas* und fünf unwichtige *Pranas* oder Energien, die von der Sonne zu bestimmten Zeiten ausgesendet werden und von denen jeder einzelne bestimmte Eigenschaften besitzt. Wenn man herausfände, wann die von einem benötigte Art von Energie fließt, könnte man sie über die Atmung auf sich lenken, und dadurch würde es einem ermöglicht, seine Ziele zu erreichen.

Natürlich waren diese Systeme, die die Yogis vor Tausenden von Jahren entwickelten, auf ganz andere kulturelle Bedingungen zugeschnitten. Die technologische Revolution und die mit ihr einhergehenden Belastungen und Anforderungen haben die Art einer für die heutige Zeit gefahrlosen und wirksamen Praxis radikal verändert. Bei der Suche nach einem Pranayama-System tut man gut daran, sich an einem modernen Lehrer zu orientieren, der die Lebensbedingungen in der heutigen Welt versteht. Ich persönlich richte mich nach dem System, wie es Dr. King in seinem Buch *Contact Your Higher Self Through Yoga* dargelegt hat, und halte es für unentbehrlich.

Bei der Anwendung von Atemübungen sollten Sie immer daran denken, daß es nicht der Sauerstoff ist, den Sie auf sich lenken wollen, sondern es sind die natürlichen Energien, die auf und über den Sauerstoff getragen werden. Mit Hilfe des kreativen Visualisierens können Sie die Energien, die Sie auf sich lenken, in hohem Maße potenzieren und sich auf diese Weise aufladen. Dadurch wird es Ihnen wiederum ermöglicht, diese Energien auf natürlichem Wege an andere abzugeben, auch wenn Sie sich dessen nicht bewußt sind. Sie werden automatisch zu einer viel magnetischeren und dynamischeren Person im Zusammensein mit anderen.

Man hat herausgefunden, daß man sich viel wirkungsvoller aufladen kann, wenn man jeweils nur durch ein Nasenloch atmet anstatt durch beide gleichzeitig. Bei der Beschäftigung mit solchen Praktiken lernen Sie, sich mit Tatsachen auseinanderzusetzen und nicht mit Theorien. In dieser Hinsicht bestehen Ähnlichkeiten mit der Homöopathie. Manche Schulmediziner gehen über sie als ein wirksames System hinweg, weil sie sie vom theoretischen Standpunkt aus nicht verstehen können – sie können einfach nicht begreifen, wie sie funktionieren sollte. Selbst ihr Begründer Samuel Hahnemann konnte ihre Funktionsweise nie umfassend erklären, sondern nur sagen, daß sie wirkte. Und er hatte recht, wie Tausende, die durch sie geheilt wurden, bezeugen werden. Bei manchen mystischen Übungen ist es auf ähnliche Weise nicht gut, sich allzu stark auf die Theorie zu konzentrieren; was zählt, das sind die Ergebnisse. Später, allmählich, möglicherweise durch tiefe Meditation verstehen Sie den Grund, aber wahrscheinlich werden Sie nie in der Lage sein, diese Meditationstufe zu erreichen, wenn Sie nicht zuerst die mystischen Übungen praktiziert haben.

Wie das physische Gehirn ist auch die psychische Natur in linke und rechte Pole unterteilt, denen jeweils besondere Eigenschaften zugeordnet werden. Es wurden langatmige und komplexe Bücher über die charakteristischen Merkmale dieser verschiedenen Pole geschrieben, aber am wichtigsten ist, daß Sie daran denken, daß alle wirkungsvollen Atemsysteme die Notwendigkeit betonen, den Atem einzeln in das linke oder das rechte Nasenloch zu isolieren. Dabei halten Sie eine Seite zu und ziehen unbeeinflußt Energien durch das linke oder rechte Nasenloch ein und polarisieren dadurch die natürlichen Kräfte, die Sie in sich einströmen lassen. So wie Energie im Sauerstoff enthalten ist, ist sie auch in und um den physischen Körper herum in einem Energiefeld enthalten, das ein anderer Begriff für die bereits erwähnte Aura ist. Es ist unbestreitbar notwendig, manche Yoga-Schriften zu entmystifizieren, und Sie können damit anfangen, indem Sie diese Phänomene vom Standpunkt der natürlichen Energie aus betrachten.

Auch wenn wir so viel wie möglich von den Theorien verstehen sollten, so muß uns doch auch bewußt bleiben, daß dies eine Entdeckungsreise ist, daß die wahren Eigenschaften dieser natürlichen Energien uns nur durch unmittelbare Erfahrung offenbart werden. Wenn Sie sich mit natürlichen Kräften aufgeladen haben, wissen Sie, daß sie existieren, weil Sie sie spüren können.

Mit den Übungen 15, 16 und 17 stelle ich einige einfache, sichere und dabei wirksame Atemübungen vor, die Sie anwenden können, um sich aufzuladen.

Übung 15: Atmung durch das linke Nasenloch

Alten Sanskrit-Schriften zufolge ist die beste Zeit für die Atmung durch das linke Nasenloch tagsüber, zwischen Tagesanbruch und Abenddämmerung. Damit ist natürlich nicht gemeint, daß Sie den ganzen Tag mit zugehaltenem rechten Nasenloch verbringen sollen. Es bedeutet vielmehr, daß Sie zu einer geeigneten Zeit am Tage den natürlichen Energiefluß in Ihrem Geist und Körper potenzieren können, indem Sie ein paar Minuten lang nur durch das linke Nasenloch atmen. Dazu legen Sie einfach den Daumen Ihrer rechten Hand an den rechten Nasenflügel und üben sanften Druck nach innen aus, so daß Sie nicht mehr durch dieses Nasenloch atmen können. Dann atmen Sie durch das linke Nasenloch ein und aus und versuchen dabei, Ihre Atemzüge so gleichmäßig wie möglich zu halten. Sie werden einen Aspekt der durch die Äther des Raumes fließenden Energien auf sich lenken, den man als den negativen Pol bezeichnen könnte. Dieser Begriff hat keineswegs etwas mit Negativität im Sinne von schlechtem oder negativem Denken zu tun, sondern bezieht sich lediglich auf die Polarisation.

Der negative Pol wird unter anderem mit Introspektion, Gelassenheit, Gleichgewicht und Spiritualität assoziiert. In Sanskrit-Schriften ist die Rede vom Mondfluß – den inneren, empfänglichen, mystischen Energien. Vielleicht denken Sie, daß Sie tagsüber, wenn Sie am aktivsten sind, so etwas am allerwenigsten brauchen können, aber diese Sichtweise ist falsch. Für die Yogis, die die Pranayama-Systeme entwickelten, ging es darum, mit der Natur und dem Kosmos in Harmonie und Einstimmung zu kommen und sich die besten Zeiten zunutze zu machen, um die Energien, welche sie auch immer benötigten, auf sich zu lenken. Natürlich waren sie in erster Linie daran interessiert, erleuchtete Bewußtseinszustände zu verwirklichen, und nutzten ihre Zeit zu diesem Zweck. Um sich des Flusses negativ gepolter Energien bedienen zu können, waren sie bereit, mit ihren Meditationen bei Einbruch der Dunkelheit zu beginnen. Angesichts der hektischen Geschäftigkeit des täglichen Lebens und der aufreibenden Terminkalender in der heutigen Zeit, die die meisten von uns haben, ist es wertvoller denn je, sich ein paar Minuten Zeit am Tag zu gönnen, um diese ruhigen, empfänglichen Energien auf sich zu lenken, indem man durch das linke Nasenloch atmet. Dazu setzen Sie sich auf einen Stuhl mit harter Rücklehne, entspannen sich in den Schultern und halten die Wirbelsäule gerade, oder Sie nehmen eine angemessene Yoga-Asana ein, falls Sie eine kennen. Sie können dabei auch stehen, wenn Sie zum Beispiel im Freien sind und diese Übung in einer natürlichen Umgebung durchführen möchten, die dafür der wirksamste Ort ist. Sie können sie täglich oder so regelmäßig wie möglich praktizieren, und Sie werden feststellen, daß sie in Ihrem Leben zu einem größeren Gleichgewicht und größerer geistigen Klarheit führt und Ihnen eine sanfte, aber eindeutige Dynamik in Ihrem Verhalten gegenüber allen Dingen verleiht.

Übung 16: Atmung durch das rechte Nasenloch

Diese Übung funktioniert im Zusammenwirken mit der vorhergehenden und sollte gleichermaßen regelmäßig praktiziert werden – es ist wichtig, daß Sie die eine nicht häufiger anwenden als die andere, es sei denn, Sie haben einen bestimmten Grund dafür, wie etwa eine Verstopfung in einem Nasenloch, die Sie durch Atmung durch das andere ausgleichen wollen. Sie können eine Stufe erreichen, auf der Sie anfangen, den Fluß der natürlichen Energien so gut zu verstehen, daß Sie wissen, was Sie jederzeit brauchen und sich dementsprechend entscheiden, ob Sie für eine bestimmte Zeit durch das rechte oder das linke Nasenloch atmen. Aber als allgemeine Regel gilt, daß Sie beide Übungen so gut wie möglich im Gleichgewicht halten.

Die Atmung durch das rechte Nasenloch ist alten Sanskrit-Schriften zufolge zur Nachtzeit zwischen Abenddämmerung und Tagesanbruch, die dem Sonnenfluß zugeordnet wird, wirksamer. Auf den ersten Blick betrachtet sollte es genau umgekehrt sein, aber die Yogis bezogen sich nicht auf die Zeiten, in denen Sonne und Mond sichtbar waren – sie waren damals als Decknamen für die positiven und negativen Pole der natürlichen Energie bekannt. Der positive Fluß, den Sie durch das rechte Nasenloch in sich aufnehmen, ist aktiver, zweckmäßiger und kreativer. Manche Menschen glauben felsenfest daran, daß sie nachts viel besser inspiriert sein können, und ein Grund dafür könnte darin liegen. Natürlich wird es davon abhängen, welchen Fluß Sie benötigen, entsprechend dem Gleichgewicht der Energien, das in Ihrem Geist und Körper zu jeder beliebigen Zeit vorliegt.

Wenn Sie die Atmung durch das linke und das rechte Nasenloch einige Minuten lang zu den empfohlenen Zeiten durchführen, werden Sie sich aufladen, indem Sie diesen in höchstem Maße dominierenden und wirksamen Energiefluß in sich hineinströmen lassen, und diese Energie wird bei Ihnen bleiben, um gegebenenfalls genutzt zu werden. Bitte vergessen Sie nicht, daß viele yogische Atemsysteme dazu auffordern, zu jeder Zeit die Atmung durch das linke, das rechte oder beide Nasenlöcher durchzuführen, und diesen Anweisungen sollten Sie zweifellos Folge leisten. Um höhere Bewußtseinszustände zu erreichen, werden Sie sich eines Systems bedienen müssen, das alle diese Aspekte vereinigt, aber die beiden hier vorgestellten Übungen können Sie auch praktizieren, um sich auf die natürlichen Energieströme einzustimmen und dadurch zu einer magnetischeren Person mit größeren Ressourcen der geistigen Kräfte zu werden, auf die Sie zurückgreifen können.

Übung 17: Den Atem anhalten

Diese Übung ist der andere wesentliche Bestandteil eines jeden Atemübungssystems und besitzt erstaunliche Eigenschaften, die die damit verbundene anscheinend einfache Ausführung bei weitem übersteigen. Sie wurde mit großer Ehrfurcht in Sanskrit-Schriften als *Kevala Kumbahka* bezeichnet, und es hieß, sie solle von sich aus imstande sein, erhabene Zustände von hohem Bewußtsein und tiefgehendem Gewahrsein der Einheit aller Dinge hervorzurufen. Sie muß behutsam praktiziert werden, zwanglos und ohne Anstrengung, aber wenn Sie ein schwaches Herz haben, mag es ratsam sein, diese Übung auszulassen.

Es war die Absicht der Yogis, den Atem so lange wie möglich zurückzuhalten, und es gab phantastische Demonstrationen, bei denen der Atem 30 Minuten oder noch länger zurückgehalten wurde. Vom Standpunkt des Alltagslebens aus wird diese Übung Sie aufladen, indem Sie natürliche magnetische Energien auf sich lenken und in sich bewahren, die dann wiederum Ihren Geist und Körper aufladen. Um eine wohlbekannte Werbung frei wiederzugeben: Sie erreichen die Teile von Ihnen, die andere Energien nicht erreichen können!

Bevor Sie den Atem anhalten, sollten Sie ein paar Minuten lang rhythmisch und harmonisch atmen. Dann holen Sie langsam, aber bestimmt und so tief wie möglich Atem. Dabei stellen Sie sich ein weißes Licht vor, das in Ihren ganzen Körper und das Energiefeld um Ihren Körper herum eintritt. Halten Sie den Atem so lange wie möglich und zwanglos an und atmen Sie behutsam aus – nicht so plötzlich wie eine Dampfmaschine, sondern in einer kontrollierten Weise ganz allmählich. Atmen Sie wieder einige Augenblicke rhythmisch ein und aus, bevor Sie erneut den Atem anhalten. Wiederholen Sie diesen Ablauf einige festgelegte Male, aber nicht zu oft – drei-, fünf- sieben- oder neunmal hintereinander wäre hervorragend; den numerologischen Schriften zufolge ist die ungerade Zahl für diese Art der mystischen Übung geeigneter.

In Gesprächen über kommende günstige Ereignisse oder Gelegenheiten hört man oft die Redewendung: »Halte lieber den Atem an« oder »Du brauchst den Atem nicht anzuhalten«. Wie bei so vielen Redensarten liegt auch dieser eine mystische Wurzel zugrunde. Sie halten den Atem an, um sich aufzuladen, so daß Sie diese Kraft später manifestieren können. Wenn jemand sagt: »Halte nicht den Atem an«, meint er damit (auch wenn er sich dessen wahrscheinlich nicht bewußt ist), daß ein bestimmtes Ereignis nicht eintreten wird, so daß man sich gar nicht erst bemühen sollte, sich als Vorbereitung aufzuladen. Das Zurückhalten des Atems ist eine höchst wirkungsvolle und symbolische Tätigkeit, die letzten Endes die endgültige Rückkehr zu einem vollkommenen überbewußten Gewahrsein bedeutet und einigen Glaubenssystemen zufolge die Vereinigung mit dem Göttlichen. Ob Sie diese Vorstellungen akzeptieren oder nicht, so wird diese Übung Sie ohne Zweifel mit natürlichen Energien aufladen, sofern Sie sie regelmäßig und völlig zwanglos anwenden.

Energiequellen

Sie können sich auch auf andere Weise mit natürlichen Energien aufladen – indem Sie Orte aufsuchen, die sie in wirksamer Weise enthalten. Wallfahrtsorte sind ein offenkundiges Beispiel dafür. Viele werden die Heilwunder bestätigen, die sie am römisch-katholischen Wallfahrtsort Lourdes, Frankreich, erfahren haben. Das liegt nicht nur an dem Ort selbst: Die unzähligen Tausende von Menschen, die ihn im Laufe der Jahre besucht haben, haben ihm Kraft durch ihren Glauben gegeben, und der in mentale Energie umgesetzte Glaube hat den Ort potenziert. Andere suchen uralte Stätten wie Stonehenge in Wiltshire oder die Pyramiden von Gizeh auf und bestätigen die von ihnen dort erfahrenen überragenden Kräfte als zutreffend. Auch hier wurde die mit diesen Orten assoziierte Energie durch die vielen Besucher über die Jahrhunderte hinweg potenziert.

Doch ein weiterer Umstand wirkt mit, der insbesondere für die Pyramiden gilt – die sogenannte Formenenergie. Es hat sich unter anderem herausgestellt, daß der Pyramidenform eigene kraftvolle Wirkungen innewohnen, indem sie auf bestimmte Weise natürliche Energien akkumuliert. 1973 richtete die Mankind Research Unlimited in Washington eine zentrale Datenbank für die Pyramidenforschung ein. Der zuständige Leiter Dr. Boris Vern führte Pilotexperimente mit etwa 25 cm hohen Plastikpyramiden durch. Er fand heraus, daß unter die Pyramiden gelegte rohe Eier in weniger als drei Wochen hart wurden und vertrockneten. Auf diese Eier plazierte Schimmelpilze wuchsen nicht, während Eier, die nicht unter den Pyramiden lagen, feucht blieben und einen empfänglichen Nährboden für verstärktes Schimmelpilzwachstum darstellten. Andere stellten fest, daß unter kleine Pyramiden gelegte Rasierklingen geschärft wurden, ein Prinzip, das kommerziell erfolgreich vermarktet wurde. Der einzige Grund für diese Resultate konnte in der Formenenergie der Pyramide gefunden werden, die von den alten Ägyptern zweifellos für viel höhere Zwecke als diese erfunden wurde.

Das Kreuz ist eine andere Form mit gewissen inhärenten Kräften, die von den religiösen Nebenbedeutungen im Christentum, dem es zeitlich vorausgeht, völlig abweichen. Die Form des Gebäudes, in dem Sie leben, wird Ihre Stimmung aufgrund der Schwingungen, die sie auf den Ort lenkt, beeinflussen. So gilt die Kuppel seit langem als eine dem Gottesdienst förderliche Form, nicht nur im Osten, denn es lassen sich auch im Westen Beispiele dafür finden, wie die St. Paul's Cathedral in London und der Petersdom in Rom.

Des weiteren werden moderne Wallfahrtsorte von Mitgliedern und Anhängern der Aetherius Society aufgesucht, die die Auffassung vertritt, daß seit 1958 weltweit neunzehn Berge mit besonderen kosmischen Kräften aufgeladen wurden. Weil diese Orte verhältnismäßig neueren

Datums sind, wurden einige von ihnen noch nicht so häufig aufgesucht, auch wenn sie alle bestiegen wurden – manche einige hundert Male. Man kann feststellen, daß die dort erfahrbaren natürlichen Energien nicht nur die Folge des Glaubens und der Überzeugung der Pilger sind, sondern einer eindeutigen, spürbaren Kraft. Skeptiker waren über ihre Erfahrungen auf diesen Bergen verblüfft.

Aber es ist nicht nur möglich, auf bestimmte Wallfahrtsorte einzuwirken, sondern auch allgemein auf Umgebungen, indem man bestimmten Teilen von Gebäuden für spezielle Zwecke Kraft verleiht. Diese Vorstellung ist beispielsweise ein Bestandteil des als Feng Shui bekannten Systems. Eine erfahrene Praktizierende fand dieses System so wirkungsvoll, daß sie seine Resultate zuweilen abschwächen mußte. Sie hatte mit Öffentlichkeitsarbeit zu tun und stellte eine schöne, große Pflanze in den Teil des Zimmers, den sie mit Ruhm assoziierte. Aber sie mußte die Erfahrung machen, daß diese Maßnahme so viele Anrufe von Journalisten in ihrem Büro bewirkte, daß sie nicht alle bewältigen konnte. Sie tauschte die Pflanze gegen einen Abfalleimer aus, worauf das Telefon sofort verstummte. Dieses Beispiel zeigt zweifellos auf, wie man Gebrauch von mentalen Energien mit außergewöhnlichen Ergebnissen machen kann.

Ein Gebiet, das sich wachsender Beliebtheit erfreut, ist die Kristallheilung, weil auch hier geglaubt wird, daß man sich auf verschiedenartige Weise mit Hilfe von Quarzkristallen aufladen kann. Es heißt, sie seien besonders für den Mond empfänglich, der ihr Energiefeld anregt. Wenn er von der Schwerkraft der Erde – wie es bei Vollmond der Fall ist – stärker angezogen wird, regt seine unmittelbare Nähe alle Magnetfelder an. Die dem Kristall innewohnenden elektromagnetischen Eigenschaften werden in solchen Zeitabschnitten verstärkt und senden wirksame Kräfte aus, die einigen zufolge als starker Druck am Schädel gespürt werden können.

Bei der Kristallheilung wird die Fähigkeit von Quarz genutzt, um natürliche Energien auf sich zu richten, so daß man von ihm bei Bedarf Gebrauch machen kann. Jedoch ist dieser Bereich noch sehr experimentell, und es gibt noch viel darüber zu lernen, wie man die magnetische Energie vom Quarzkristall speichern und freisetzen kann. Viele Praktizierende bestätigen eindeutig, daß Kristalle für magnetische Energien nützlich sind und sich auf die natürlichen Schwingungen einer Umgebung auswirken können.

Aus dem Studium dieser Phänomene wird Ihnen allmählich bewußt, daß im Grunde das ganze Leben zu einem Ritual werden kann, bei dem Sie die natürlichen Energien, die Sie brauchen, anrufen und auf sich lenken. Wenn bestimmte Kleidungsstücke eine besondere Bedeutung für Sie haben und Sie sie nur zu diesem Zweck tragen, werden sie an Kraft für Sie gewinnen. Falls Sie zum Beispiel Kleidungsstücke speziell für Übungen für das Bewußtsein und Überbewußtsein benutzen, werden sie diese Energien auf sich lenken. Bei den Übungen getragen, wird es Ihnen sehr viel leichter fallen, sich automatisch in den Gemütszustand hineinzufinden, in dem Sie bei den Übungen sein wollen; sie werden mit den richtigen Energien durchdrungen sein.

Dieses unermeßliche Meer der natürlichen Energie, in dem wir alle leben, wartet nur darauf, erschlossen zu werden. Niemand von uns nutzt es so voll und ganz, wie es uns möglich wäre. Es ist etwas, das Sie nur durch Praxis entdecken können. Wenn Sie anfangen, sich der natürlichen Energieflüsse, in denen wir alle existieren, bewußt zu werden und sie immer häufiger auf sich zu lenken, werden Sie den Unterschied spüren. Sie werden in höherem Maße magnetisch sein, und dann werden Sie in der Lage sein, Kräfte sowohl auf andere als auch auf sich selbst auszustrahlen, viel stärker, als sie es je zuvor getan haben.

Kraft auf andere ausstrahlen

Es ist nicht nur sehr wichtig, die Wirkung, die die Energie auf uns ausübt, zu kontrollieren, sondern auch, die durch uns selbst ausgestrahlte Energie vorher zu bestimmen, so weit uns das möglich ist. Das trifft besonders dann zu, wenn Sie anfangen zu erkennen, was Buddha folgendermaßen zum Ausdruck brachte: »Auf jedes Handeln erfolgt eine gleiche und entgegengesetzte Reaktion«. Mit anderen Worten, welche Energie wir auch weitergeben, sie wird dazu führen, die gleiche Art von Energie zu uns zurückzubringen.

Geben und empfangen

Das läßt sich leicht im Alltagsleben erkennen. Wenn eine Person Aggression auf eine andere ausstrahlt, zieht sie fast immer Aggression auf sich zurück. Nirgendwo sonst zeigt sich das im allgemeinen deutlicher als im Straßenverkehr. Wenn ein Fahrer auf einen anderen flucht, wird er sehr wahrscheinlich eine Verwünschung zurückbekommen, während einem höflichen Fahrer mit größerer Wahrscheinlichkeit ein Winken als Ausdruck der Anerkennung oder, wenn Sie so wollen, einer guten Schwingung, zuteil wird. Welche Schwingungen Sie auch immer in das Meer der Energie um sich herum weitergeben, es läuft darauf hinaus, daß sie auf Sie zurückwirken.

Die Hindus nannten diesen Vorgang das Gesetz des Karma. Unglücklicherweise verbinden zu viele Menschen nur negative Bedeutungen mit Karma. Wenn jemand von »sich Karma aufladen« spricht, meint er normalerweise etwas Negatives. John Lennons Lied »Instant Karma«, das zwar seinerzeit sehr revolutionär war, ist ein Inbegriff dieser negativen Betrachtungsweise, indem es Karma als eine rächende Kraft darstellt. Die Damoklesschwert-Vorstellung vom Göttlichen Gesetz ist wirklich nicht hilfreich zum Verständnis und manipuliert einen im Grunde sehr natürlichen Prozeß. Wenn Sie negative Energie in das Meer des Geistes aussenden, werden Sie negative Energie auf sich zurücklenken, aber wenn Sie positive Energie aussenden, werden Sie diese zurückerhalten und ein Ihnen zugängliches Kraftwerk erschaffen, das sich ewig vermehrende Energie erzeugt.

Bei dem neutestamentarischen Gleichnis von den acht Talenten geht es eigentlich darum – nicht einfach nur darum, Geld zu investieren, auch wenn das eine Form von Energie ist. Sie müssen alle Energie aufbringen und sie für sich arbeiten lassen, und dann wird sie sich potenzieren und sich immer mehr ansammeln. Dazu strahlen Sie sie nach außen aus und versuchen nicht, sie für sich allein zu horten. So abgedroschen es sich auch anhören mag, aber wenn Sie aufrichtig lächeln, senden Sie einen positiven Energiestrahl in Richtung der Person, die Sie anlächeln. Darauf reagiert diese auf einer mentalen Ebene, und Sie geben nicht nur ihr, sondern auch sich selbst Kraft. Wenn Sie düster dreinschauen, erschöpfen Sie sich selbst und erhalten als Reaktion nichts zurück. Von der mentalen Energie her handelt es sich dabei um einen rückläufigen Kreislauf der energetischen Wechselwirkung und nicht um einen akkumulierenden.

Dr. George King vergleicht die Funktion des Geistes mit einem Nadelkissen. Wenn Sie einen Gedanken aussenden, stecken Sie eine Nadel in das Kissen. Die Nadel wiederum hinterläßt ein Loch in dem Kissen, wodurch es für dieselbe Nadel (denselben Gedanken) viel einfacher ist, diese Position wieder einzunehmen. Mit anderen Worten, die Gedankenprozesse im Gehirn laufen gewohnheitsmäßig ab, und Sie neigen dazu, das auf sich zu lenken, was Sie auf sich zu lenken pflegen. Das gleiche läßt sich auf Ihre zwischenmenschlichen Beziehungen anwenden: Wenn Sie eine andere Person sehr schlecht behandeln, wird sie nicht herzlich auf Sie reagieren. Das trifft ebenfalls auf unsere Beziehung zur Umwelt zu. Wenn wir damit fortfahren, die Umwelt zu verschmutzen, was eine Folge einer gedankenlosen Betrachtungsweise unsererseits ist, wird sie sich verschlechtern und schließlich mit allen möglichen kataklystischen Auswirkungen reagieren.

Wenn Sie jedoch, um die positive Seite aufzuzeigen, die Fähigkeiten anderer anerkennen (was nebenbei bemerkt, etwas ganz anderes ist als ihnen zu schmeicheln), wird das eine Wertschätzung Ihrer eigenen Fähigkeiten zur Folge haben. Würde die ganze Gesellschaft auf einem Netzwerk der gegenseitigen Anerkennung der Fähigkeiten des anderen basieren und nicht auf einer konkurrenzorientierten, zerstörerischen, negativen Betrachtungsweise zwischen den Völkern der Welt, dann würde die Gesellschaft als Ganzes betrachtet wachsen und gedeihen.

Liebesenergie

All dieses ist im Grunde ein Ausdruck der zeitlosen Energie, die wir Liebe nennen. Sie müssen kein Heiliger sein, um Liebe auszustrahlen, aber Sie werden an ihr arbeiten müssen, sie kommt nicht immer auf natürlichem Wege. Meiner Ansicht nach wird heutzutage der Schwerpunkt übermäßig stark auf persönliche Ethik gelegt und bei weitem nicht genug auf globale Ethik. Natürlich sollten wir alle danach streben, die höchsten Ideale unserer gewählten Moral, ethischen oder religiösen Kodexe in unserem Privatleben zu verwirklichen. Wenn wir das nicht können, werden wir außerstande sein, einen hohen Grad an Ethik in unseren öffentlichen Belangen aufrechtzuerhalten. Aber nahezulegen, daß das private Verhalten eines Menschen wichtiger sei als seine globalen Belange, ist unrealistisch – es ist genau umgekehrt.

Die New-Age-Bewegung ist für viele Menschen verwirrend, was verständlich ist in Anbetracht der vielen verschiedenen zum Ausdruck gebrachten Ansichten, von denen manche im Grunde überhaupt nichts mit ihr zu tun haben. Der Schwerpunkt im Neuen Zeitalter wird in erster Linie keineswegs auf persönlicher Entfaltung oder privaten Beziehungen und privater Ethik liegen, sondern auf globalen Belangen und einhergehen mit dem Zusammenbruch der Schranken zwischen Völkern, Kulturen und Religionen, der Beseitigung von Klassenbewußtsein und Rassendiskriminierung, der Durchsetzung der Rolle der Frau als einer Kraft, die gleichermaßen wichtig ist für die Verbesserung der Welt wie die des Mannes. Vor allem wird es im Neuen Zeitalter darum gehen, Liebe auf alle Menschen auszustrahlen. Es wird nicht nur darum gehen, bloß seine eigene Familie zu lieben, was schließlich sehr einfach ist. Es ist viel schwieriger, Liebe auf jene auszustrahlen, denen Sie noch nie begegnet sind, auf jene, die wahrscheinlich in weit größerer Not sind als Ihre eigenen engen Verwandten und Freunde.

Diese Austrahlung von Liebe muß auf vielen Ebenen zum Ausdruck gebracht werden. Manche würden sagen, daß es keine rein mentale Sache sei, womit sie recht haben. Der Geist in seinem umfassendsten Sinn geht über das Gehirn und die Vernunft hinaus und erstreckt sich auf unser ganzes Sein. Mystische Lehren aus dem Osten und dem Westen berufen sich auf die Existenz von *Chakras* oder übersinnlichen Zentren in der menschlichen Aura. Es gibt viele dieser Zentren, aber sieben spielen eine besonders wichtige Rolle: Basiszentrum am Steißbein, Sexualzentrum, Solarplexus-Zentrum, Herzzentrum, Kehlzentrum, Christuszentrum (oder Drittes Auge) zwischen den Augenbrauen und das Scheitelzentrum oberhalb des Kopfes. Sie sind allesamt in der Aura lokalisiert, dem Energiekörper um den physischen Körper herum, und Zentren mentaler Energie, die sich auf den Ausdruck unserer Gedanken und Gefühle auswirken.

Ob Sie nun Konzepte wie diese akzeptieren oder nicht, Sie fangen an zu erkennen, daß der Geist eine Form von Energie ist, die Ihr ganzes Sein umgibt. Indem Sie Liebe für alles Leben ausstrahlen, bewirken Sie allmählich eine Balance in der Funktion Ihres ganzen Seins und eine Reinigung der Kanäle, durch die die mentale Energie fließt.

Wie lernen Sie also, dieses Gefühl der Liebe für andere zu entwickeln? Zu diesem Zweck wird die Übung 18 (s. S. 178) sehr wertvoll sein.

Im vorhergehenden Kapitel wies ich auf die universalen, die gesamte Schöpfung durchdringenden Lebenskräfte hin. Liebe ist die Energie, die diese Kräfte mäßigen und formen wird, die Schwingung, die mit ihnen in einem Zyklus von Gedankenwellen fließt. Alle Energie bewegt sich in Wellen oder Zyklen, und Gedanken bilden keine Ausnahme.

Wenn Sie Gedanken lediglich als eine andere Form von Energie ansehen, sind Sie in der guten Lage, damit anzufangen, sie zu kontrollieren. Diejenigen, die meinen,

Übung 18: Einem Menschen Liebesenergie senden

Wenn Sie im Beisein eines Menschen sind, der entweder irritierend auf Sie wirkt oder Hilfe braucht, können Sie einen Schritt weitergehen als die Übung zum Selbstschutz (Übung Vierzehn). Dieses Mal ziehen Sie beim Einatmen das weiße Licht nicht einfach in sich hinein, sondern strahlen es beim Ausatmen wieder aus. Beim Einatmen lassen Sie ein weißes Licht in Ihr ganzes Sein hineinströmen, so daß es Sie erfüllt und umgibt und vor unerwünschten Schwingungen schützt. Beim Ausatmen strahlen Sie dieses weiße Licht auf die andere Person aus und versuchen vor allem, eine gewisse Liebe für ihn oder sie zu empfinden. Diese Liebe sollte nicht emotional oder sentimental und bestimmt nicht unehrlich sein. Sie sollten nicht vorgeben, daß ein Mensch jemand sei, der er in Wirklichkeit nicht ist, um ihn leichter lieben zu können. Es sollte eine Art unpersönliche Liebe für alles Leben sein, eine beschützende, bewahrende, heilsame Liebe, die sich wirklich das Beste für diese Person wünscht, und nicht mehr als das. Sie visualisieren, wie sich dieses Licht von Ihnen zu der Person bewegt, und senden Ihr Liebesenergie. Sie sollten nicht versuchen, ihre Meinung zu ändern oder sie dazu zu bringen, etwas zu tun, was sie Ihrer Ansicht nach tun sollte, denn das wäre ein Eingriff auf ihren freien Willen, also negative Magie, die auf Sie zurückfallen wird. Senden Sie ihr einfach Ihre Liebe.

daß ihre Gedanken und Gefühle ihre Kontrolle überschreiten, irren sich gewaltig. Wie verbessert wäre ihr Leben, wenn sie erkennen könnten, daß wir Herr unseres Geistes sind. Wie wir gesehen haben, ist die Praxis der Affirmation einer der Wege, um dahin zu kommen, Kontrolle über seine Gedanken und Gefühle zu gewinnen. Sie sollten eine in jeder Hinsicht positive und das von Ihnen gewünschte Resultat bejahende Aussage wortgetreu entweder still oder laut wiederholen. Die weiter oben erwähnte berühmte Affirmation, »Jeden Tag geht es mir in jeder Hinsicht immer besser«, die bei so vielen Menschen funktioniert, ist eine vom Bewußtsein gegebene Erklärung, die darauf vom Unterbewußtsein registriert wird, das wiederum ihre Realisierung bewirkt.

Geheilte Alkoholiker sind sich in einer Sache einig: sie gelangten in ihrem Leben an einen Punkt, an dem sie sich im Grunde ihres Herzens entschlossen, sich zu ändern. Manchmal fühlten sie sich schuldig für das Übel, das sie anderen antaten, manchmal wollten sie wirklich ihr Selbstwertgefühl wiederherstellen, manchmal waren es nur schwere körperliche und geistige Qualen. Aber was auch immer es war, an einem Punkt trafen sie eine Entscheidung, einen Entschluß, daß sie diese Schwäche überwinden würden. Von dem Augenblick an pflanzten sie einen Gedanken in ihr Gehirn, der ihrem Unterbewußtsein die Möglichkeit gab, mit ihm zusammenzuarbeiten; die Räder, wenn Sie so wollen, wurden für die Genesung in Bewegung gesetzt. Natürlich mußten den Weg entlang enorme Anstrengungen auf sich genommen werden, aber sobald dieser Entschluß gefaßt war, wurde es möglich.

Dieses Prinzip trifft auf alle Dinge zu. Ich glaube, daß diejenigen von uns, die in den Spiegel sehen und ihr Spiegelbild nach der Lektion der Liebe beurteilen, wie sie beispielsweise von Jesus Christus, Buddha, Gandhi, Schweitzer und anderen großen Persönlichkeiten demonstriert wurde, ehrlich genug sind und zugeben, daß wir hinter ihr erheblich zurückbleiben. Das ist nichts, wofür man sich unnötigerweise schämen sollte, sondern es ist etwas, das wir ändern können, wenn wir es wollen.

Die Übung 19 ist eine Affirmation, mit deren Hilfe Sie die Liebe in Ihrem Leben verstärken können.

Übung 19: Affirmation zur Liebe

Wiederholen Sie mit viel Gefühl entweder laut oder leise die folgenden Worte: »Ich will die Energie der Liebe auf alles Leben ausstrahlen.« Bei jeder Affirmation ist es unbedingt erforderlich, einen Entschluß für die Zukunft zu fassen und nicht vorzugeben, man habe etwas bereits erreicht. So sollten Sie beispielsweise nicht sagen: »Ich strahle immer Liebe aus«, weil das nicht zutreffen würde. Sie können jedoch sagen: »Ich werde Liebe ausstrahlen«, weil sich dieser Entschluß auf die Gegenwart und die Zukunft bezieht. Einige ziehen es vor, die Affirmation laut auszusprechen, und andere sagen sie lieber still im Geiste auf. Falls Sie im Zweifel sind, würde ich Ihnen empfehlen, sie in den Anfangsstadien laut zu sprechen, weil die meisten Menschen sich leichter auf das gesprochene Wort konzentrieren können. Vielleicht sehen Sie sich jedoch Bedingungen ausgesetzt, unter denen Sie sie nicht laut aufsagen können, und in dem Fall können Sie sie sicherlich leise vor sich hin sagen.

Führen Sie diese Übung mindestens einige Minuten lang durch. Sie kann fast überall praktiziert werden, aber es liegt auf der Hand, daß Sie sich nicht an ihr versuchen sollten, wenn Sie gerade Auto fahren oder mit einer anderen fordernden Aufgabe befaßt sind, die Ihrer Konzentration bedarf. Durch diese Übung werden Sie allmählich Ihre natürliche Ausstrahlung der Liebesenergie verstärken.

Sie können sich dazu entschließen, die Liebesenergie umfassender in Ihrem Leben einzusetzen, und wenn Sie das tun, werden Sie dazu beitragen, einen Trend in die Wege zu leiten, indem Sie Samen säen, die später erblühen werden. Negatives Denken, das eine negative Schwingung ausstrahlt, wird früher oder später auf Sie zurückfallen. Es ist rückläufig und endet schließlich mit metaphorischen Tränen. Aber positive Energie, die Liebe ist, sät die Samen des Wachstums. Aus ihnen bilden sich neue Samen und so vermehrt sie sich, indem sie sich durch die Wechselwirkung mit anderen selbst erzeugt, die diese Energie von Ihnen wissentlich oder unwissentlich erhalten und sich ebenfalls beflügelt fühlen, Liebe auszustrahlen. Schließlich gefällt uns allen die Liebe. Sie ist schön, sie ist anziehend, wir wissen im Grunde unseres Herzens, daß sie richtig ist. Wenn Sie Menschen in einer feindseligen Umgebung sehen, wie etwa eine Straßenbande, die fest entschlossen ist, eine andere Straßenbande zu bekämpfen, sind beide Teile nicht glücklich, auch wenn möglicherweise gespielte Tapferkeit, geschürt von Egoismus und Haß, vorhanden ist. Aber sehen Sie sich Menschen an, die in Harmonie leben und Liebe ausstrahlen; sie sind in Frieden und erfreuen sich an sich selbst. Liebe ist der natürliche Weg.

Mit Hilfe der Übung 20 können Sie die Liebesenergie in Ihrem Leben und folglich auch im Leben anderer verstärken. Sie können sie, wenn Sie möchten, nach der Affirmation zur Liebesenergie praktizieren – sie wird sich ihr perfekt anschließen.

Übung 20: Der Welt Liebesenergie senden

Nehmen Sie wie gewöhnlich in einer bequemen Haltung Platz. Für diese Übung legen Sie sich nicht auf den Rücken, da Sie nicht schläfrig werden wollen. Atmen Sie einige Male tief durch, um Ihren Geist zu mobilisieren, und wählen Sie eine Situation aus, in die Sie auf keinen Fall innerlich involviert sind. Es sollte sich um eine Notsituation handeln, etwa ein Kriegsgebiet, ein Erdbebengebiet, ein Krankenhaus oder eine Friedensverhandlung. Sie kann in höherem Maße ortsbezogen sein, aber es sollte keine Situation sein, in der Sie unmittelbar emotional durch Verwandte oder Freunde betroffen sind, insbesondere nicht in den Anfangsstadien der Ausübung.

Wenn Sie an diese Situation denken, visualisieren Sie keinen der betroffenen Leidenden; denken Sie nur über die Situation im allgemeinen in einer rein abstrakten Weise nach. Sie dürfen bei Ihren Gedanken negativen Bildern keine Macht verleihen, sondern sollen lediglich die Situation mental identifizieren. Je unpersönlicher Sie bei dieser Übung sein können, um so besser, weil Sie dann lernen werden, willentlich Liebe auszustrahlen.

Wenn Sie Ihre Situation identifiziert haben, fangen Sie an, folgendermaßen Liebe auf sie auszustrahlen. Stellen Sie sich den geographischen Standort vor – vielleicht eine Stadt, in der gerade eine Friedensverhandlung stattfindet, oder sogar ein Gebäude in dieser Stadt. Ein Kriegsgebiet beispielsweise könnten Sie sich auf einer Landkarte vorstellen. Jetzt visualisieren Sie, daß dieser Ort mit weißem Licht erfüllt, erhellt und emporgehoben wird, und versuchen Sie, in Ihrem Herzen echte Liebe, echte Anteilnahme, echtes Mitgefühl für alle von dieser Situation betroffenen Menschen zu empfinden. Versuchen Sie das nicht allzu lange, nur für ein paar Minuten, und hören Sie dann auf. Und wenn Sie aufhören, distanzieren Sie sich ganz und gar davon. Verweilen Sie nicht dabei, lassen Sie die Vorstellung los.

Diese Übung wird bei Ihnen zweierlei bewirken. Erstens: sie wird anfangen Sie zu lehren, willentlich Liebe auszustrahlen. Zweitens: sie wird eine positive Veränderung im Meer des Geistes herbeiführen, die sich auf diese Situation auswirken wird. Schließlich haben Sie einen Lichtstrahl in den mentalen Gürtel, der die mentale Substanz der Welt ist, eingebracht, und dieser Lichtstrahl muß eine Wirkung nach sich ziehen. So wie Wut eine Wirkung auf den mentalen Gürtel der Welt haben muß, geht auch von der Liebe, wenn nicht sogar in höherem Maße, eine eindeutige Wirkung aus. Die Übung kann nur Gutes bewirken.

Wenn Sie mitten in der Übung bemerken, daß Ihr Geist vom Thema abschweift, bringen Sie ihn zurück; dann werden Sie anfangen, Kontrolle über die Ausstrahlung Ihrer Liebesenergie zu gewinnen. Rücken Sie ihn immer wieder in den Brennpunkt der Konzentration der Übung und beweisen Sie Ihrem Unterbewußtsein, daß Sie jetzt die Richtung der mentalen Energie bestimmen.

Energie ausstrahlen

Eines ist sicher: Der Ausstrahlung von Gedanken und insbesondere von Liebesenergie wohnt eine große Kraft inne. Wenn Sie Ihren Geist auf einen bestimmten positiven Brennpunkt konzentrieren und dabei echtes Gefühl aufbringen, können Sie metaphorisch gesprochen Berge versetzen. Ohne Zweifel können Sie einen Wandel in Ihrer Umgebung und großen Gewinn für andere wie auch für sich selbst herbeiführen. Sie werden feststellen, daß Tiere die Ausstrahlung von Energien außerordentlich zu schätzen wissen, die oft direkt darauf ansprechen. Auch auf Pflanzen hat sie eine machtvolle Wirkung. Ihre Wachtumsmuster verbessern sich, wenn ihnen positive Energie gesendet wird.

Indem Sie natürliche Energien nach außen ausstrahlen, werden Sie nicht nur die Atmosphäre zum Guten verändern und das Leben Ihrer Mitmenschen aufleuchten lassen, sondern Sie werden noch etwas anderes in Ihr Leben einbringen. Außer einer größeren persönlichen Kraft werden Sie auch ein ausgeprägteres Zielbewußtsein und einen ausgeprägteren Orientierungssinn als zuvor haben. Wenn diese motivierende Kraft in die richtigen Kanäle gelenkt wird, werden Sie wie nie zuvor in der Lage sein, die Tür zum Überbewußtsein zu öffnen.

Der Schlüssel zur Selbstmotivation

Untersuchungen haben gezeigt, daß Menschen, die philanthropische oder humanitäre Aktivitäten in ihr Leben einbeziehen, ohne dafür eine persönliche Belohnung zu erhalten, mit größerer Wahrscheinlichkeit glücklicher und erfüllter sind als diejenigen, die sich nicht engagieren. Bei Personen, die ein rein selbstsüchtiges Leben führen, sind Depressionen viel häufiger zu verzeichnen als bei jenen, die an altruistischen Aktivitäten teilnehmen. Der Grund dafür ist naheliegend. Es gibt nichts Befriedigenderes als das Gefühl, etwas Lohnendes zum Wohle anderer erreicht zu haben. Selbstsüchtiges Schwelgen kann auf kurze Sicht sehr angenehm sein, aber es führt dazu, daß Sie immer mehr für sich selbst haben wollen. Taten der Tapferkeit, der Wohltätigkeit und der Nächstenliebe bieten eine dauerhafte Belohnung.

Auch wenn sich das alles wie fromme Gemeinplätze anhören mag, so ist es doch unentbehrlich für ein umfassendes Verständnis der wahren Motivationen hinter Ihren geistigen Impulsen. Schließlich ist es die Motivation, die der Schlüssel dazu sein wird, das volle Potential Ihres Geistes zu manifestieren. Allen Menschen wohnt ein Drang inne, etwas zustande zu bringen – Beruf, Familienleben, sportliche Aktivitäten, soziales Leben oder humanitäre Aktivitäten. Wir müssen uns entscheiden, wo wir unsere Energien einbringen wollen und dann die Motivation dazu entwickeln.

Lebenszweck

Im Berufsleben findet man Befriedigung, die von einer gut erledigten Aufgabe herrührt. Sie wissen, daß Sie eine Dienstleistung erbracht haben, was Ihnen ein Gefühl des Wertes und der Bedeutung vermittelt; und dieses Gefühl trägt dazu bei, Ihrem Leben eine größere Zielstrebigkeit zu geben. Natürlich gibt es Menschen, deren einzige Motivation darin besteht, Geld zu verdienen, und denen das Wie eher gleichgültig ist. Solche Menschen werden jedoch nicht den gleichen Seelenfrieden finden, der vom Dienst an anderen herrührt. Der Wunsch nach Erwerbungen wird nie gestillt.

Viele Menschen lassen ihre Gebernatur ausschließlich ihren Familien zukommen. Nicht nur Eltern, sondern auch Brüder, Schwestern, Kinder und andere Verwandte können enorm viel Zeit und Energie bei dem Versuch aufwenden, Angehörigen ihrer Familie auf die eine oder andere Weise zu helfen. Solche Bemühungen sind zweifellos wichtig, aber Sie irren sich, wenn Sie denken, daß Ihre Verantwortlichkeiten an diesem Punkt aufhören. Der innere Drang zu dienen geht über die Familiengemeinschaft hinaus. Heute sind wir uns der globalen Bedingungen viel bewußter, und mit dieser Bewußtheit geht ein wachsendes Verantwortungsgefühl für das Leiden anderer einher, ob es nun Verwandte oder Landsleute von uns sind oder nicht. Das ist eine positive Entwicklung und eine, die der Prophezeiung vieler zufolge bei Anbruch des neuen Jahrtausends stattfinden sollte: Eine Zeit des globalen Bewußtseins und des Erkennens, daß wir mit allen Menschen verbunden sind, ob sie nun auf der anderen Seite der Welt leben oder nebenan im Nachbarhaus.

Dieses Bewußtsein von unserer Beziehung zu anderen ist nicht nur Altruismus. Sobald Sie erkennen, daß ein mentaler Gürtel von Energien um den Planeten herum existiert, wird Ihnen auch bewußt, daß wir uns alle gegenseitig beeinflussen. Der vielleicht belastendste Aspekt des modernen Lebens ist das Wissen um die Bedrohungen, die uns alle in Mitleidenschaft ziehen. Die Existenz der potentiell tödlichen Atomwaffen ist keine isolierte politische Angelegenheit zwischen den Führern von Weltmächten, sondern betrifft uns alle unmittelbar. Terrorismus ist nicht nur etwas, von dem wir hören, er ist eine willkürliche Kraft des Unheils, die jedem aufgebürdet werden kann. Demzufolge ist das Kooperieren mit einer Kraft für das Gute in der Welt nicht nur ehrenwert, sondern es ist auch ein Schlüssel zur Selbstmotivation.

Wie viele Menschen sehen sich abends die Nachrichten im Fernsehen an und empfinden ein Gefühl der Trostlosigkeit und Nutzlosigkeit? Aber zugleich nehmen die Reaktionen, leidenden Opfern in den vom Krieg, von Orkanen, Erdbeben und Überschwemmungen heimgesuchten Gebieten zu helfen, weltweit zu. Indem sie etwas daran tun, erleichtern Menschen ein gequältes Gewissen; sie folgen einem natürlichen angeborenen Trieb, und auch wenn es ihre Sorge nicht zerstreut, so gibt es ihnen doch einen größeren Seelenfrieden.

Das alte Streben nach Frieden ohne Rücksicht auf andere muß zwangsläufig in seiner Dauerhaftigkeit begrenzt sein. Trotz der Tatsache, daß viele, die Meditation fern von der Menschheit und ohne Rücksicht auf andere verteidigen, sagen, daß sie dadurch allen Menschen indirekt helfen, reicht das in der heutigen Zeit nicht aus. Der Mensch muß direkt dienen; er muß am Weltprozeß teilnehmen, und dadurch wird er anfangen, sein inneres Potential freizusetzen. Sie erfahren ein höheres Maß an Inspiration, innerer Zufriedenheit und Selbstwert durch den Dienst an anderen.

Natürlich müssen Sie gleichfalls nach wie vor an der Verfeinerung Ihres Selbst arbeiten, wenn Sie eine höhere Ebene der Geisteskraft erreichen wollen. Der Drang nach persönlicher Errungenschaft, wie er beispielsweise bei hervorragenden Athleten zu finden ist, ist wunderbar anzuschauen. Ihr unnachgiebiges Streben nach vorzüglicher Leistung ist lobenswert. Die Tatsache, daß sie Millionen Zuschauern Freude und eine gewisse Aussicht auf das menschliche Potential bringen, trägt ohne Zweifel zu der Befriedigung bei, die sie aus ihrem Beruf ziehen. Seit einiger Zeit kommt immer stärker die Motivation hoher Geldsummen hinzu, und man kann durchaus die Meinung vertreten, daß dieser Aspekt viel dazu beigetragen hat, den Geist der sportlichen Aktivitäten zu schmälern. Mit den unangemessen hohen Geldbeträgen, die in andere Hände übergehen, geht ein erhöhtes Maß an Gewalt und aggressivem Konkurrenzverhalten einher. Das war nicht so sehr der Fall, als Sport um seiner selbst und um derer willen, die zusahen, betrieben wurde.

Wenn Sie die Anwendung der Geisteskraft in Ihrem ganzen Leben untersuchen, wird Ihre Motivation absolut entscheidend sein, ob es nun um die Stärkung des Gedächtnisses geht, um verbesserte Konzentration oder um die zunehmende Fähigkeit, höhere Aspekte des Geistes zu erschließen. Sie werden feststellen, daß Ihre inspirierenden und intuitiven Fähigkeiten um so zugänglicher sein werden, je altruistischer Ihre Motivation ist, da sie besser auf diese Einstellung ansprechen.

Seine Bestimmung finden

Der große chinesische Weise Lao Tse sagte: »Sich zum Schicksal kehren heißt: ewig sein. Das Ewige kennen heißt: erleuchtet sein.« Mit anderen Worten, der Schlüssel zum erfolgreichen Leben liegt darin, daß Sie Ihre wahre Bestimmung erkennen, und wenn Sie dazu imstande sind, werden Sie die Fähigkeit zur Einsicht und Weisheit besitzen. Es geht gar nicht so sehr darum, wie bedeutsam das Lebenswerk einer Person ist, sondern es zählt eher, ob es sie erfüllt. Man kann Prominente in hervorragenden Positionen finden, deren Stellung im Leben sie im Grunde nicht erfüllt. Vielleicht war es ihnen bestimmt, andere Bereiche der persönlichen Errungenschaft und des Dienstes in ihrem Leben einzuschließen. Anderen Menschen wiederum kann es an Ehrgeiz mangeln, und sie schaffen es nie, dorthin zu kommen, wozu sie fähig wären. Viele geben sich mit einem sogenannten »gewöhnlichen Leben« zufrieden, das sie in Wirklichkeit nicht ausfüllt. Die Frage ist nicht, was Sie tun, sondern ob Sie sich selbst verwirklichen. Manchmal fühlen Sie sich zu etwas berufen, von dem Sie wissen, daß es Ihnen bestimmt ist. Folgen Sie diesem Ruf. Nur dann wird Ihr volles geistiges Potential geweckt werden. Bis dahin wird eine gewisse unterbewußte Frustration oder eine innere Stimme Ihnen sagen, daß die Dinge falsch laufen, und Sie wissen wirklich nicht warum.

Seine Bestimmung zu finden ist nicht unbedingt kompliziert, es ist alles nur eine Frage der Selbstanalyse. Die meisten Menschen wissen in ihrem Inneren, wofür sie geschaffen sind, welche ihre wahren Neigungen sind – diejenigen, die zählen – aber welche es auch sein mögen, es wird ihnen nicht umfassend gelingen, solange sie völlig selbstsüchtig sind. Allen Menschen wohnt ein natürlicher Drang der Seele, wenn Sie so wollen, einen Beitrag zu leisten, inne. Das ist sogar bei gebesserten Kriminellen ersichtlich, die, wenn sie sich wirklich verändern, sagen, daß sie zum ersten Mal ein Gefühl für den eigenen Wert und der Nützlichkeit empfinden. Auch das gehört zur Ausdrucksform des Geistes.

Gewöhnliche Menschen gibt es eigentlich nicht – wir alle sind auf die eine oder andere Weise außergewöhnlich. Politiker rühmen gern »den Mann auf der Straße«, weil sie auf eine solche Person angewiesen sind, um Wahlstimmen zu bekommen. Sie rühmen gern die sogenannten »gewöhnlichen Werte«, weil sie glauben, daß sie für diese Schmeichelei bei der nächsten Wahl belohnt werden. Diese sogenannten gewöhnlichen Leute andererseits haben keine hohe Meinung von Politikern, wie wir unzähligen Meinungsumfragen entnehmen können. Vielleicht liegt der Grund darin, daß Politiker an die falschen Qualitäten in uns appellieren. Vielleicht wollen Menschen nicht dazu ermutigt werden, ein »gewöhnliches Leben« zu führen, sondern möchten zu größeren Dingen aufgefordert werden. Einer der populärsten Politiker in der Geschichte Großbritanniens war Sir Winston Churchill, der ständig an die Menschen appellierte, die Größe in ihrem Leben ans Tageslicht zu bringen, nicht bei profaner Gewöhnlichkeit zu verharren – sich der Lage gewachsen zu zeigen.

Dieser Drang, Weltereignissen seinen Stempel aufzudrücken, ist bezeichnend für den Trieb, sich über gewöhnliche Werte hinaus zu etwas Größerem emporzuschwingen, zu etwas Nachhaltigerem für die Welt als Ganzes. Dieser Teil des Geistes wird sehr stark vernachlässigt. Psychologen beziehen sich oft auf grundlegende Triebe wie den Sexualtrieb, aber wie oft hören Sie sie über altruistische Triebe reden, die ebenfalls vergraben sein können, sofern sie nicht entwickelt und ans Tageslicht gebracht werden? Wenn Sie anfangen, Dienst an anderen in der von Ihnen gewählten Weise zu leisten, werden Sie eine unerreichte Erfüllung finden, und dies wiederum wird Ihnen helfen, Ihre latenten geistigen Kräfte zu nutzen.

Sich auf Geistesgröße konzentrieren

Eine Möglichkeit, um die altruistische Seite Ihres Charakters zu entwickeln beziehungsweise tatsächlich jede Fähigkeit, die Sie zur Entfaltung bringen möchten, besteht darin, Ihre Aufmerksamkeit auf einen Lieblingshelden oder eine Lieblingsheldin zu konzentrieren. Beispielsweise bewundern die meisten von uns Persönlichkeiten wie Dr. Albert Schweitzer, Mutter Theresa aus Kalkutta und andere Heilige, die ihr Leben in den Dienst an ihren Mitmenschen gestellt haben. Wir können noch einen Schritt weitergehen und Namen wie Jesus Christus, Buddha, Sri Krishna und andere spirituelle Größen erwähnen. Indem wir uns auf solche großen Persönlichkeiten konzentrieren, können wir anfangen, einigen ihrer großartigen charakteristischen Eigenschaften nachzueifern.

Die Kontemplationsübung 21 wird Ihnen dabei helfen.

Manche haben von Kindheit an den Wunsch verspürt, ihren Mitmenschen auf die eine oder andere Weise zu helfen. Anderen wiederum scheint im Grunde überhaupt nichts daran zu liegen. Es geht nicht darum, ein »Weltverbesserer« zu sein, sondern darum, geistige Erfüllung zu finden und zu dem Ganzen beizutragen. Schließlich sind wir alle Zellen in einem zusammenhängenden Ganzen, das die menschliche Rasse ist. Gleichfalls tragen wir Verantwortung für das Tierreich, die Pflanzenwelt und sogar die Erde, auf der wir leben. Die Entwicklung eines Bewußtseins von diesen Verpflichtungen ist im Gange, und Sie werden feststellen, daß die motiviertesten Menschen in der Welt jene sind, die ein Ideal oder Ziel vor Augen haben. Es ist ungewöhnlich, in einem Buch, das den Geist zum Thema hat, derartige Dinge zu erwähnen, da die meisten von einem rein selbstzentrierten Standpunkt aus ge-

Übung 21: Sich in Geistesgröße versenken

Setzen Sie sich hin und atmen Sie mehrmals tief und rhythmisch ein und aus. Vor Durchführung der Übung haben Sie den Mittelpunkt Ihrer Kontemplation ausgewählt. Überzeugen Sie sich davon, daß es eine Person von geistiger Größe ist. Es sollte nicht einfach jemand sein, der große Dinge geleistet hat, sondern einer, der in seinem Leben Qualitäten des Mitgefühls, der Selbstopferung, der Güte, der Rechtschaffenheit, der Entschlossenheit usw. an den Tag gelegt hat.

Denken Sie zunächst über diese Person und all die großen Dinge nach, die Sie von ihr wissen. Um aus der Übung Nutzen zu ziehen, sollten Sie keineswegs irgendwelche negativen Faktoren berücksichtigen, sondern nur die positiven. Wenn Ihre ausgewählte Person genügend bedeutend ist, sollte sich bei Ihnen allmählich ein erfüllendes und belebendes Gefühl einstellen. Dieser Übung liegt schließlich das Prinzip zugrunde, daß die Menschen, in deren Gesellschaft Sie sich aufhalten, Ihr Verhalten beeinflussen. In diesem Fall stimmen Sie sich auf mentalem Weg auf Eigenschaften von geistiger Größe ein, und diese Schwingungen werden durch Ihre Kontemplation in Sie eingehen, so daß Sie sich durch sie verändert fühlen sollten.

Führen Sie die Übung behutsam und zwanglos aus, und sie kann sich für Sie als höchst lohnend erweisen. Versuchen Sie zu keinem Zeitpunkt, sich die Person in Ihrer Gegenwart vorzustellen oder irgendeine Forderung an sie zu stellen. Sie sollten sich auch nicht mit ihr identifizieren oder im Geiste eine Art Beziehung zu ihr herzustellen. Sie denken zuerst nur an die großen Werke der fraglichen Person und versenken sich dann in sie, so daß diese charakteristischen Merkmale und die mit ihnen verbundene Energie allmählich zu Ihnen zurückkommen. Am sichersten wäre es, für diese Übung eine Person zu nehmen, die physisch nicht mehr am Leben ist.

Auch wenn alle Ihre Fakten nicht ganz korrekt sind, ist dessen ungeachtet das Bild von Bedeutung und nicht die Person selbst. Vorausgesetzt, daß wir in unseren Gedanken dieser Person keine Forderungen stellen, können die mit ihr assoziierten Energien nur von Gewinn für uns sein.

schrieben werden: Wie kann ich mein Leben erhöhen? Wie kann ich meinen Geist kultivieren? Wie kann ich Frieden finden? usw. Ich glaube, daß Autoren den angeborenen Wunsch der Menschen, einen Unterschied zu machen, unterschätzen. Natürlich wollen wir alle mehr Frieden finden, mehr Befriedigung, mehr Erfüllung, und daran ist auch nichts verkehrt, aber wir wollen auch einen Beitrag leisten.

Spirituelle Werte

Die 1960er Jahre, die heute oft lächerlich gemacht werden, haben dessenungeachtet dem Weltbewußtsein eine bleibende Veränderung gebracht. Es waren nicht die Drogen, die Amoralität und die Zügellosigkeit – dieser Aspekt wurde als die Heuchelei des Jahrzehnts entlarvt: »Wenn sie Liebe sagten, meinten sie in Wirklichkeit Sex; wenn sie Frieden sagten, meinten sie in Wirklichkeit Drogen.« Aber es gab auch ein Element von dauerhaftem Wert – die Bereitschaft, sich von den rein materiellen Idealen abzuwenden, um zu versuchen, auf einer höheren Bewußtseinsebene etwas Lohnenderes zu finden. Natürlich machte das völlige Fehlen von Disziplin diesen Versuch zunichte. Die Werte verschwanden schnell, als die harten Tatsachen der materiellen Existenz in Kraft traten.

Das geschieht so oft, nicht nur mit kulturellen Epochen, sondern auch mit einzelnen Menschen. Sie machen sich im Leben hochmotiviert auf den Weg und verlieren ihre Motivation im Nebel der materiellen Verantwortlichkeiten und familiären Pflichten. Wenn das mit Ihnen geschehen ist, treten Sie von allem zurück und nehmen Sie die Veränderung vor. Materielle Verpflichtungen können Sie nicht umgehen, aber Sie können sie sich einverleiben. Sie können sie einfach zu einem Teil Ihres Lebenszwecks machen, anstatt von ihnen derart überrollt zu werden, daß Ihnen keine Zeit mehr bleibt, um darüber nachzudenken, ob es einen Zweck gibt oder nicht. Dazu müssen Sie sich von Ihren eigenen Problemen distan zieren und sich auf die Probleme anderer konzentrieren. Dadurch erhalten Sie nicht nur eine viel bessere Perspektive für Ihr eigenes Leben, sondern dadurch wird auch ein verdrängter Teil Ihres Wesens freigesetzt, ein Teil, der sich in Wirklichkeit über das Profane hinaus zum höheren Teil Ihres Seins, zum Überbewußtsein, emporschwingen will.

Es ist erstaunlich, wie flexibel wir alle sind. Ich habe Menschen mittleren Alters und älter erlebt, die ihre Lebensperspektive vollkommen veränderten, um das zu tun, was die Amerikaner »repriotise« (Prioritäten neu setzen) nennen. Es ist möglich, sich von den Fesseln der Begrenzung loszumachen, während man gleichzeitig seine durch die gesellschaftliche Konvention gestaltete Rolle akzeptiert. So viele Menschen fühlen sich in einer Falle gefangen, oder noch schlimmer, desillusioniert. Sie glauben, daß all die hohen Ideale ihrer Jugend eine Illusion, eine Phantasie seien, und so geben sie sie auf und entscheiden sich für die sogenannte Normalität. Dadurch werden sie dann im Grunde zu Sklaven des mentalen Gürtel und nicht zu seinem Handhaber.

Gesellschaftliche Konditionierung

Es liegt bei Ihnen, Ihr Schicksal zu bestimmen – Sie müssen nicht das Produkt einer Massengedankenform werden. Im allgemeinen Bewußtsein einer jeden sozialen Gruppe in allen Kulturen herrscht eine sehr präzise Vorstellung vor, wie sich Menschen zu verhalten haben, und gleichzeitig bestehen enorme Unterschiede zwischen einigen dieser sozialen Verhaltenssysteme. Dies beweist, daß gesellschaftlich akzeptables Verhalten im Grunde keineswegs normal ist – dann wären nämlich die Kriterien aller Gruppen gleich. Eine Kultur ist vielleicht völlig monogam, während eine andere Partnertausch als den höchsten Grad guter Umfangsformen ansieht; eine Kultur glaubt, daß man bis aufs Messer um seine Ehre kämpfen solle, eine andere, daß man vergeben und um jeden Preis Leben schonen müsse, und so weiter. Es gibt keine Norm, nur durch mentale Muster festgelegte unterschiedliche Verhaltensrichtlinien, die sich über kulturelle Gruppierungen aufgebaut haben – man könnte es Gruppenbewußtsein nennen.

Der Schlüssel zur Selbstmotivation liegt nicht darin, davon beherrscht zu werden, sondern dazu beizutragen – die Werte zu akzeptieren, die offensichtlich lohnend sind, und an der Veränderung der nicht lohnenden Werte mitzuwirken. Wenn wir die inspirierten Genies der Vergangenheit näher betrachten, können wir erkennen, wie einschränkend geistige Konditionierung sein kann. Sie haben sich praktisch alle auf die eine oder andere Weise vom akzeptierten Denken losgesagt und einen radikalen Wandel in der Wissenschaft, den Künsten, der Religion oder einem anderen Bereich ausgelöst. In vielen Fällen wurden sie lächerlich gemacht, verunglimpft oder noch schlimmer behandelt. Galileo ist ein Paradebeispiel für jemanden, der gezwungen wurde zu widerrufen, weil seine Ideen, auch wenn sie sich als richtig erwiesen, den wissenschaftlichen und religiösen Dogmen seiner Zeit nicht entsprachen.

Die moderne Kultur bildet keine Ausnahme. Wenn Sie Gebiete wie natürliche Heilung, außersinnliche Wahrnehmung (ASW) oder UFOs unterstützen, wie ich es seit vielen Jahren auf internationaler Ebene tue, werden Sie unmittelbar mit einer wie eingebauten Voreingenommenheit vieler Menschen konfrontiert. In manchen Fällen würde ich sagen, diese Voreingenommenheit sitzt so tief, daß sie im Unterbewußtsein wurzelt. Manche, die sich eine bestimmte Denkweise einverleibt haben, verhalten sich instinktiv und oft unlogisch gegen Sie. Lachen ist eine Freisetzung für diese Art der unterbewußten Anpassung – die Reaktion eines Kindes auf etwas, das es nicht versteht.

Hiermit will ich keineswegs sagen, daß ich erwarte, daß jeder mit meinen Ansichten über Heilung, ASW oder UFOs übereinstimmt – warum sollte man auch? Aber während Meinungsverschiedenheiten und gesunde Debatten nützliche und angemessene Wege im Umgang mit einem wesentlichen Punkt sind, ist es weder nützlich noch angemessen, auf Hohn und Spott zurückzugreifen, um etwas nicht in Erwägung ziehen zu müssen. Ich glaube beispielsweise, daß Jesus Christus von einem anderen Planeten kam. Manche finden das zunächst empörend, aber nur, weil sie in einer Kultur aufgewachsen sind, die seit Jahrhunderten mit der Vorstellung von Jesus als dem einen und einzigen Sohn Gottes durchdrungen ist. Und trotzdem ist mein Glaube vom theologischen Standpunkt aus weit weniger radikal, wenn Sie diese beiden Konzepte untersuchen. Wenn man einer völlig neutralen Person, die nie von Jesus oder der Bibel gehört hat, diese beiden möglichen Erklärungen vorlegen würde, müßte sie einräumen, daß die Idee, der Stern von Bethlehem sei ein Raumfahrzeug, das ein außergewöhnliches, gottähnliches Wesen mit Namen Jesus zur Erde gebracht habe, viel wahrscheinlicher sei als die Tatsache, daß der Schöpfer des gesamten Universums einst in der Menschheitsgeschichte beschloß, nur in einem Teil der Welt Fleisch zu werden und dort dreiunddreißig Jahre zu leben.

Ich sage das nicht, um eine theologische Debatte zu eröffnen, denn ich respektiere alle Ansichten, und viele Leser werden an keine dieser beiden Vorstellungen glauben. Ich veranschauliche nur die Macht des mentalen Gürtels, unsere Perspektive von Dingen zu verzerren, und die Notwendigkeit, den Schlüssel zu unserer eigenen Motivation zu finden, ungeachtet dessen, was andere von Ihnen erwarten mögen oder nicht. Charles Dickens ist ein klassisches Beispiel für jemanden, der das tat. Er wählte Themen für seine Romane, die konventionell oder gesellschaftlich nicht willkommen waren – Armut, Kindesmißbrauch, Grausamkeit, Geiz usw. Kaum der Stoff für einen Roman von Jane Austen. Dickens' Stil war so gut, daß nicht nur die Romane, sondern auch die Themen, von denen sie handelten, populär wurden. Niemand kann sagen, wie sehr er das Bewußtsein des viktorianischen Englands veränderte, um damit anzufangen, sich mit philanthopischen und humanitären Fragen zu beschäftigen; meiner Ansicht nach weilt Dickens' Einfluß auf den mentalen Gürtel, insbesondere in bezug auf Jugendfürsorge, noch heute bei uns.

Seine Spuren hinterlassen

Aber Dickens ist auch für einen anderen Aspekt ein gutes Beispiel. Er brauchte diesen Brennpunkt für seine geniale Schöpferkraft, um die hervorragenden Kräfte der Inspiration in sich zu erwecken. Es reichte ihm nicht, einfach nur über Beziehungen zwischen Angehörigen der Klasse der Grundbesitzer zu schreiben; um beflügelt zu sein, mußte er das Gefühl haben, einen wichtigen Beitrag zur menschlichen Bedingung zu leisten. Das gilt für viele andere künstlerische Genies in der ganzen Geschichte. Sie haben nicht den einfachen Weg eingeschlagen. Sie mußten einen höheren Zweck für ihre Kunst finden, einen, von denen sie glaubten, er sei wichtig für die Welt. Dieses Bewußtsein von einem höheren Zweck war ein Schlüssel zu ihrer Selbstmotivation.

Ein Beitrag, den man für andere leistet, hinterläßt seine Spuren – eine gewisse Beständigkeit. Alle Zen-Lehrer, Yoga-Meister und Meditierende strebten unter anderem danach, einen Zustand der Beständigkeit zu finden. Sie sagten, daß, selbst wenn man Glückseligkeit haben möchte, man diesen Zustand nicht erfolgreich zu seinem Ziel machen kann, weil er etwas Flüchtiges ist, er kommt und geht. Aber wenn man einen Zustand der Beständigkeit ausfindig macht, wird man mit ihm eine innewohnende Freude finden, und wenn man weit genug geht, Seligkeit. Diese Gefühle der inneren Zufriedenheit werden nicht eintreten, wenn Sie nicht auf irgendeine Weise Dienst an anderen geleistet haben, weil es einen Teil in Ihnen gibt, der das braucht, ebenso sicher wie Sie essen, trinken, Ihre Glieder bewegen und all die anderen Funktionen des Lebens ausführen müssen. Sie können das bei Berufstätigen sehen. Menschen, die schwer arbeiten, auch wenn das Gehalt dem nicht entspricht, strahlen ein Gefühl der Zufriedenheit und Beschwingtheit aus, das bei denen fehlt, die nur das Nötigste tun. Trägheit bringt Trägheit hervor, Geben bringt Geben hervor, und je mehr Sie geben, um so mehr werden Sie in der Lage sein zu empfangen. Diejenigen, die bereit sind, ihren Mitmenschen auf die eine oder andere Weise zu helfen – und dafür gibt es zahlreiche Möglichkeiten – werden viel eher ihre inneren Kräfte wecken und dadurch ihre angestrebten Ziele erreichen.

Seine höchsten Ziele erreichen

Wissenschaftliche Experimente haben bewiesen, daß es neben dem Gehirn noch einen anderen Teil in unserem Sein gibt, der in Bruchteilen einer Sekunde vor der Aktivierung des Gehirns wirksam wird. Empfindliche Meßinstrumente, die an Versuchspersonen angebracht wurden, zeigten, daß etwas anderes in der Psyche des einzelnen stattfindet, bevor der Impuls des Gehirns einem Teil des Körpers Anweisungen zu einer Tätigkeit gibt. Manche nahmen diese Untersuchungsergebnisse zum Anlaß, um auf die Existenz einer Seele hinzuweisen, andere wiederum vertreten die Auffassung, daß es einen anderen Teil in der Natur des Menschen gibt, der noch nicht verstanden wird. Aber wie auch immer Sie dieses Phänomen auslegen, so weist es doch auf die Existenz einer Willenskraft hin, die vom Gehirn selbst völlig unabhängig ist.

Willenskraft

Gleichgültig, was Sie im Leben tun, gleichgültig, welches Ziel Sie vor Augen haben oder was Sie zu erreichen hoffen, es wird Ihnen nicht gelingen, wenn Ihnen der Wille fehlt, erfolgreich zu sein. Letzten Endes ist es der Wille, der uns durchhalten läßt. Wenn ein Bergsteiger sich bei seinen letzten Schritten abmüht, um den Gipfel zu erklettern, ist es reine Willenskraft, die ihn weitermachen läßt – kein logisch durchdachtes Argument und nicht einmal ein emotionaler Wunsch, sein Ziel zu erreichen, sondern ein und dieselbe instinktive Fähigkeit, die wir alle besitzen.

Weiter vorne in diesem Buch wies ich auf Dr. Shastris Konzept hin, den niederen Willen in der Schwebe zu halten. Damit meinte er, daß wir unsere Wünsche abschalten sollen, wenn sie nicht mit dem, was wir fühlen oder für uns und für andere für richtig halten, übereinstimmen – mit anderen Worten, daß wir unsere inneren Gedanken beobachten und uns entscheiden, wie wir uns verhalten und ob wir den Eingebungen unseres Geistes folgen sollen oder nicht. Es ist reine Willenssache, daß wir diese Wahl treffen: Der höhere Wille wird den niederen in der Schwebe halten.

Manchmal tun wir Dinge im Leben, die wir im Grunde überhaupt nicht erklären können. In Notfällen sind Menschen imstande, die enorme körperliche Kraft aufzubieten, die erforderlich ist, um durch ein Erdbeben blockierte Türen zu öffnen, wobei sie sich einer Stärke bedienen, die sie eigentlich übersteigt. Nichtschwimmer konnten angesichts der Gefahr des Ertrinkens auf einmal schwimmen, ohne zu verstehen, wie sie das fertigbrachten. Man könnte viele Beispiele für übermenschliche Heldentaten in Krisensituationen anführen. Es ist eine wohlbekannte Tatsache, daß sich viele Menschen in Zeiten des Krieges und der Unruhen der Lage gewachsen zeigen, wie es normalerweise nicht der Fall ist. Was ist es, das sie befähigt, auf eine Weise zu handeln, die über ihren Charakter, sogar über ihr normales geistiges Muster hinausgeht? Es ist reiner Wille.

Die meisten von uns sind geschickt darin, Entschuldigungen anzubringen, nicht nur anderen, sondern auch sich selbst gegenüber. Dieses Verhalten wird zu einer solchen Gewohnheit, daß wir es fast instinktiv tun. Es ist nicht nur unehrlich anderen gegenüber, sondern am meisten schaden wir uns selbst, weil wir so unsere Willenskraft untergraben. Wir leugnen unsere Schwächen und bringen uns damit um die Möglichkeit, sie zu überwinden. Positives Denken vermag vieles für uns zu tun, aber am wichtigsten ist, daß es uns dabei unterstützt, unsere Willenskraft zu entwickeln.

Was Sie auch immer ins Auge fassen, Willenskraft wird Sie zum Erfolg führen. Es ist eine sehr gute Affirmation, wenn Sie sich sagen: »Ich werde dieses oder jenes mit Erfolg erreichen.« Bei allen Bemühungen, insbesondere bei wichtigen, machen Sie Zeiten durch, in denen Sie den Mut verlieren und glauben, daß sich das Blatt gegen Sie gewendet hat. Manchmal haben Sie keinen Anlaß oder verspüren nicht den Wunsch, eine bestimmte Handlungsweise weiterzuverfolgen, aber trotzdem machen Sie irgendwie weiter; etwas in Ihrem Inneren treibt Sie an. Das ist der Teil von Ihnen, den Sie am meisten brauchen.

Der Wille ist ein wunderbarer Teil unseres Charakters und muß auf jede mögliche Art und Weise kultiviert und genährt werden. In der Redensart, daß Erfolg Erfolg hervorbringt, steckt eine ungeheure Wahrheit, aber warum ist dem so? Einfach weil es Ihnen die Fähigkeit verleiht, an Ihren eigenen Erfolg zu glauben. Wenn Sie eine Leistung sehen können, vertrauen Sie darauf, daß Sie sie zu wiederholen vermögen. Wenn Sie das erste Mal eine andere Person mit Erfolg spirituell geheilt haben, tun Sie mehr für Ihre Fähigkeit als Heiler als die ganze Überzeugung, die Sie vielleicht aufbringen mußten, um damit anzufangen, weil Sie jetzt aus direkter Erfahrung wissen, daß Sie dazu imstande sind. Wenn Sie das erste Mal Fahrrad fahren, ohne zu stürzen, nähren Sie Ihre Willenskraft, weil Sie sich selbst ein Signal geben, daß Sie es können. Beim Willen geht es im Grunde darum, daß man sagt: »Ich kann« und es ablehnt zu sagen: »Ich kann es nicht.«

Alle Persönlichkeiten der Vergangenheit, die Großes vollbrachten, waren Menschen mit Willen und reiner Entschlossenheit. Trotz der Hindernisse, die ihnen im Weg lagen, gingen sie weiter; niemand vermochte sie von ihrem Weg abzubringen. Wenn Sie einem unkonventionellen Glaubenssystem folgen, können Sie das Gefühl bekommen, daß mit Ihnen etwas nicht stimmt. Aber wenn Sie einen Blick auf die Unordnung werfen, in der sich die Welt befindet, wird Ihnen klar, daß dieser Zustand entweder direkt oder indirekt die Folge des Denkens der Mehrheit der Menschen auf Erden ist, so daß man sich fragen muß: »Wer will denn konventionell sein?« Wenn Sie sich beim nächsten Mal dabei ertappen, eine Entschuldigung für etwas, das Sie getan haben oder auch nicht getan haben, entweder verbal oder in Ihrem Geiste vorzubringen, gebieten Sie sich selbst Einhalt. Fragen Sie sich, wie es wirklich um die Wahrheit der Situation bestellt ist, und wenn Sie etwas Falsches getan haben, geben Sie es zu – zumindest sich selbst gegenüber. Dann haben Sie die Basis, um sich zu entschließen, eine Veränderung vorzunehmen, und an diesem Punkt wird Ihre Willenskraft aktiviert. Sie können sich nicht ändern, wenn Sie nicht ehrlich gegenüber sich selbst sind. Machen Sie sich frei von dieser Gewohnheit, sich dafür zu entschuldigen, nicht aktiv zu sein, nicht erfolgreich zu sein und nicht Ihre Ziele zu erreichen. Legen Sie diese Entschuldigungen ab. Sie untergraben Einflüsse – bemühen Sie sich um den Willen, wenn Sie erfolgreich sein wollen.

Ein wahrhaft positiver Mensch wird immer das Positive in anderen bestärken. Gerade derjenige, der sich seiner selbst unsicher ist, empfindet die Notwendigkeit, konkurrenzorientiert zu sein und andere herabzusetzen. Loben Sie Begabung, Errungenschaft und Erfolg, wo immer Sie sie erkennen. Sie werden die Erfahrung machen, daß dadurch eine gewisse Magie in Ihr Leben eintreten wird, die genau die Dinge, die Sie lobend anerkannt haben, auf Sie zurücklenken wird. Dies wird Ihrem inneren Selbst und der Entschlossenheit, Ihre Ziele zu erreichen, Kraft geben.

Sich Ziele setzen

Es ist sehr wichtig, daß Sie Ihre Ziele genau bestimmen und sie auf die Wirklichkeit beziehen. Ich habe zahlreiche Menschen mit guten, lohnenden Zielsetzungen kennengelernt, welche jedoch völlig unrealistisch waren. Sie konnten sie unmöglich erreichen, zumindest nicht kurzfristig, so daß sie zwangsläufig enttäuscht sein mußten. Setzen Sie sich ein realistisches Ziel, das Sie erreichen können, und nehmen Sie dann seine Verwirklichung in Angriff. Erarbeiten Sie sich auf alle Fälle einen langfristigen Plan für die Zukunft, aber gehen Sie Schritt für Schritt vor, und jeder Schritt, den Sie auf dem Weg erreichen, wird Ihren Willen bestärken, zum nächsten weiterzugehen. Wenn Sie zum Beispiel Chirurg werden wollen und die Begabung dazu haben, machen Sie es sich zur Aufgabe, dieses Ziel zu erreichen. Zuerst werden Sie die entsprechende medizinische Schule besuchen und anschließend die notwendigen Examen bestehen müssen. Daraufhin werden Sie eine Zeitlang eine praktische Ausbildung in Krankenhäusern durchlaufen müssen, und so weiter. Während Sie jede einzelne Stufe in Angriff nehmen, werden Sie sich auf sie konzentrieren und gleichzeitig stets Ihr endgültiges Ziel, Chirurg zu werden, im Visier haben müssen.

Dieser Wille zum Erfolg ist natürlich nicht immer etwas Gutes. Sowohl Hitler wie auch Napoleon besaßen eine enorme Willenskraft. Swami Sivananda glaubte, daß Napoleon in einer früheren Inkarnation phänomenale mentale Konzentrationsfähigkeiten entwickelt habe, aber vom Weg abgewichen sei. Ich befürworte nicht eine derartige egoistische Willenskraft, die rücksichtslos über andere hinweggeht, um seine Ziele zu erreichen. Dieser Weg führt nicht zu der Art von Erfolg, von der ich rede. Solche Menschen enden oft einsam und unerfüllt trotz ihres augenscheinlichen Erfolges.

Die Art von Erfolg, die ich meine, ist der Erfolg auf der Reise des Lebens. Evolution wird an Erfahrung gemessen, die an sich durch die Erkenntnis auf geistiger und körperlicher Ebene bestimmt wird. Es gibt bemerkenswerte Beispiele von Menschen, die große Erfolge erzielten, obwohl alles gegen sie sprach. Gandhi, um nur einen zu nennen, vollbrachte das Unvorstellbare, indem er Indien in die Unabhängigkeit führte, ohne zu irgendeiner Form von Gewalt aufzurufen. Madame Blavatsky, eine im viktorianischen England lebende Russin, gelang es, einige der umstrittensten metaphysischen Bücher zu schreiben, die je veröffentlicht wurden, und sie verkaufte Tausende von Kopien an ernsthafte Leser. Selbst heute, viele Jahre nach ihrem Tod, wird sie auf jede erdenkliche Weise herabgesetzt. Leute, die sich nur auf Hörensagen stützen können, beschuldigen sie des Schwindels. Obwohl sie sich jede Form der Intoleranz gefallen lassen mußte, fuhr sie damit fort, ihre Botschaft über die Verbindung mit erhabenen Meistern an geheimen Zufluchtsorten um die Erde herum zu verbreiten, und das inmitten eines von engstirniger Voreingenommenheit geprägten gesellschaftlichen Klimas.

Aufgrund der Fortschritte der Wissenschaft ist das Leben in der westlichen Gesellschaft heutzutage für die meisten von uns in materieller Hinsicht viel bequemer geworden als früher. Vielen Menschen stehen reichlich

Nahrung, Luxus und Unterhaltung zur Verfügung. Aber zuviel Bequemlichkeit kann Ihre Willenskraft zugrunde richten. Aus diesem Grund empfinden manche das Bedürfnis, sich trotz eines luxuriösen Lebensstils auf eine Beschäftigung einzulassen, die die Erregung einer körperlichen Herausforderung einbezieht, wie beispielsweise Bergsteigen, Skifahren oder Geländelauf. Ein Teil von uns schreit auf, um irgendwelche Hindernisse in unserem Weg zu überwinden, und wie jede andere wichtige Qualität auch muß er gehegt werden.

Besonders in der gegenwärtigen Zeit ist Mut vonnöten. Unglücklicherweise warten die meisten Menschen darauf, daß ein Notfall eintritt, bevor sie diesen edlen Teil ihres Wesens ans Tageslicht bringen, aber dann reagieren sie in der großartigsten Weise. Bei Autounfällen, Bränden, Erdbeben handeln unzählige Geschichten von den aufopferungsvollen Taten von Menschen, deren Feuer des Mutes und der Entschlossenheit sich der Lage gewachsen zeigte, als sie andere in Not erlebten. Dieses Feuer muß genährt werden. Es kommt selten vor, daß sich jemand ein Ziel im Leben setzt, wenn ihn kein Notfall in seiner unmittelbaren Umgebung dazu drängt. Manche schließen sich dem Roten Kreuz an und begeben sich in gefahrvolle Gebiete, um den Notleidenden zu helfen, arbeiten auf Unfallstationen in Krankenhäusern, treten in gefährlichen Städten in den Polizeidienst und riskieren jede Nacht ihr Leben. Das sind die seltenen Menschen, die sich erheben, um sich einer wahren Herausforderung zu stellen. Jene Menschen, die trotz Spott, Skepsis und der Beeinflussung von seiten orthodoxer religiöser und wissenschaftlicher Dogmen offen ihren Glauben kundtun und, was noch wichtiger ist, ihn leben, haben ebenfalls Mut und Entschlossenheit nötig. Den Mut und die Entschlossenheit, die sie aufbringen, werden ihrem Erfolg als Maßstab dienen.

Eine alte Redewendung besagt, daß Gott denen hilft, die sich selbst helfen. Ob Sie an Gott glauben oder einen anderen Namen haben, der für Gott steht, das Prinzip erweist sich ohne Zweifel als zutreffend. Wenn Sie sich darum bemühen, Ihr Leben zu verbessern und anderen zu helfen, fangen Sie an, eine Kraft oder Energie zu erhalten, die Ihnen die Stärke und Entschlossenheit gibt, um weiterzumachen. Und diese Kraft können wir in uns selbst erschließen, indem wir in unserem Leben Gebrauch von der Willenskraft machen.

Willenskraft steht in sehr enger Beziehung zum Selbstvertrauen; sie bestärken sich gegenseitig in uns. Es genügt nicht, einfach nur einen positiven Gedanken oder eine positive Idee zu haben; um eine positive Idee zu realisieren, müssen Sie sie durch praktischen Ausdruck in die aktive Manifestation bringen, und an diesem Punkt fängt Ihre Willenskraft an, in Ihnen zu wachsen und zu gedeihen. Manche Menschen, die über die Kraft des Geistes sprechen, verweilen zu sehr bei der Welt der Ideen und nicht genug bei der Welt des tatsächlichen Handelns. Geisteskraft ist keine Flucht aus dem Leben, sondern ein Weg zur Hebung und Bekräftigung des Lebens, um es in jeder Hinsicht zu einem erfolgreicheren Prozeß und einer erfüllenderen Erfahrung zu machen.

Heutzutage ist Disziplin »out« und persönlicher Ausdruck »in«. Aber Sie können beides haben, im Grunde können Sie das eine nicht erfolgreich ohne das andere haben. Wir alle haben Disziplin auf die eine oder andere Weise nötig, wenn wir dabei sind, etwas zu erreichen. Ein Teil von uns besitzt Selbstdisziplin und zieht daraus ein Gefühl der persönlichen Befriedigung. In mancher Hinsicht ist es wie eine bittere, aber heilsame Medizin. Zuerst kann sie zwar unangenehm schmecken, aber während Ihr physiologisches System sie aufnimmt, spüren Sie, wie Harmonie und Wohlbefinden Sie in hohem Maße durchdringen. Genauso ist es mit Disziplin, wenn sie auf ein lohnendes Ziel angewendet wird.

Bei der Entwicklung Ihrer Willenskraft ist es wichtig, daß Sie Ihre Integrität bewahren. Es gibt nichts Schlimmeres als einen Menschen, der das, was er predigt, nicht in die Tat umsetzt, nicht weil er andere demoralisiert oder lächerlich wirkt, sondern auch, weil er die eigene Willenskraft untergräbt. Ihr inneres Denken weiß, daß Sie sich selbst nicht treu sind, und der einzige Mensch, den Sie niemals zum Narren halten sollten, sind Sie selbst. Dies führt zu innerer Verwirrung, die wiederum in den Verlust der Willenskraft mündet.

Erfolg haben

In uns allen steckt eine phantastische Magie, aber von allen Qualitäten, die wir besitzen, ist unsere Willenskraft die kostbarste. Sie wird uns helfen, alle Probleme zu überwinden. Einsamkeit, Verzweiflung, schmerzlicher Verlust, selbst Armut, sowohl materiell wie auch emotional, können überwunden werden, wenn wir den Willen dazu haben. Es ist wirklich großartig, wenn man Menschen begegnet, die unter entsetzlichen Bedingungen leben, aber immer noch imstande sind, eine gewisse Freude und Teilnahme an anderen auszustrahlen, wo ihre eigenen Umstände doch viel schlimmer sind. Das ist bezeichnend für wahre Größe, an deren Wurzel die Kraft des Willens liegt.

Die Übung 22 wird Ihnen helfen, die Kraft Ihres Willens zu entwickeln und bei der Verwirklichung Ihrer Ziele erfolgreich zu werden.

Übung 22: Das Geheimnis des Erfolges

Für diese Übung müssen Sie einen bestimmten Wunsch, den Sie haben, auswählen. Es sollte etwas sein, das Sie erreichen wollen, aber keineswegs das Wohlbefinden anderer beeinträchtigt und nicht in erster Linie dem persönlichen Vorteil dient. Bei diesem Ziel sollte es sich um eine Errungenschaft wie etwa eine musikalische Fähigkeit, Fairneß, öffentliches Reden usw. handeln. Es könnte die Fähigkeit sein, gesellschaftlich besser auszukommen, indem man weniger schüchtern wird oder gar ein allzu extrovertiertes Wesen abschwächt. Es könnte das Vermögen sein, anderen effektiver zu dienen, oder etwas Spezielles, zum Beispiel in der Gesellschaft anderer eine heilende Wirkung auszustrahlen. Was es auch immer sein mag, Sie sollten dieses Ziel vor Beginn der Übung bestimmen.

Setzen Sie sich hin und bereiten Sie sich wie gewöhnlich mit harmonischer Atmung vor. Sie sind entspannt und halten Ihre Wirbelsäule gerade, und dann führen Sie die folgende kreative Visualisierung durch. Stellen Sie sich vor, daß Sie genau das tun, was Sie sich als Ihr Ziel ausgewählt haben. Beziehen Sie keine anderen bestimmten Personen in diese Visualisierung ein; falls es jedoch bei Ihrem Ziel beispielsweise um öffentliches Reden geht, können Sie sich eine allgemeine Zuhörerschaft ohne für Sie wiedererkennbare Gesichter vorstellen. Dabei werden Sie wahrscheinlich bemerken, daß Ihr Geist gewisse Hindernisse aufstellt. An diesem Punkt kommt das positive Denken zum Zug – Sie haben diese Hindernisse zu überwinden. Wenn Ihnen der Gedanke kommt: »Eigentlich kann ich das überhaupt nicht tun«, ändern Sie ihn wie folgt um: »Ich werde lernen, es zu tun«. Wenn Sie sich dabei ertappen zu denken: »Es ist leicht zu tun, während ich hier sitze, aber im wirklichen Leben bin ich dem nicht gewachsen«, sagen Sie sich: »Ich werde fähig sein, es im wirklichen Leben zu tun.« Lügen Sie sich niemals an, indem Sie sagen: »Ich kann das tun«, sondern formulieren Sie Ihre positiven Gedanken immer zukunftsbezogen: »Ich werde ...«, »Ich werde bald ...« usw.

Vielleicht stellen Sie fest, daß Ihr Unterbewußtsein sich gegen diesen positiven Wandel derart massiv sträubt, daß Ihnen der Gedanke kommt, die ganze Übung sei unsinnig. Dann ist es jetzt die beste Zeit, sie weiterzuführen, weil Sie dadurch nämlich Ihre Willenskraft geltend machen können, um dieses negative Denken durch den bloßen Schritt des Fortsetzens zu überwinden. Vergessen Sie nie, daß diese Veränderungen nicht über Nacht eintreten – Sie werden daran arbeiten müssen. Aber die ganze Zeit über manifestieren Sie Ihre Willenskraft, und letzten Endes müssen Sie Erfolg haben.

Willenskraft ist am wirkungsvollsten, wenn sie mit dem höchsten Teil Ihres Geistes, Ihrem überbewußten Aspekt in Einklang gebracht ist. Die Reise in das Überbewußtsein ist eine Reise über den normalen Bewußtseinszustand des Gewahrseins hinaus in einen Zustand der höheren Inspiration und intuitiver Bewußtheit. Sobald Sie anfangen, diese höheren Zustände auszubilden, erkennen Sie, daß verschiedene Stufen von höherem Bewußtsein existieren. Auf dieser Stufe bewegen Sie sich von einem Zustand des Tuns in einen Zustand des Seins. Sie fangen an, auf das Leben als Ganzes eingestimmt zu werden, und erkennen, daß Sie in Wirklichkeit mit der ganzen Schöpfung eins sind.

Die meisten Menschen, die ökologische Belange aktiv unterstützen, tun das, weil sie sich um den Zustand der Umwelt sorgen. Sie möchten ihren Kindern und Enkelkindern keine schreckliche Unordnung hinterlassen. Aber indem Sie sich stärker auf den höheren Geist einstimmen, sorgen Sie sich nicht mehr nur um zukünftige Menschengenerationen, sondern auch um den Planeten. Sie werden sich bewußt, daß allen Dingen Leben innewohnt.

Ihnen wird auch in zunehmendem Maße die wechselseitige Beziehung zwischen allen Existenzebenen bewußt und daß Auswirkungen auf eine Ebene mit Folgen für eine andere verbunden sind. Es genügt nicht mehr, völlig separate Vorstellungen vom Leben und Sterben zu haben. Der physische Körper stirbt, aber das Leben geht weiter. Unsere Verschmutzung der physischen Welt wird Auswirkungen auf den mentalen Gürtel des Planeten auf allen Ebenen mit sich ziehen. Es gibt keine Flucht in den Himmel oder ins Nirwana, die lediglich Beschreibungen von höchst erhabenen Bewußtseinszuständen sind – Zuständen, die ich persönlich nie erreicht habe. Es sind Ziele auf dem Weg, aber es sind keine Methoden, um sich unseren Verantwortlichkeiten der Gegenwart gegenüber zu entziehen, wie manche Mönche und Sannyasins glauben. Unser derzeitiges Handeln wirkt sich auf unseren Körper und auf das Energiefeld um uns herum solange aus, bis wir es ändern. Alles Leben existiert in einer Vielzahl von geistigen Ebenen, die auf verschiedenen, aber durch und durch miteinander verbundenen Frequenzbereichen wirksam sind. Das ist nicht so sehr eine Philosophie, sondern vielmehr etwas, das Sie zu erkennen anfangen, indem Sie in höherem Maße eingestimmt werden. Es ist ein Erkennen, das befreiend ist und Ihnen gleichzeitig ein phantastisches Gefühl dessen vermittelt, was mit dem rechten Grad an Motivation potientiell erreichbar ist. Ihnen wird bewußt, daß praktisch alles, was Sie auch immer ins Auge fassen mögen, früher oder später erreicht werden kann.

Mit allem eins werden

Das wahrscheinlich allgemein anerkannteste Ziel ist das Streben nach Glück, aber es muß ein dauerhaftes Glück sein. Flüchtige Momente des Glücklichseins nehmen eine schwerdefinierbare Qualität an, als wären sie etwas, das unseren Verstand übersteigt. Es ist ein Zustand des Seins, der kultiviert werden kann, aber er muß von innen kommen. Es nützt nichts, sich in eine Phantasiewelt zu flüchten, weil Sie früher oder später mit einem heftigen Aufprall auf der Erde landen werden. Es muß real und immerwährend präsent sein. Natürlich wird niemand die ganze Zeit über glücklich sein; wenn dem so wäre, würde man egoistisch sein und früher oder später seinem Glück ein Ende bereiten. Schließlich leidet ein egoistischer Mensch am meisten, weil er seine persönlichen Verluste und Schwierigkeiten viel stärker empfindet als ein uneigennütziger Mensch. Nein, wenn Sie sich des Leidens und der Probleme auf Erden bewußt sind, können und dürfen Sie nicht jederzeit glücklich sein. Aber es sollte einen ewig präsenten, inneren Teil Ihres Seins geben, der Glückseligkeit kennt und den Sie heranziehen können. Und diese Glückseligkeit oder innere Freude kann nur von der Wirklichkeit herrühren, von einer Erkenntnis Ihrer eigenen Identität als einem Teil eines größeren Ganzen.

Mit der wunderbaren Übung 23 wird Ihnen das Gefühl vermittelt, ein integraler Teil eines großen kosmischen Ganzen zu sein.

Das höchste Ziel aller Übungen, die das Überbewußtsein betreffen, besteht darin, daß Sie Ihr wahres Selbst entdecken. Alle die verschiedenen Ebenen des höheren Bewußtseins sind im Grunde Stufen in Richtung auf dieses Wissen um Ihre wahre Identität. Es ist wie ein Kaleidoskop, dessen verschiedene Farben sich vor Ihrem Blick verändern, während sich Ihr wahres Wesen offenbart. Andere vergleichen es mit dem Abschälen der Schichten einer Frucht, um an den Kern zu gelangen. Welche Analogie Sie auch immer verwenden, es ist eine aufregende Entdeckungsreise, um die ganze Bewegungen entstanden

Übung 23: Sich in das kosmische Ganze versenken

Diese Übung vermag Ihnen großen Nutzen vornehmlich spiritueller Natur zu bringen. Sie kann zu höheren Bewußtseinszuständen und größerer Bewußtheit Ihres eigenen Platzes im kosmischen Ganzen führen. Setzen Sie sich hin, schließen Sie die Augen und atmen Sie harmonisch ein und aus. Dann führen Sie die folgende kreative Visualisierung durch. Stellen Sie sich das Universum mit den Sternen und Planeten vor, wie sie alle vollkommen symmetrisch angeordnet sind und vor einem purpurroten Hintergrund hell erstrahlen. Sie können diese Sterne als Symbole der Hoffnung, des Lichtes und der Kontinuität sehen. Sie schwanken nie, sondern leuchten immer. Sie verkörpern einen visuellen göttlichen Willen der sich ewig bewegenden Manifestation. Sie sind verläßliche Leuchttürme der Erleuchtung.

Dann richten Sie Ihre Aufmerksamkeit auf sich selbst, ein winziges, offensichtlich bedeutungsloses Stäubchen im kosmischen Ganzen und gleichzeitig ein Lebewesen mit all den Fähigkeiten menschlichen Bestrebens – zu denken, zu fühlen, zu bauen, zu dienen. Versuchen Sie, das gleiche Gefühl der Kontinuität, der verläßlichen Erleuchtung zu empfinden, das Sie sich bei den ewig strahlenden Sternen und Planeten an Gottes Firmament vergegenwärtigt haben. Auch Sie können Ihr Leben hindurch strahlen, ohne vom Licht des inneren Willens abzuweichen. Versuchen Sie jetzt, ein Gefühl der Einheit zu spüren, daß Sie einen Platz in diesem wunderbaren kosmischen Ganzen haben, auch wenn Sie offenbar bedeutungslos sind.

Diese Übung sollte nicht allzu regelmäßig durchgeführt werden, sondern wie Übung Acht als etwas Besonderes angesehen werden, dem Sie sich nur dann widmen, wenn Sie es aus ganzem Herzen tun möchten, wobei Sie Ihre volle Konzentration und Ihr ganzes Gefühl einbringen. Dann wird sie wirklich zu Ergebnissen führen, und bei korrekter Ausführung werden Sie sie als sehr erbaulich und inspirierend empfinden. Sie wird Ihnen ein tiefes Gefühl der dauerhaften Freude bringen.

sind, um auf dieser Reise Belehrung und Führung zu geben. Diese Suche nach Selbsterkenntnis ist etwas völlig Natürliches und gilt bei so unterschiedlichen Kulturen wie der altgriechischen, indischen, tibetischen und chinesischen als der Schlüssel zu allem Wissen, weil Weisheitsschulen in allen diesen Ländern die Auffassung vertraten, daß Sie alles wissen werden, wenn Sie sich wahrhaftig erkennen.

Meditationsstufen

Swami Sivananda, ein fortgeschrittener Yogi und einer der herausragendsten Kenner auf dem Gebiet des höheren Geistes im zwanzigsten Jahrhundert, sprach über verschiedene Erkenntnisstufen, die durch Meditation erreicht werden. Er verwies auf sie als Stufen des *Samadhi*, des Sanskrit-Wortes für die tiefsten meditativen Zustände. Auf der ersten Stufe, *Samprajnata-Samadhi*, so sagte er, sind subtile mentale Eindrücke noch präsent – mit anderen Worten, der höchste Zustand, der frei von mentalen Eindrücken ist, ist noch nicht erreicht. Es ist ein Zustand des Seins, in dem man eins wird mit dem, über das man meditiert.

Diesen ersten Zustand unterteilte er in weitere vier separate Stufen. Die erste, *Savitarka*, ist die Wahrnehmung eines Gegenstandes auf allen Ebenen, unter anderem der Klang des Wortes für diesen Gegenstand, die Bedeutung des Wortes und die Form des Gegenstandes. Wenn man sie weit genug führe, sagte er, könne man alles über diesen Gegenstand und seine Beziehung zur Zeit und zum Raum erfahren. Die zweite, *Savichara*, ist eine Meditation über die subtilen Elemente, die mit dem Gegenstand verbunden sind, einschließlich des ihn umgebenden Energiefeldes oder der Aura und der Schwingungen, die von oder durch den Gegenstand ausgesendet werden. Die dritte, *Sananda*, ist eine Meditation über den Geist des Gegenstandes. Auch einem materiellen Gegenstand liegt eine Gedankenform zugrunde, er resultiert aus dem Geist. Auf dieser Stufe fangen Sie an, den Gegenstand praktisch von innen zu erfahren. Die vierte Stufe heißt *Asmita*, auf der Sie sich über die materielle Form, die subtilen Emanationen und sogar den Geist des Gegenstandes hinaus bewegen und mit seiner eigentlichen Essenz eins werden – Sie verschmelzen mit seiner Identität. Es geht nicht so sehr um das Erkennen, sondern Sie werden eins mit ihm und gehen in der Natur auf.

Natürlich müssen alle diese Bewußtseinszustände erfahren werden. Eine theoretische Beschreibung von ihnen hört sich langweilig an. Sie sollen von einem Gefühl des Friedens und der Hochstimmung begleitet sein, wie es die Praktizierenden nie zuvor in irgendeinem Lebensbereich erfahren haben. Anders als materielle Vergnügungen haben diese Erfahrungen eine dauerhafte Qualität, die einem für immer gehört, und aus diesem Grund verzichteten die Yogis bereitwillig auf alle Formen körperlicher Genüsse. Sie sagten, daß nichts mit der Glückseligkeit verglichen werden könne, die von tiefer Meditation herrühre.

Es gibt, so sagt Sivananda, einen zweiten Zustand jenseits von *Samprajnata* und seinen verschiedenen Stufen, der als *Asamprajnata* bekannt ist. Auf dieser *Samadhi*-Stufe existieren keine mentalen Eindrücke mehr – nicht einmal der Eindruck von Einheit – Sie sind einfach nur. Das ist der höchste Bewußtseinszustand, der den mentalen Impuls übersteigt und in den man sich durch reinen, natürlichen Willen versetzt. Jenseits dieses Zustandes schließt sich nichts mehr an, und der buddhistischen Anschauung zufolge befreit man sich durch den Eintritt in diese höchste Form des überbewußten Gewahrseins oder in das Nirwana aus dem Kreislauf der Wiedergeburten. Dann führen Sie eine Existenz jenseits der Beschränkungen des physischen Lebens und Sterbens. Sie sind so weit in das Überbewußtsein gereist, daß Sie nicht mehr an physikalische Gesetze gebunden sind.

Nicht nur die Buddhisten haben dieses Konzept des Ausscheidens aus einer rein physischen Existenz in höhere, himmlische Sphären. Es gibt Menschen, die behaupten, diese Sphären besucht zu haben oder von deren Bewohnern besucht worden zu sein, entweder auf mentalem oder physischem Wege. Alle Religionen und die meisten mystischen Schulen beruhen auf einer Überzeugung von der Verbindung mit höheren Wesen in der einen oder anderen Form, und es ist unbedingt erforderlich, sich der Mythen und abergläubischen Auffassungen zu entledigen, die so viele verschiedene Versionen von dem, was im Grunde ein übereinstimmender und einheitlicher menschlicher Glaube an Kontakte mit himmlischen Wesen von höheren Existenzsphären ist, verschleiert haben.

Himmlische Existenzsphären

Viele Erfahrungen des höheren Bewußtseins, von denen die Geschichte berichtet, stehen in Zusammenhang mit Kontakten mit höheren Existenzsphären oder -ebenen. Ich trete keineswegs dafür ein, daß Sie absichtlich den Versuch unternehmen sollten, solche Kontakte herzustellen, und dieses Kapitel enthält auch keine praktischen Übungen dazu, aber andererseits wäre das Buch ohne eine Erklärung dieser Ereignisse, die von so vielen erfahren werden, unvollständig. Auf Ihrer Reise zum Überbewußtsein machen Sie vielleicht eine solche Erfahrung – und vielleicht haben Sie sie bereits gemacht. Sie sollten unbedingt verstehen, was vor sich geht, auch wenn Sie nicht unbedingt danach streben sollten. Diese Dinge geschehen am besten auf natürlichem Wege, während Sie tiefere Ebenen der Bewußtheit erfahren.

Kontakt zu höheren Ebenen

Es ist absolut wichtig, daß Sie sorgfältig differenzieren, wenn Sie von Behauptungen hören, die sich auf Erfahrungen von Kontakten zu höheren Ebenen beziehen. Einige sind authentisch, viele jedoch bestimmt nicht. So kann es sich um Erlebnisse handeln, die auf Täuschung und Einbildung beruhen oder in manchen Fällen durch halluzinogene Drogen oder andere Substanzen ausgelöst werden. Weiterhin besteht die Möglichkeit, daß Schwindler bewußt die Leichtgläubigen ausbeuten, indem sie ihnen weismachen, daß sie im Kontakt zu höheren Wesen von der einen oder anderen Art stehen und Geld für eine sogenannte persönliche Botschaft verlangen. Ausnahmslos sind diese Botschaften für jeden eindeutig gefälscht, nur nicht für die betreffende Person, die sich geschmeichelt fühlt, eine solche persönliche Botschaft von einer solchen »hohen Quelle« zu erhalten.

Aber wenn man diese falschen Behauptungen unberücksichtigt läßt, bleibt immer noch eine große Materialsammlung von Kontakten mit höheren Ebenen übrig, die ich für authentisch halte. Viele von ihnen bilden in der Tat die Basis der Weltreligionen und werden von Millionen geglaubt, auch wenn unterschiedliche Dogmen mit ihren jeweiligen Interpretationen verbunden sind. Wenn Sie jedoch die verschiedenen Dogmen beiseite schieben, stoßen Sie auf auffallende Ähnlichkeiten zwischen diesen religiösen Behauptungen, was auch für mystische Gruppen der verschiedensten Richtungen gilt. Sie alle glauben, daß ihre fortgeschrittensten Führer in der Lage waren, eine Verbindung zu spirituellen Wesen herzustellen.

Die zwei wichtigsten Methoden, um Kontakt mit himmlischen Existenzsphären aufzunehmen, sind entweder eine Form des gesteigerten geistigen Zustandes, Trance oder visionärer Zustand, oder das Verlassen des physischen Körpers in einem ätherischen Zustand. Im ersten Fall schließe ich typische Séancen nicht ein, bei der ein in Trance befindliches Medium einen verstorbenen Verwandten anruft. Dies kann nicht im entferntesten als eine überbewußte Erfahrung bezeichnet werden, obgleich einige Spiritualisten Sie das glauben lassen würden. Es fällt in die Kategorie der medialen Erfahrungen. Ich beziehe mich nur auf diejenigen, die behaupten, erhabene Botschaften von einer höheren Quelle empfangen zu haben, die sie mit erleuchtetem Wissen oder erleuchteter Bewußtheit erfüllt.

Außerkörperliche Erfahrungen

Inzwischen liegen viele Fälle von Personen vor, die von sich behaupten, Nahtod-Erfahrungen gemacht zu haben. Typischerweise waren sie während einer Operation für kurze Zeit klinisch tot, bis sie von dem Chirurgen und seinen Assistenten wiederbelebt wurden. Ihren Berichten zufolge verlassen sie ihren Körper und schweben einige Augenblicke über ihm, bis sie vor sich einen langen weißen Tunnel erblicken. Am anderen Ende des Tunnels werden sie von weißgekleideten Gestalten erwartet, bei denen es sich manchmal um verstorbene Verwandte handelt oder aber um Wesen, die als engelhaft oder Geistführer beschrieben werden. Gewöhnlich erfährt die Person ein starkes Gefühl der Freude und Freiheit, und manchmal ist sie unschlüssig, bevor sie wieder in ihren Körper zurückkehrt, wenn dieser wiederbelebt ist. Das sind typische unbeabsichtigte außerkörperliche Erfahrungen, die sich ständig ereignen.

Andere berichten, daß sie beim Einschlafen ihren Körper verließen und auf den physischen Körper im Bett herabsahen. Manchmal gerieten sie in Panik und kehrten unverzüglich in den Körper zurück. Manche haben die Fähigkeit entwickelt, ihren sogenannten Astralkörper willentlich von ihrem physischen Körper zu lösen. Ich beispielsweise gehöre dazu, und es kann die belebendste Erfahrung sein, vorausgesetzt, Sie stimmen damit überein und entwickeln keine Furcht vor dem Zustand, in dem Sie sich befinden.

Höhere Wesen

Aber in der gesamten Geschichte wird noch von anderen Arten der Erfahrungen berichtet, die einen viel tieferen Einblick in die himmlischen Existenzsphären gewähren. Gemäß eines Textes, bekannt als *Anguttara-Nikaya,* lehrte Buddha:

> Es wird eine Zeit kommen, ihr Mönche, in der diese Welt zu Ende geht. Und zu der Zeit werden Wesen allgemein im Himmel der Strahlenden Gottheiten wiedergeboren. Aus Geist geformt, halten sie sich dort auf, ernähren sich von Freude, strahlen Licht von sich aus, durchqueren den Himmel, leben in Herrlichkeit, und so verweilen sie für sehr lange Zeit. Wenn die Welt zu Ende geht, ihr Mönche, gelten diese Strahlenden Gottheiten als die Höchsten, aber selbst für diese Strahlenden Gottheiten findet Wandel statt, findet Transformation statt.

Dieses Konzept von erleuchteten Wesen, die ungebunden von der physischen Welt in mentalen Regionen leben, hat viel gemein mit mystischen Vorstellungen von höheren Existenzsphären um diese Erde herum, die von erhabenen Seelen ohne physische Gestalt bewohnt werden. Die Buddhisten nennen diese Regionen *Devalokas* – glückliche Himmelswelten.

Einige der hervorragendsten Denker in der Geschichte haben von sich behauptet, mit höheren Wesen in Verbindung zu stehen. So berichtet uns beispielsweise Xenophanes, daß Sokrates behauptet habe, daß »ihm Mitteilungen von einem Gott zuteil wurden«. Im neunzehnten Jahrhundert sprachen die Theosophen von Erhabenen Meistern, die in Zufluchtsorten überall in der Welt in Gebirgen wie dem Himalaya lebten und Kontakt mit ihrer führenden Galionsfigur, Madame Helena Blavatsky, aufgenommen hatten. Diese Erhabenen Meister, allesamt Angehörige der Großen Weißen Bruderschaft, lebten den Schilderungen nach zwar in physischen Körpern, waren aber nicht auf die physische Welt beschränkt. Sie konnten jede Existenzebene bewohnen, welche sie auch immer zu jeder bestimmten Zeit wählten. Das weist auf eine Fähigkeit zur Beherrschung der Materie hin, indem man sie einfach als eine Frequenzenergiezone betrachtet, die mit dem richtigen Wissen und der richtigen Fähigkeit verändert werden kann. Ein solches Vermögen stellt eine überragende Demonstration der Kraft des Geistes dar.

Die berühmteste Demonstration, Materie in physische Form wiederherzustellen, war die Auferstehung Jesus. Manche Christen können mit dieser Vorstellung nicht leben und modifzieren ihre Glaubensüberzeugungen, um die Auferstehung als historische Tatsache unberücksichtigt zu lassen. Sie stimmt mit ihren materialistischen Vorstellungen nicht überein, so daß sie sie aus dem Dogma ihrer Religion herausnehmen, indem sie sie als rein symbolisch ansehen. Und doch ist das nicht der einzige berichtete Fall von Auferstehung. In seinem Buch *Autobiographie* gibt Paramhansa Yogananda eine schöne, aber außergewöhnliche Schilderung davon. Ein hingebungsvoller Yoga-Schüler pilgerte in den Himalaya, um den größten aller Yogis auf Erden, zu finden, Babaji, einen Meister, dem höchste Verehrung zuteil wurde und der seit Tausenden von Jahren in ein und demselbem Körper auf der Erde weilen sollte. Der Schüler begegnete ihm zufällig, ging auf ihn zu und flehte ihn an, ihn als seinen Schüler anzunehmen. Um ihn zu prüfen, forderte ihn Babaji auf, sich vom Felsen in den sicheren Tod zu stürzen, wenn er sein Schüler werden wolle, was sicherlich alle außer den frommsten Gläubigen abgeschreckt hätte. Dieser hervorragende Schüler war sich seines Ziels so sicher, daß er wirklich sprang, und Yogananda zufolge wurde er wieder zum Leben erweckt, nachdem er die ihm auferlegte Prüfung bestanden hatte. Daraufhin wurde er ein Schüler von Babaji.

Höheres Leben im Kosmos

Anstatt sich an östliche Meister zu halten, suchen heutzutage viele Menschen im Weltraum nach Bekundungen des Überbewußtseins, und zahlreichen Berichten zufolge finden sie sie bestimmt. Nur ein Konzept vom höheren Geist kann einige der Bekundungen von Besuchern aus anderen Welten erklären. Wenn Sie nur an das Physische glauben und sich keine Vorstellung von höheren Existenzfrequenzen machen, werden Sie schon die Idee von bewohnten Planeten irgendwo in unserer Nähe und sicherlich in diesem Sonnensystem ablehnen. Aber wenn Sie sich klarmachen, daß das Leben auf der Erde in Sphären jenseits des Physischen existieren kann, dann trifft das gewiß auch auf den Mars, die Venus, den Jupiter und jeden anderen Planeten zu.

Einen der interessantesten UFO-Berichte, der mir als einem Erforscher auf diesem Gebiet zukam, wurde von der sowjetischen Nachrichtenagentur TASS 1989 im Rahmen ihrer neuentdeckten Politik *Glasnost* freigegeben. Dieser Bericht betraf ein Raumfahrzeug, das vor vielen Zeugen in einem Park in einer Stadt namens Woronesch landete. Es hinterließ Einbuchtungen im Boden und einigen Berichten zufolge eine zu der Zeit auf der Erde unbekannte Mineralprobe. Abgesehen von diesen physischen Hinweisen gab es aber noch einen anderen, der mich weit mehr interessierte. Ein Junge in der Menge war offenbar sehr verängstigt und begann zu weinen. Ein Insasse des Raumfahrzeuges, der zum Vorschein gekommen war, richtete etwas, das wie eine Feuerwaffe aussah, auf den Jungen, der unmittelbar darauf verschwand. Als das Weltraumfahrzeug den Ort verließ, tauchte der Junge wieder auf. Das war eine viel interessantere Bekundung als die Einbuchtungen im Boden oder die Mineralprobe, weil sie auf eine technische Beherrschung der Materie hinweist, die weit entfernt von allem ist, was wir, zumindest wissenschaftlich, auf der Erde verstehen – sicherlich ein Hinweis darauf, daß verschiedene Existenzsphären oder -frequenzen existieren.

Falls Sie sich fragen, ob ich das Thema gewechselt und mich in das Reich der Märchen begeben habe, versichere ich Ihnen, daß das nicht zutrifft. Es handelte sich um eine offizielle Bekanntmachung durch eine für die Freigabe der ernsthaftesten und wichtigsten Nachrichten zuständige Agentur. Die Tatsache, daß ein Teil der Presse sie nicht so ernst nehmen konnte wie Nachrichten über Landwirtschaftspolitik oder nukleare Abrüstung, spiegelt nur ihre Vorurteile wider. Tatsächlich teilte mir ein Vertreter der TASS zu der Zeit mit, wie enttäuscht er über die kindischen Reaktionen von seiten einiger westlichen Nachrichtenagenturen auf diesen auf Tatsachen beruhenden Vorfall war. Menschen, die UFOs gesichtet haben, und insbesondere diejenigen, die sahen, wie sie verschwanden und dann wieder auftauchten, wissen, wie bedeutsam dies ist – nicht nur in bezug darauf, daß es Leben auf anderen Planeten gibt, sondern auch in Hinsicht auf die Unermeßlichkeit des Potentials geistiger Energie. Wenn diese Wesen derartige Kräfte nutzbar machen können, dann ist unsere Wissenschaft mit Sicherheit auf der falschen Spur, lediglich an ihren physikalischen Parametern festzuhalten.

Die Auffassung von außerirdischem Leben auf höheren Sphären ist keineswegs neu. Wir finden sie in alten religiösen Texten wie dem hinduistischen *Ramayana*, wo Götter in himmlischen Fahrzeugen reisen, und der jüdisch-christlichen Bibel, wo verschiedentlich beschriebene Flugobjekte spirituelle Führer und Propheten befördern und führen. Auch Homer wies auf eine Zeit im alten Griechenland hin, als die Himmelsbewohner die alten Helden aufsuchten. In jüngerer Zeit behauptete der berühmte Mystiker Emanuel Swedenborg, Kontakte mit solchen Wesen zu haben. Swedenborg, 1688 in Stockholm geboren, sollte ein hervorragender Gelehrter und eine im höchsten Maße vielseitige Persönlichkeit in der schwedischen und europäischen Kultur werden. Alle, die ihn kannten, bestätigten seine hervorragenden mentalen Kräfte. Als relativ junger Mann verfaßte er Bücher über so unterschiedliche Themen wie Chemie, Metallurgie, Astronomie, Navigation, Hafeneindämmungen und Bergbau. Auch auf den Gebieten der Naturphilosophie, Mathematik sowie Theologie wurde er fachkundig und betätigte sich politisch aktiv als Mitglied des Schwedischen Oberhauses. Aber meiner Ansicht nach war eines der interessantesten seiner vielen Werke *Earths in the Universe*, in dem er behauptete, Gespräche mit den Bewohnern anderer Planeten, Geistern und Engel, zu führen, von denen viele zu diesem Sonnensystem gehören. Die Gesprächspartner besuchten ihn, wie er sagte, jedoch nicht in physischer Gestalt. Ihre wesentliche Botschaft war eine der Liebe, der Harmonie und der Zusammenarbeit weit vor dieser Welt. Um Spott und Hohn zu vermeiden, veröffentlichte Swedenborg dieses Werk anfänglich anonym.

Manche Dinge verändern sich langsam. Sogar in der heutigen Zeit ist es zuweilen schwer zu erreichen, daß eine ernsthafte Diskussion über derart direkte und bedeutsame Themen wie das von höherem Leben auf anderen Planeten geführt wird. Von den heutzutage vielen existierenden Behauptungen über solche Kontakte läßt sich jedoch keine mit der vierzigjährigen, völlig widerspruchsfreien Behauptung von Dr. King vergleichen. Selbst diejenigen, die seinen Behauptungen, in Verbindung mit höheren interplanetaren Wesen in diesem Sonnensystem zu stehen, keinen Glauben schenken, müssen zugeben, daß er weltweit der älteste und engagierteste Verfechter der himmlischen Existenzsphären nicht nur auf Erden, sondern in noch höherem Maße jenseits von ihr ist. Ich würde sogar noch weiter gehen, aber es ist zumindest der Mühe wert, seine Ansprüche zu überprüfen.

Leben auf vielen Ebenen

Wenn Sie erkennen, daß wir vom Leben auf verschiedenen Ebenen umgeben sind, nehmen Sie eine viel großzügigere Einstellung zu allem Leben ein. Sie werden in höherem Maße eins mit dem Universum als Ganzes und Ihrer Rolle dabei. Vor fünfhundert Jahren hielt man im Westen die Erde für den Mittelpunkt des Sonnensystems. Man hatte keine Vorstellung von größeren planetarischen Körpern. Heute versuchen immer noch einige, an der Idee festzuhalten, daß wir der einzige bewohnte Planet sind, selbst wenn die Astronomie auf einer rein naturwissenschaftlichen Ebene beweist, daß dies höchst unwahrscheinlich ist. Während wir uns heute auf das neue Jahrtausend hinbewegen, werden metaphysische Vorstellungen von höheren Lebensformen von einer immer größer werdenden Zahl von Menschen akzeptiert. Diese sind keine Engel, die zum Fliegen auf Flügel angewiesen sind, sondern engelhafte Wesen, die auf Gedanken allein fliegen können – so wie Sie es vermögen, wenn Sie den Körper in einem astralen Zustand verlassen. Und diese sich wandelnden Ansichten bewirken in Ihrem Bewußtsein einen Wandel. Sie befreien den Geist, um in das Überbewußtsein zu reisen.

Vielleicht wird es eine Zeit geben, in der Sie selbst eine Vision von diesen höheren Sphären erfahren oder von einem Wesen von einer höheren Existenzebene auf diesem Planeten besucht werden. Nachdem ich unzählige Hörersprechstunden im Radio über dieses Thema gegeben habe, bin ich verblüfft darüber, wie viele Menschen doch derartige Erfahrungen machen. Wenn Ihnen so etwas widerfährt, geraten Sie nicht in Panik, sondern betrachten Sie es als einen anderen Teil Ihrer Entdeckung des höheren Geistes. Manche Yogis sagen, wir sollten Kontakten mit solchen Besuchern keine Beachtung schenken; manche Medien werden von ihnen heimgesucht. Ich würde keine dieser Betrachtungsweisen empfehlen. Wenn Sie eine solche Erfahrung machen, unterscheiden Sie sorgfältig, lernen Sie daraus und schreiten Sie auf dem Weg weiter, der Sie zu Ihrem eigenen Werden führt – wenn Sie Ihre inneren Kräfte freisetzen und die wahre Bedeutung dessen erfahren werden.

Die inneren Kräfte freisetzen

Zahlreiche Beispiele aller Kulturen, Glaubensbekenntnisse und Rassen berichten von Menschen, die ihre inneren Kräfte der Erkenntnis manifestiert haben. Im neunzehnten Jahrhundert pflegte Großbritanniens Hofdichter Lord Alfred Tennyson seinen Namen still vor sich hin zu wiederholen und versetzte sich dadurch in einen höheren Bewußtseinszustand. Er schrieb: »Eine Art Wachtrance – es fehlt mir ein besseres Wort – habe ich tatsächlich seit meiner Jugend häufig, wenn ich ganz allein bin. Sie überkommt mich, indem ich still meinen Namen vor mich hin wiederhole, bis auf einmal ... sich die Individualität selbst in etwas Grenzenloses aufzulösen und immer schwächer zu werden scheint, und dies ist kein verwirrter Zustand, sondern der klarste, der sicherste der sichersten, der Worte völlig übersteigt.« Wie ich schon erwähnte, pflegte William Wordsworth seinen Zustand der Glückseligkeit zu beschreiben, der ihn mit einem Gefühl der totalen Einheit mit der Natur und allem Leben umgab. Auch der amerikanische Schriftsteller und Philosoph Ralph Waldo Emerson erfuhr höhere Bewußtseinszustände.

Erleuchtung

Dieses Gefühl des Einsseins und des Allumfassenden können Sie bestimmt in höheren Bewußtseinszuständen erfahren. Es ist nicht länger Theorie, daß Sie glauben, in allen

Dingen wohne eine göttliche Präsenz inne – Sie fangen praktisch damit an, es zu spüren und zu erleben. Sie werden von einem Gefühl der Liebe für alle Wesen, einschließlich der unbelebten Gegenstände, umgeben. Sie sehen alles in einem anderen Licht, als wäre die Sonne aufgegangen und erleuchte die irdische Existenz. Was Ihnen vorher planlos und willkürlich vorkam, liegt jetzt einer Ordnung zugrunde. Die Harmonie, von der der griechische Philosoph Pythagoras sprach, sowohl in Hinsicht auf den Kosmos als auch auf die alles Leben durchdringenden Klänge, kann in Ihnen zu leben anfangen, fast so als würden Sie in einem greifbaren Kontakt mit einer geheimnisvollen Kraft hinter der Schöpfung stehen.

In höheren Bewußtseinszuständen ändern Sie im Grunde nicht nur Ihren mentalen Zustand oder die Geschwindigkeit der durch Ihr Gehirn ausgesendeten Gehirnwellen. Wichtiger noch als diese beiden Aspekte ist, daß Sie Ihre eigenen persönlichen Schwingungen auf eine höhere Existenzfrequenz heraufgesetzt haben. Im Zuge der wissenschaftlichen Fortschritte treten Konzepte wie dieses in Kraft. Auf einigen neuen Gebieten der wissenschaftlichen Forschung ist bereits eine Rückkehr zu den Prinzipien der Quantenphysik und nicht der Relativitätstheorie zu verzeichnen. Im wesentlichen geht es bei der Quantenphysik darum, daß Energie in Beziehung mit Frequenzen steht und nicht mit Masse, wie es Einstein in seiner Relativitätstheorie formulierte. Auch wenn sie natürlich viel komplexer ist, steht das Konzept der Quantenphysik in ihrer Essenz dem metaphysischen Denken schon aus diesem Grund näher. Wie ich hervorgehoben habe, spielt die Frequenz bei der Bestimmung von Evolution eine viel bedeutendere Rolle als Masse oder Materie. Es ist die Frequenz Ihrer Schwingung, nicht nur auf einer physischen Ebene, sondern auf einer metaphysischen Ebene, die für Ihren Zustand der Bewußtheit maßgebend ist.

Erleuchtung ist ein Zustand des Seins. Dr. Kings Buch *The Nine Freedoms* zufolge sind dann alle mentalen Energien im Einzelnen auf einer tiefen Ebene der Inspiration und der hohen Intuition umgewandelt. Erleuchtung ist etwas, das Sie umgibt. Ein Weiser ist nicht unbedingt ein Intellektueller. Er wird scharfsinnig denken und intensiv fühlen und unermeßliche Erfahrungen haben, aber er wird seine Beobachtungen nicht in einer rein intellektuellen Weise berechnen und ableiten. Seine Weisheit wird von einem natürlichen Sinn der Bewußtheit herrühren, die seinen Erfahrungen entspringt und sich in der Schwingung seines Seins widerspiegelt. Wenn Sie die höheren Kräfte erlangen beziehungsweise sich tatsächlich an sie wenden wollen, müssen Sie Ihre Schwingungen heraufsetzen. Meister Aetherius hat die umstrittene Behauptung aufgestellt, daß ein Mensch, der seine Schwingungen auf die richtige Ebene erhöhen könnte, sogar imstande wäre, sich auf das Gedankenmuster von intelligenten Lebensformen, die jetzt andere Planeten bewohnen, einzustimmen. Wie im vorhergehenden Kapitel dargelegt, manifestiert sich die Existenz auf den anderen Planeten nicht unbedingt im gleichen Frequenzbereich wie auf dieser Erde. Natürlich löst dies eine heftige Debatte über interplanetares Leben aus, aber welcher Überzeugung Sie auch immer über diese Angelegenheit sind, im Prinzip geht es darum, sich auf den höheren Geist einzustimmen.

Telepathie

Den besten Beweis dafür, daß Sie sich auf die gedanklichen Emanationen einer anderen Person einstimmen können, liefern Sie, indem Sie Telepathie oder die Übermittlung von Gedankenenergie zwischen zwei Menschen praktizieren. Vielleicht haben Sie es schon getan, ohne sich dessen bewußt zu sein. Sie denken etwas und ein anderer wiederholt darauf genau die Worte, die Sie gerade gedacht haben, zu genau, als daß es ein Zufall sein könnte. Das ist ein gewöhnliches Beispiel für Gedankenübertragung. Oder Ihnen kommt eine Person ohne ersichtlichen Grund in den Sinn, Sie rufen sie an und erfahren, daß sie Ihre Hilfe braucht und gerade an Sie dachte, aber aus dem einen oder anderen Grund zögerte, sich mit Ihnen in Verbindung zu setzen. Das ist ein anderes Beispiel für Telephatie: Sie stimmten sich auf die mentale Bitte dieser Person um Hilfe ein, auch wenn sie diese nicht in die Tat umsetzte.

Telepathie ist eine Fähigkeit, die Sie entwickeln können, und dabei können Ihnen die beiden, einfachen Übungen 24 und 25 helfen.

Übung 24: Telepathie für zwei Personen

Idealerweise werden Sie mit jemandem zusammenkommen müssen, den Sie kaum oder vorzugsweise überhaupt nicht kennen. Diese Person sollte der Übung wohlwollend gegenüberstehen, die Sie gemeinsam durchführen werden, und genauso wie Sie daran interessiert sein, sich die telepathische Fähigkeit anzueignen. Es funktioniert sehr gut in Kursen, an denen Personen teilnehmen, die sich nie zuvor begegnet sind, aber sich in ihrem Wunsch, über die höheren Aspekte des Lebens zu erfahren, zusammenfinden. Die alte Praxis des Händeschüttelns ist mehr als ein sozialer Brauch: ihr liegt ein metaphysischer Zweck zugrunde, der auf der Tatsache basiert, daß in den Innenhandflächen Kanäle verlaufen, durch die natürliche Energien fließen. Beim Händeschütteln übertragen zwei Menschen diese Energien, die von gegenseitiger Liebe und gegenseitigem Respekt beeinflußt sein sollten.
Setzen Sie sich für diese Übung hin und nehmen Sie die rechte Hand der anderen Person, wobei die Innenhandflächen aufeinanderliegen. Statt die Hände zu schütteln, halten Sie sie

ganz still und visualisieren Sie beide ein weißes Licht, das von einer Hand zur anderen übergeht. Versuchen Sie, ein intensives Gefühl der unpersönlichen Liebe für die andere Person zu empfinden, das Sie etwa dreißig Sekunden lang beibehalten. Danach nehmen Sie Ihre Hand zurück; bleiben Sie einfach sitzen und beobachten Sie die Gedanken und Gefühle, die Ihnen in den Sinn kommen. Nehmen Sie bedeutsame Eingebungen zur Kenntnis und ignorieren Sie flüchtige Gedanken, die einfach verschwinden und nicht wiederkehren. Achten Sie besonders auf die Dinge, die bei Ihnen bleiben, zu Ihnen zurückkehren oder Ihnen ein sehr bestimmtes Gefühl vermitteln.
Nach einigen Minuten können Sie sich gegenseitig Fragen stellen. Wenn Ihnen beispielsweise ein Bild von einem Boot auf einem Fluß sehr stark in den Sinn gekommen ist, fragen Sie Ihren Partner, ob er ein Boot hat oder plant, bald eines zu haben. Bringen Sie auch die Gedanken zur Sprache, die Ihnen vielleicht unwichtig erscheinen. Diese Übung ist keine Prüfung, sondern vielmehr ein Experiment, und Sie können sich gegenseitig unterstützen und völlig entspannt dabei bleiben.
Vielleicht werden Sie erstaunt feststellen, daß Sie etwas sehr Spezielles aufgefangen haben, etwa einen Namen, der sich auf Ihr Gegenüber bezieht und den Sie unmöglich gekannt haben konnten. Achten Sie in diesem Fall auf das Gefühl und den Gedanken, die sich bei Ihnen einstellten, als Ihnen dieser Name in den Sinn kam. Genau dieses Gefühl möchten Sie bei zukünftigen Gelegenheiten wiedererkennen können. Obwohl es den Anschein hat, diese Übung sei ein Herumprobieren, vermittelt sie Ihnen eine gute praktische Erfahrung. Sie werden dann feststellen, daß Sie nach und nach die Gefühle in sich erkennen, bei denen es sich um echte Telepathie handelt, und sie von einem planlosen Herumwandern der Imagination oder von Gedanken, die Ihnen lediglich durch den Kopf gehen, unterscheiden können.
Diese sehr einfache Übung kann nicht nur sehr angenehm sein, sondern auch erzieherisch wertvoll, aber am aufregendsten ist sie, wenn Sie anfangen, eindeutige Resultate zu erhalten. Es ist wirklich erstaunlich, wie genau Sie damit sein können. Wenn Sie beim ersten Versuch nicht erfolgreich sind, machen Sie sich keine Sorgen; versuchen Sie es einfach wieder, und allmählich sollten sich Resultate zeigen.

Übung 25: Telepathie für eine Gruppe

Diese Übung kann am besten in einer Gruppe durchgeführt werden. Zwei Teilnehmer sollten von der Gruppe weggehen, vorzugsweise ein Mann und eine Frau, um die richtige energetische Balance zu erreichen, und etwas sehr Allgemeines zum Nachdenken auswählen. Es können so grundlegende Dinge sein wie Wasser oder Feuer oder aber Begriffe wie Bücher oder Bäume. Sie sollten versuchen, an etwas Bestimmtes zu denken, das aber allgemein gehalten ist. Daraufhin richten diese beiden Teilnehmer ihre Aufmerksamkeit voll und ganz auf das gewählte Thema. Wenn es dabei um Bäume geht, denken sie nicht über einen Baum nach, sondern über alle Baumarten, Wälder und die unterschiedlichen Situationen, in denen Bäume existieren. Bei Büchern beispielsweise können sie an eine ganze Auswahl der verschiedenartigsten Bücher denken. Welches Thema sie auch immer auswählen, sie müssen sich zwei oder drei Minuten lang intensiv darauf konzentrieren.

Während dieser Zeit versuchen die übrigen Gruppenmitglieder, so empfänglich wie möglich zu sein. Dazu sollten die Schultern entspannt und die Augen geschlossen sein, und vor der eigentlichen Übung sollte für ein paar Minuten rhythmische Atmung praktiziert werden. Dann beobachten sie ihre Gedanken und Gefühle, während gleichzeitig ihre Aufmerksamkeit auf die zwei Personen gerichtet ist, die sich auf das Thema konzentrieren. Die Resultate können sehr präzise sein – beispielsweise fällt ihnen vielleicht ein bestimmter Baum ein, den sie am Ende ihres Gartens kennen, oder jemand in einer religiösen Gemütsverfassung könnte an die Bibel denken anstatt an Bücher im allgemeinen – aber sie beachten nur die Gedanken, die ihnen während der Konzentration der beiden anderen kommen, wiederkehren oder bleiben.

Nach einigen Minuten fordern die zwei Personen die anderen auf, alles zu erwähnen, was sehr intensiv war und ihnen in den Sinn gekommen ist. Auch hier können Sie überrascht feststellen, wie genau die Resultate dieser Übung sein können.

Wenn Sie in diesen Übungen wirklich gut sind, können Sie sie aus der Ferne praktizieren, indem Sie eine Zeit im voraus vereinbaren, in der einer einen Gedanken aussendet und ein anderer ihn empfängt. Sie werden sehen, daß Sie imstande sind, eine Verbindung mit bestimmten Menschen zu entwickeln. Zwillinge verstehen sich sehr gut darauf, was auch für andere eng miteinander verbundene Menschen wie beispielsweise ein Ehepaar gilt. Sie sollten die Gefühle und Gedanken, die Ihnen einfallen, identifizieren, wenn Sie erfolgreich waren. Indem Sie sich an sie erinnern, werden Sie fähig sein, sich in Zukunft immer mehr einzustimmen und jene umherwandernden Gedanken zu ignorieren, die Ihnen ohne bestimmten Grund einfach durch den Kopf gehen. Mit Übung können Sie Ihre Fähigkeiten kultivieren und äußerst präzise in der Telepathie werden.

Eines der positivsten Beispiele für Telepathie ist das Verrichten eines Gebets. Auch hier beziehe ich mich nicht auf ein bestimmtes Glaubensbekenntnis oder eine Konfession, weil das Gebet etwas ist, das sich über sie alle erstreckt. So weiß man auch von Atheisten, die inbrünstig beten, wenn eine Krise ihr Leben heimsucht. Es ist etwas Natürliches, Instinktives, dem man sich hingibt. Aber was passiert eigentlich beim Beten? Einfach eine Gedankenübertragung. Es mag ein englisches Gebet an einen christlichen Gott sein, ein *Mantra* in Sanskrit, ein hebräischer Gesang, ein moslemisches Gebet oder eine mystische Anrufung. In allen Fällen rufen Sie Energien durch die Gedankenkraft an, die auf die von Ihnen mental vorgegebene Weise verwendet werden sollen. Es kommt gar nicht so sehr auf die Bedeutung der Worte an, obwohl Wörtern eine eigene mentale Kraft innewohnt, sondern vielmehr auf den motivierenden Impuls, den Sie beim Beten empfinden. Durch das Gebet werden Ihre Gedanken und Gefühle in Form von Energie nach außen gelenkt. Sowohl das Gebet wie auch das Mantra sind mächtige Systeme, mit denen Sie Ihre eigenen geistigen Kräfte wirkungsvoll zur Entfaltung bringen und eine positive Veränderung herbeiführen können.

Die höchsten Bewußtseinszustände

Alle Methoden, die ich in diesem Buch empfohlen und gelehrt habe, werden schließlich in Ihrer Reise in das Überbewußtsein gipfeln. Auf dem Weg werden Sie viele Kräfte freisetzen – große geistige Klarheit, eine erweiterte Wahrnehmung, die Fähigkeit, intuitives Wissen von Menschen und Gegenständen zu erlangen, Telepathie, höhere Inspiration, ein Gefühl des Einsseins, ein höheres Maß an Zielgerichtetheit im Leben und die damit einhergehende innere Freude. Letzten Endes liegt es an Ihnen, wie weit Sie gehen. Aber falls Sie die höchsten Bewußtseinszustände in Betracht ziehen, müssen Sie, wenn Sie wirklich so weit gehen wollen, ganz bestimmte Veränderungen vornehmen. Es ist kein Ziel, zu dem sich jeder entschließen würde, und gemäß der östlichen Philosophie kann es viele Inkarnationen dauern, bis man dafür bereit ist.

Bevor Sie sich in einen ziemlich hohen Bewußtseinszustand versetzen können, werden Sie einen Ihr ganzes Sein umhüllenden Zustand des Friedens erfahren. Dieser Zustand ist zwar sehr angenehm, aber er sollte nicht dazu führen, daß Sie sich in einem falschen Gefühl der Selbstzufriedenheit wiegen. Manche denken irrtümlicherweise, daß dieser Zustand des tiefen Friedens ihr angestrebtes Ziel wäre, und sind bereit, es dabei zu belassen. Jedoch ist er nur ein Schritt auf dem Weg dahin, Ihre inneren Kräfte freizusetzen. Die Yogis sagen, daß, bevor man die geistigen Hindernisse zur tiefen Erkenntnis beseitigen könne, die sie als »Samen« bezeichnen, es erforderlich sei, diese Samen zu »rösten«. Kennzeichnend dafür, »die Samen zu rösten«, ist unter anderem dieser sehr angenehme, friedliche Zustand, den Sie genießen können. Auch wenn er notwendig ist und zudem noch wohltuend sein kann, ist er nicht das Endziel, und Sie müssen wachsam und aktiv sein und Beharrlichkeit walten lassen, wenn Sie höhere Seinszustände erreichen wollen.

Manche Lehrer, insbesondere Zen-Lehrer, gingen mit ihren Schülern ziemlich streng um, um dafür zu sorgen, daß sie sich nicht verleiten ließen, in diesem friedlichen, nichtak tiven Seinszustand zu verharren. Sie schlugen sie leicht mit einem Bambusstock oder griffen zu noch strengeren Maßnahmen, damit sie wachsam und aufmerksam blieben und ihr Streben nach höherer Erkenntnis im Auge behielten.

Der verehrte tibetische Meister Marpa ging sogar noch weiter. Er unterzog seinen erwählten Schüler Milarepa, der ein erleuchteter Meister werden sollte, schweren Prüfungen auf seine Standhaftigkeit und seinen Glauben. Wie es heißt, soll er über das Leiden seines begabtesten Schülers heimlich geweint haben – selbst dann, wenn er mehr als einmal einen Stock nach Milarepa schwang. Natürlich stand es Milarepa frei zu gehen, aber er hatte gewählt, Marpa zu folgen, und dieser Wahl entsprechend mußte er tun, was auch immer sein Meister als notwendig erachtete. Einmal wurde er in eine Höhle eingemauert, wie es zu der Zeit üblich war, und wußte nicht, ob und wann man ihn herauslassen würde. Es stand einzig und allein in Marpas Ermessen.

Diese Art von Gehorsam gegen einen Lehrer ist heutzutage unmodern. Die Menschen im Westen sehen es als unwürdig an, sich einer strengen Disziplin und Gehorsam zu unterziehen, außer in bestimmten Kontexten wie z. B. beim Militär, wo es als angebracht und wirkungsvoll gilt. Aber auch beim Streben nach Erleuchtung kann diese Haltung wirkungsvoll sein, vorausgesetzt, der Lehrer weiß genau, was er tut.

Das war bei Marpa der Fall, und sein geliebter Schüler erlangte schließlich wirklich große Kräfte höheren Bewußtseins.

Diese Beziehung zwischen Lehrer und fortgeschrittenem Schüler, der nach Erleuchtung strebt, ist in geheimnisvolles Dunkel gehüllt. Oberflächlich betrachtet kann es dem Anschein nach eine strenge Beziehung sein, aber nur, weil der Lehrer fest entschlossen ist, die Entwicklung seines Schülers so schnell wie möglich voranzutreiben, und der Schüler wiederum empfindet eine tiefe Liebe für den Lehrer und ist, das sollte nicht vergessen werden, ein Freiwilliger. Ob modern oder nicht, es ist eine jahrhundertealte Methode, die in vielen verschiedenen Kulturen große Erfolge verzeichnen konnte.

Aber manchmal wirkt noch ein anderer, tiefer reichender Umstand mit, wenn der Lehrer ein Meister ist, und das ist die Manipulation von Karma. Ich erwähnte bereits das karmische Gesetz in bezug auf geistige Energie, die auf Sie in gleicher Form, sei sie nun gut, schlecht oder neutral, zurückfällt. Manche Mystiker glauben, daß ein fortgeschrittener Mensch, der zu den höchsten Ebenen überbewußten Gewahrseins aufgestiegen ist, Karma für andere auf sich nehmen kann, um deren Entwicklung zu beschleunigen. Zum Ausgleich dessen ist es für die betreffende Person erforderlich, Karma zurückzuzahlen, indem sie nicht nur ihren Glauben voll und ganz an den Tag legt, sondern gegebenenfalls Opfer für den Meister auf sich nimmt, der ihm auf diese Weise hilft. Milarepa zum Beispiel verdiente sich aufgrund seines bedingungslosen Gehorsams gegen Marpa, selbst wenn es »ungerecht« zu sein schien, zu einem späteren Zeitpunkt die Berechtigung, von Marpa in große Weisheit und Macht eingeweiht zu werden. Es heißt, er soll nur in ein Baumwollgewand gekleidet im Himalaya einen Berg während eines schweren Schneesturms bestiegen haben, den er dank der Kräfte, die er als Schüler von Marpa erlangt hatte, ertrug. Aber was noch wichtiger ist, ihm wurde Erleuchtung zuteil, und sein Name wird bis auf den heutigen Tage verehrt.

Man glaubt, daß einige Meister tatsächlich Karma für andere auf sich genommen haben. Indem sie schwere Krankheiten auf sich luden oder sogar starben, übernahmen sie negatives Karma, das ihnen im Grunde nicht gebührte, und halfen dadurch anderen, die andernfalls dieses Karma hätten austragen müssen. In der christlichen Kirche würde man das als »für ihre Sünden sterben« bezeichnen.

Das sind fortgeschrittene Konzepte, die, was ausdrücklich betont werden muß, sich nur auf die äußerst seltenen Menschen anwenden lassen, die nicht nur in die höchsten bekannten Bewußtseinszustände eingetreten sind, sondern sie auch beherrschen und den Entschluß gefaßt haben, sich im Interesse ihrer Anhänger und der Menschheit als Ganzes einzusetzen. Das trifft auf die meisten von uns zu unseren Lebzeiten nicht zu und wird auch nicht zutreffen.

Lassen Sie uns nicht vormachen, daß wir mehr Fortschritte erzielt haben, als wirklich der Fall ist. Alle großen Meister der Vergangenheit, denen für ihr höheres Wissen tiefe Verehrung entgegengebracht wurde, zeigten in ihrem Leben vollkommene, aufopferungsvolle Hingabe an ihr Ziel. Es war kein Hobby oder etwas, das sie in ein freies Wochenende einschieben mußten. In der Hauptsache traten sie für völliges Zölibat als einer wesentlichen Vorbedingung für die fortgeschrittensten Zustände ein. Viele von ihnen sagten sich von Reichtum, Familienleben und den grundlegenden Annehmlichkeiten des Lebens los.

Damit meine ich nicht, daß Sie dem nacheifern sollen. Im Gegenteil, in der heutigen Zeit ist es meiner Ansicht nach viel wichtiger, sich für menschliche Belange zu engagieren, als sich gänzlich von der Zivilisation loszusagen, was in gewisser Hinsicht zwar einfacher ist, aber in anderer Hinsicht schwerer. Mit Sicherheit ist es komplizierter, und das ist ein Grund dafür, daß sich die Yogis von ihr abwandten. Sie hatten eine Abneigung gegen Komplexität und strebten stets die einfachen Wahrheiten an, worin natürlich große Weisheit lag. Aber auch wenn unser Leben viel komplexer und anspruchsvoller sein mag, so ist es dennoch erforderlich, daß wir das gleiche Maß an Opfer auf anderen Weisen auf uns nehmen, wenn wir den Weg bis zum Ende beschreiten wollen, weil das Opfer ähnlich wie die Freude ein wesentlicher Bestandteil der Reise ist – um zu entdecken, was jenseits des Geistes liegt, müssen Sie sich zunächst von all dem befreien, was sich unterhalb dessen befindet.

Mir ist bewußt, daß sich das wie ein verlockender Vorschlag anhört, was ich aber wirklich nicht bezwecke. Es ist ganz und gar eine Frage der Entscheidung. Viele werden nicht so weit gehen wollen oder fühlen sich vielleicht derzeit außerstande dazu. Für manche wird es ein festes Ziel sein. Aber das Buch wäre unvollständig, wenn ich nicht die Möglichkeit erwähnen würde – eine Möglichkeit, zu der ich für meinen Teil noch nicht gelangt bin.

Der höchste Seinszustand auf Erden wurde mit vielen Namen belegt, von denen der wohl gebräuchlichste kosmisches Bewußtsein ist. Manche Yogis nennen ihn den samenlosen *Samadhi*. Es ist ein Seinszustand, der selbst den Geist übersteigt, wenn das Bewußtsein in einem zeitlosen statischen Raum aufgeht, in dem das Denken aufhört und das Sein beginnt. Jetzt hier zu sein ist die einzige Wirklichkeit, den wenigen zufolge, die diesen Zustand der vollkommenen Einheit mit der ganzen Schöpfung wirklich erreicht haben.

Es heißt, daß man in diesen höheren Zuständen des Überbewußtseins anfängt, das Wesen seiner wahren Identität zu erkennen. »Ich bin, was ich bin«, heißt es im Alten Testament, und viele Sanskrit-Mantras besagen in ihrer höchst fortgeschrittenen mystischen Sprache genau dasselbe. Aber es ist eine Sache, so zu denken, und eine andere, es zu erkennen. Zwei Schüler saßen zusammen und unterhielten sich über ihre Zen-Meister. Der eine erzählte euphorisch, daß sein Meister auf der einen Seite des Flusses stehen und seine Gedanken auf ein leeres Blatt Papier, das ein Schüler auf der gegenüberliegenden Seite in der Hand hielt, aufprägen könne. Der andere Schüler dachte eine Weile darüber nach und erwiderte, daß sein Meister zu noch Größerem imstande sei: Wenn er zum Beispiel schliefe, dann schliefe er, und wenn er äße, dann äße er. Mit anderen Worten, es ist das möglicherweise verblüffendste Kunststück, im JETZT zu leben und die Erfahrung, die Sie durchmachen, welche es auch sein mag, voll und ganz zu leben.

Bei einer alten östlichen Geschichte geht es um zwei Männer, die hofften, den Kreislauf der Wiedergeburten zu unterbrechen, indem sie Befreiung erlangten. Sie wandten sich an einen großen Weisen, der Narada hieß, und der erste, der lange Zeit meditiert hatte, fragte ihn: »Wie viele Leben stehen mir noch bevor, bis ich bereit bin, der Wiedergeburt zu entgehen?« »Noch vier Leben«, erwiderte der Weise. In Anbetracht dessen, daß er so lange meditiert hatte, war er über diese Antwort zutiefst enttäuscht. Darauf stellte der andere dem Weisen die gleiche Frage. »Wie viele Leben stehen mir noch bevor?« »Dir stehen noch so viele Leben bevor, wie Blät-ter an diesem Baum sind«, antwortete der Weise. »Mehr nicht?« gab der Mann erfreut zurück, »das ist ja wunderbar!« Darauf wurde er sofort von der Wiedergeburt befreit. Mit dieser Geschichte sollte die entscheidende Bedeutung einer freudvollen, nichtverhafteten Haltung auf lehrreiche Weise aufgezeigt werden, um seine Entwicklung voranzutreiben.

Dieses ganze Gerede über *Samadhi*, Nirwana und kosmisches Bewußtsein erinnert mich daran, wieviel ich noch zu lernen und wie weit ich immer noch zu reisen habe. Wie der große Weise Lao Tse sagte: »Viele Worte – manch Verlust.« Das gilt nicht nur für das Reden, sondern auch für das Schreiben …

Literaturhinweise

Abrahamson, Charles, *The Holy Mountains of the World*, The Aetherius Society, 1994.

Besant, Annie, *Thought Power, Its Control and Culture*, The Theosophical Publishing House, 1920. Deutsch: *Gedankenkraft. Beherrschung und Ausbildung*, Satteldorf, Adyar Theosophische Verlagsgesellschaft, 1994[3].

Besant, Annie, und Leadbeater, C. W., *Thought Forms*, The Theosophical Publishing House, 1925. Deutsch: *Gedankenformen*, Freiburg i. Br., Verlag Hermann Bauer, 1987[4].

Burke, Richard Maurice, *Cosmic Consciousness*, E. P. Dutton & Co., 1969.

The Dhammapada, Penguin Books, 1973. Deutsch: Buddha Gautama, *Das hohe Lied der Wahrheit; Dhammapada*, Freiburg, Herder Verlag, 1992.

Evans-Wentz, W. Y., *Tibet's Great Yogi Milarepa*, Oxford University Press, 1969. Deutsch: *Milarepa, Tibets großer Yogi*, München, Barth Verlag, 1978.

King, George, *Contact Your Higher Self Through Yoga*, The Aetherius Society, 1955.

King, George, *The Nine Freedoms*, The Aetherius Society, 1963.

King, George, *Personal Development, Metaphysical Lessons and Cosmic Wisdom Cassette Lectures*, The Aetherius Society, 1973.

Lao Tze, *Tao Te Ching*, Penguin Books, 1963. Deutsch: *Tao-Te-King*, Stuttgart, Reclam Universal-Bibliothek, 1979.

Lawrence, Richard, *Unlock Your Psychic Powers*, St. Martin's, New York 1995

Ouseley, S. G. J., *Colour Meditations*, L. N. Fowler & Co., 1949.

Pirsig, Robert M., *Zen and the Art of Motorcycle Maintenance*, Gorgi Books, 1976. Deutsch: *Zen und die Kunst ein Motorrad zu warten*, Frankfurt a. M., Fischer Taschenbuch Verlag, 1978.

Proto, Louis, *Meditation for Everybody*, Penguin Books, 1991.

Schul, Bill, *The Psychic Power of Animals*, Coronet Books, 1978. Deutsch: *PSI bei Tieren*, Frankfurt, Berlin, Ullstein Verlag, 1979.

Shastri, Hari Prasad, *Meditation, its Theory and Practice*, Shanti Sadan, 1936. Deutsch: *Meditation. Theorie und Praxis*, Hammelburg, Drei Eichen Verlag, 1996[3].

Shine, Betty, *Mind Magic: The Key to the Universe*, Gorgi Books, 1992.

Sivananda, Swami, *Raja Yoga*, Yoga Vedanta Forest Academy, 1971.

Swedenborg, Emanuel, *Earths in the Universe*, The Swedenborg Society, 1970.

Vivekananda, Swami, *Raja Yoga*, Advaita Ashrama, Himalayas, 1970. Deutsch: *Raja-Yoga. Der Pfad der vollkommenen Beherrschung aller seelischen Vorgänge*, Freiburg i. Br., esotera-Taschenbuch im Verlag Hermann Bauer, 1995³.

Wetering, Janwillem van de, *The Empty Mirror*, Routledge & Kegan Paul, 1973. Deutsch: *Der leere Spiegel. Erfahrungen in einem japanischen Zen-Kloster*, Hamburg, Rowohlt Taschenbuch Verlag, 1981.

Yogananda Paramhansa, *Autobiography of a Yogi*, Rider & Co., 1950. Deutsch: *Autobiographie*, München, Knaur Taschenbuch Verlag, 1996.

Zukav, Gary, *The Dancing Wu Li Masters*, Bantam Books, 1980. Deutsch: *Die tanzenden Wu Li Meister*, Hamburg, Rowohlt Taschenbuch Verlag, 1994.

Weiterführende Information

Für weitere Informationen über Kurse zur persönlichen Schulung oder Veröffentlichungen über die Kraft Ihres Geistes wenden Sie sich bitte an folgende Adresse:

The Aetherius Society
757 Fulham Road
London sw6 5uu.
Tel.: 0171-736 4187

Spirituelle Psychologie

Band 70113

Erhard F. Freitag

Diesseits der Wirklichkeit

Die Welt befindet sich in einer geistigen Revolution, in der immer mehr Menschen bewußt wird, daß unser Ziel nicht im Außen, im Materiellen gefunden werden kann. Der Weg nach innen ist geheimnisvoll und ohne Ende, es ist der Weg der Vollendung. Wenn wir beginnen, das Innen dem Außen gleich zu machen und uns selbst zu finden, dann werden wir auch zur Harmonie von Seele, Körper und Geist zurückkehren. Wer dann aus dieser Harmonie heraus seine Kraft entfalten wird, der ist zu dem geworden, als der er gedacht ist: einzigartig und unverwechselbar. Gleichzeitig wird das Dualitätsprinzip überwunden, so daß sich uns völlig neue Dimensionen der Freiheit erschließen.